능력과 가치를
높이고 싶다면
된다!

계획하고 기록하면 삶이 바뀐다!
시간을 아낌없이 활용하는 14가지 앱 활용법

된다!

하루 5분

아이패드
기록
생활

계획 앱   기록 앱   브이로그 앱

희나(이효선) 지음

6만 구독자 기록 유튜버의
비밀 자료 제공!

 실습 파일
 각종 템플릿
 동영상 강의

이지스 퍼블리싱

능력과 가치를 높이고 싶다면
된다! 시리즈를 만나 보세요.
당신이 성장하도록 돕겠습니다.

된다! 하루 5분 아이패드 기록 생활
Gotcha! Recording Life 5 Minutes a Day with iPad

초판 발행 • 2025년 4월 30일

지은이 • 희나(이효선)
펴낸이 • 이지연
펴낸곳 • 이지스퍼블리싱(주)
출판사 등록번호 • 제313-2010-123호
주소 • 서울특별시 마포구 잔다리로 109 이지스빌딩 3층 (우편번호 04003)
대표전화 • 02-325-1722 | **팩스** • 02-326-1723
홈페이지 • www.easyspub.co.kr | **Do it! 스터디룸 카페** • cafe.naver.com/doitstudyroom
인스타그램 • instagram.com/easyspub_it | **엑스(구 트위터)** • x.com/easys_IT
페이스북 • www.facebook.com/easyspub

총괄 • 최윤미 | **기획** • 이수경 | **책임편집** • 지수민 | **기획편집 1팀** • 임승빈, 이수경, 지수민
교정교열 • 박명희 | **표지 디자인** • 김보라 | **본문 디자인** • 트인글터, 김근혜 | **인쇄** • 미래피앤피
독자지원 • 박애림, 이세진, 김수경 | **영업 및 교재 문의** • 이주동, 김요한(support@easyspub.co.kr)

- 잘못된 책은 구입한 서점에서 바꿔 드립니다.
- 이 책에 실린 모든 내용, 디자인, 이미지, 편집 구성의 저작권은 이지스퍼블리싱(주)와 지은이에게 있습니다.

 이 책을 저작권자의 허락 없이 무단 복제 및 전재(복사, 스캔, PDF 파일 공유)하면 저작권법 제136조에 따라 **5년** 이하의 징역 또는 **5천만 원** 이하의 벌금을 부과할 수 있습니다. 무단 게재나 불법 스캔본 등을 발견하면 출판사나 한국저작권보호원에 신고해 주십시오(불법 복제 신고 https://www.copy112.or.kr).

ISBN 979-11-6303-703-3 13000
가격 18,000원

당신의 삶을 기록하면 하나의 작품이 된다.

_『두려움 없는 글쓰기』 저자 **로제마리 마이어-델 올리보**(Rosemarie Meier-Dell'Olivo)

머리말

"그냥 흘려보냈던 일상 속 즐거운 순간,
이제 아이패드와 함께 기록해 보세요!"

안녕하세요, 여러분. 희나입니다.
저는 굿노트 다이어리를 쓰고 싶어 아이패드를 구입한 이후로 다양한 앱을 설치해 보며 어떤 앱이 내 기록 상황과 잘 맞는지 연구하는 걸 좋아하는 '프로 기록러'였어요. 그러다 '나만의 기록 노하우를 다른 사람들에게도 알리고 싶다'는 생각 하나로 유튜브를 시작하게 되었죠. 그 당시 올린 '아이패드 활용 방법' 영상은 구독자 50만 명과 만나게 해주었습니다.
그러던 어느 날 댓글을 보니, 많은 분이 "난 유튜브를 볼 때만 아이패드를 쓰는데!"라고 하시더라고요. 그 순간 결심했어요. '아이패드는 단순한 미디어 소비 기기가 아니라, 우리의 삶을 기록하고 정리하는 강력한 도구가 될 수 있다'는 걸 꼭 알리고 싶다고요. 그렇게 시작한 저의 아이패드 기록 생활을 이제 책으로도 나누게 되었습니다. 여러분과 함께 기록의 즐거움을 이야기할 수 있어서 무척 설렙니다.

📌 아이패드 하나면 계획과 기록을 한 곳에 모아 정리할 수 있어요!

일기, 독서 기록장, 스케줄러, 스터디 플래너, 여행 노트, 가계부까지! 기록할 건 너무 많죠? 하지만 기록을 여기저기 흩어놓으면 오히려 불편해질 수 있어요. 그래서 저는 모든 기록을 아이패드 안에서 관리하고, 필요할 땐 아이폰으로도 쉽게 확인할 수 있도록 정리합니다. 언제 어디서든 기록하고 찾아볼 수 있는 스마트한 페이퍼리스 라이프, 함께 시작해 볼까요?

📌 하루를 계획하는 것만으로도 일상이 뚜렷해져요!

시간을 어떻게 활용할지 계획하는 것만으로도 일상을 한층 더 뚜렷하게 기록할 수 있어요. 가장 자주 사용하는 기본 앱만으로도 계획을 정리하기에 충분해요. 메모 앱과 미리 알림 앱은 단순한 메모장 그 이상으로 활용할 수 있죠. 이 책에서는 기능은 물론 디자인까지 고려한, 제가 실제로 애정하는 앱들을 소개해 드릴게요. 꼭 활용해 보세요!

📌 기록하는 습관을 만드는 방법도 알려 드려요!

"무엇을 기록해야 할지 모르겠어요." "어떻게 기록해야 할까요?" "기록을 왜 해야 하는 거죠?" 이렇게 말하는 분도 있을 거예요. 여러분의 머릿속에 떠오르는 생각, 연말 계획, 일기와 투두리스트까지, 모든 것을 효과적으로 정리하는 방법을 알려 드릴게요. 이 책에서 소개하는 앱과 제가 직접 제작한 템플릿을 활용하면 기록하는 습관이 자연스럽게 자리 잡을 거예요. 이 책을 잘 따라만 하면 어느새 내 삶이 속속들이 기록되는 마법 같은 경험을 할 수 있답니다! 마지막 장에서는 영상 편집 방법과 유튜브를 시작하는 노하우도 담았어요. 나만의 순간을 기록하다 보면, 어느새 취향이 비슷한 사람들과 소통하며 함께 성장하는 경험도 할 수 있을 거예요.

아이패드가 아직 낯설어도 괜찮아요. 액세서리 추천부터 글꼴 내려받는 방법까지, 차근차근 친해질 수 있도록 설명해 드릴게요. 책을 읽다 보면 "아이패드에 이렇게 유용한 기능이 있었어? 그런데 난 그동안 왜 안 썼지?" 하는 생각이 들지도 몰라요. 아이패드를 사두고 방치해 둔 분들, 아이패드 구매를 고민하고 계신 분들께 이 책이 친절한 가이드가 될 거예요. 여러분도 《된다! 하루 5분 아이패드 기록 생활》로 아이패드를 200% 활용하는 기록의 마법을 경험해 보세요!

희나(이효선) 드림

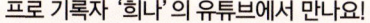

프로 기록자 '희나'의 유튜브에서 만나요!

구독자 6만 명을 보유한 프로 기록자 '희나'의 강의를 유튜브 채널에서 만나 보세요. 책 속 QR코드를 스캔하면 관련 영상으로 바로 연결되니, 이 책과 함께 동영상 강의를 시청하면서 저자의 숨은 노하우까지 배워 가세요!

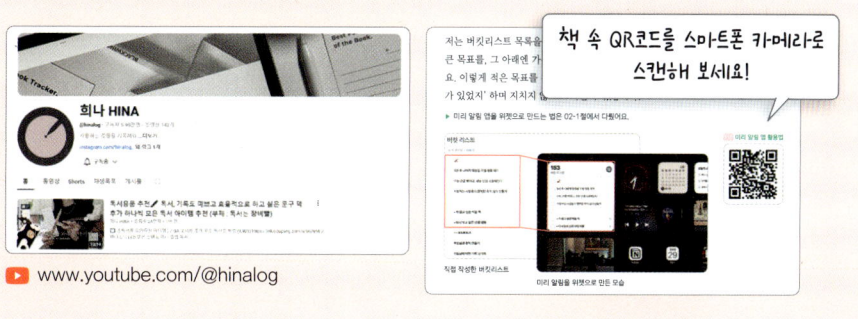

차례

01장 자기 관리의 시작, 기록

01-1 일상을 기록해야 하는 이유	14
01-2 기록을 돕는 다양한 도구	20
스페셜 01 희나 추천! 꼭 필요한 아이패드 액세서리	28

02장 보기 편한 아이패드 화면으로 설정하기

02-1 홈 화면 새로 만들고 앱 배치하기	31
하면 된다!} 아이패드 배경화면 바꾸기	32
하면 된다!} 홈 화면 페이지 추가하기, 숨기기	34
하면 된다!} 홈 화면 페이지로 앱 불러오기	36
하면 된다!} 앱 배치/이동/폴더 만들기	38
하면 된다!} 독에 자주 사용하는 앱 고정하기	40
02-2 내 마음대로 위젯 만들기	41
하면 된다!} 홈 화면에 위젯 배치하기	42
하면 된다!} 위젯스미스에서 내 마음대로 위젯 만들기	47
02-3 공간을 아끼는 위젯 스택 활용하기	53
하면 된다!} 위젯 스택 만들기	54
02-4 나만 아는 위젯 모음 페이지 만들기	56
하면 된다!} 오늘 보기 창 편집하기	57
스페셜 02 독서 집중 모드 설정하기	60

03장 시간 관리가 쉬워지는 일상 계획 노하우

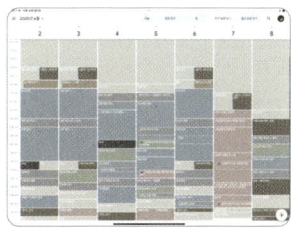

03-1 떠오른 생각 빠르게 정리하기 — 기본 메모 앱 　65
　하면 된다!} 아이패드에서 메모 앱을 여는 3가지 방법　66
　하면 된다!} 메모 카테고리 만들기　69
　하면 된다!} 메모 앱에 링크 스크랩하기　70
　하면 된다!} 브레인 덤프 작성하며 메모장 기능 익히기　72
　하면 된다!} 보기 좋게 메모 정리하기　75

03-2 인생의 버킷리스트 만들기 — 미리 알림　78
　하면 된다!} 버킷리스트 목록 만들고 작성하기　79
　하면 된다!} 위젯에 정리한 내용 띄우기　83

03-3 오늘 할 일 정리하기 — 투두메이트　84
　하면 된다!} 목적에 맞게 카테고리 만들기　86
　하면 된다!} 구체적인 항목 만들고 일정 반복 설정하기　88
　하면 된다!} 일정 완료하고 마치지 못한 일정 정리하기　90
　하면 된다!} 한눈에 보이는 월별 감정 일기 쓰기　96

03-4 공부 계획하고 되돌아보기 — 열품타　98
　하면 된다!} 과목 추가하고 공부 계획 세우기　99
　하면 된다!} 공부 통계 확인하고 플래너 꾸미기　103

04장 특별한 하루를 오래 기억하는 일기 작성법

04-1 시간별로 일상 기록하기 — 구글 캘린더　107
　하면 된다!} 캘린더 추가하고 색으로 카테고리 구분하기　108
　하면 된다!} 시간 일기 작성하기　112
　하면 된다!} 캘린더 동기화하고 위젯 추가하기　115

04-2 글과 사진으로 일기 쓰기　120
　　　 — 다음 카페, 인스타그램
　하면 된다!} 나만 보는 다음 카페 개설하기　121
　하면 된다!} 다음 카페 비공개 설정하고　123
　　　　　　 카테고리 만들기
　하면 된다!} 다음 카페에 글 작성하기　127
　하면 된다!} 인스타그램 스토리 꾸미기　132

05장 취미부터 자산 관리까지 완벽하게 돕는 3가지 앱

05-1	내 손 안의 책장에 독서 기록하기 — 노션	139
하면 된다!}	독서 노트 템플릿 저장하기	140
하면 된다!}	책장에 책 추가하기	143
하면 된다!}	서점 웹 사이트에서 책 표지 이미지 노션에 불러오기	144
하면 된다!}	독서 기록 작성하기	148
하면 된다!}	독서 노트를 함께 쓸 친구 추가하기	151
05-2	여행 스크랩북 만들기 — 페이퍼	154
하면 된다!}	여행 스크랩북 만들기	155
하면 된다!}	스크랩북의 이름과 표지 수정하기	158
05-3	자산, 주식을 관리하는 가계부 정리하기 — 넘버스	160
하면 된다!}	가계부 파일 내려받고 실행하기	161
하면 된다!}	나만의 가계부로 만드는 기초 설정하기	163
하면 된다!}	시트에 기초 설정 붙여넣기	167
하면 된다!}	지출 내역 정리하기	173

06장 굿노트 다이어리로 완성하는 아이패드 기록

06-1	다이어리는 단연 굿노트!	180
06-2	원하는 글꼴 설치해서 사용하기	197
하면 된다!}	아이폰트로 글꼴 설치하기	201
하면 된다!}	카카오톡과 굿노트로 설치한 글꼴 불러오기	207
하면 된다!}	설치한 글꼴 삭제하기	209
06-3	완벽한 내일을 계획하는 방법 2가지 — 시간 매트릭스, 만다라트	210
하면 된다!}	시간 매트릭스에 작성할 내용 메모하기	211
하면 된다!}	굿노트에서 시간 매트릭스 작성하기	212
하면 된다!}	만다라트로 프로젝트 정리하기	218
하면 된다!}	굿노트에서 만다라트 작성하기	219

06-4	하루, 일 년을 계획하고 기록하는 법	222
	하면 된다!} 월간 계획 페이지에서 일정 블록 만들기	224
06-5	사진, 스티커로 아기자기하게 꾸미기	235
	하면 된다!} 일기에 스티커 추가하기	238
스페셜 03	프로크리에이트로 픽셀 아트 스티커 만들기	242

07장 영상으로 기록하는 일상, 브이로그

07-1	기록을 위한 영상 탄탄하게 기획하기	249
	하면 된다!} 영상 기획안 작성하면서 기획하기	252
	하면 된다!} 아이폰 카메라로 영상 촬영하기	254
07-2	가장 쉬운 영상 편집 앱, 블로	257
	하면 된다!} 컷 편집으로 알찬 영상 만들기	262
07-3	영상에 디테일 더하기	266
	하면 된다!} 감성 브이로그에 어울리는 자막 설정하기	267
	하면 된다!} 키프레임으로 오프닝 영상 만들기	270
	하면 된다!} 감성적인 섬네일 만들기	279
07-4	유튜브 채널 만들고 브이로그 업로드하기	283
	하면 된다!} 유튜브에 동영상 업로드하기	286

마치며	290
찾아보기	292

이 책을 보는 방법

이 책의 01~02장은 제가 평소 기록하는 방법을 소개하고, 또 기록하기 전에 해두어야 할 필수 설정 방법을 다룹니다. 이후 03~07장은 먼저 배우고 싶은 앱을 선택해서 공부해도 됩니다.

기록 전문가 '희나'가 직접 만든 템플릿 무료 제공!
굿노트 플래너, 넘버스 가계부, 노션 독서 기록장 등 유용하게 쓸 수 있는 템플릿을 제공합니다. 이 책과 함께 템플릿을 활용하며 기록하는 습관을 길러 보세요!

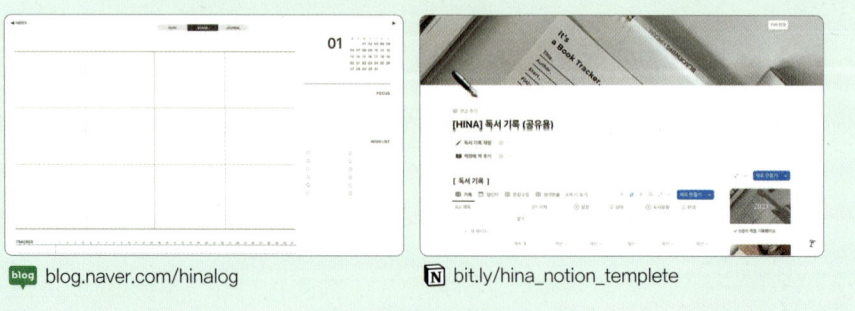

독자 커뮤니티

이지스퍼블리싱 블로그에서 능력과 가치를 높이세요!

이지스퍼블리싱 블로그에서 책과 관련된 다양한 이야기를 만나 보세요! 실무에서 진짜 쓰는 도구 활용법을 알려 드립니다.

이지스퍼블리싱 블로그:
blog.naver.com/easyspub_it

공식 인스타그램을 팔로우하고 다양한 이벤트에 참여하세요!

이지스퍼블리싱 공식 인스타그램에서 출간 정보와 책 관련 이벤트 소식을 확인하고 선물도 받아 가세요!

이지스퍼블리싱 인스타그램:
instagram.com/easyspub_it

함께 성장하는 멋진 사람이 모인 공간, 'Do it! 스터디룸'

'Do it! 스터디룸'에서 질문도 해결하고 발전하는 친구도 만나 보세요. '두잇 공부단'에 참여해 책을 완독하면 책을 선물로 받을 수 있습니다.

Do it! 스터디룸:
cafe.naver.com/doitstudyroom

온라인 독자 설문

오른쪽 QR코드를 스캔하여 이 책에 대한 의견을 보내 주세요. 더 좋은 책을 만들도록 노력하겠습니다. 의견을 남겨 주신 분께는 보답하는 마음으로 다음 6가지 혜택을 드립니다.

❶ 추첨을 통해 소정의 선물 증정
❷ 이 책의 업데이트 정보 및 개정 안내
❸ 저자가 보내는 새로운 소식
❹ 출간될 도서의 베타테스트 참여 기회
❺ 출판사 이벤트 소식
❻ 이지스 소식지 구독 기회

의견도 보내고 선물도 받고!

 **일러두기**　- 이 책에서 다루는 앱 화면은 업데이트에 따라 달라질 수 있습니다.
- 출간 년도 이후의 템플릿은 저자 유튜브와 블로그에서 내려받을 수 있습니다.

01

자기 관리의 시작, 기록

나이가 들수록 시간이 더 빨리 지나가는 것만 같습니다. 그 이유는 우리의 뇌가 반복되는 일을 단순하게 압축해 버리기 때문이라고 해요. 기록은 기억을 구체화하고 확장해 줍니다. 평범한 일상이라고 여겼던 날도 글, 사진, 영상 등으로 기록해 두면 나중에 다시 꺼내 봤을 때 소중한 기억이 살아납니다. 꾸준히 기록한다면 매일 달랐던 나의 감정, 사소한 성취나 성장, 그리고 관계의 변화를 발견할 수 있을 거예요.
이번 장에서는 기록을 해야 하는 이유와 기록을 도와주는 다양한 도구를 알아보겠습니다. 가볍게 읽기만 해도 기록하는 데 큰 윤곽이 잡힐 거예요.

☆ **01-1** 일상을 기록해야 하는 이유
☆ **01-2** 기록을 돕는 다양한 도구
☆ **스페셜 01** 희나 추천! 꼭 필요한 아이패드 액세서리

01-1
일상을 기록해야 하는 이유

사람들은 돈을 쓰고 나서 영수증, 매출 전표, 가계부 등 다양한 방법으로 1원 단위까지 기록합니다. 하지만 '시간'은 돈으로 살 수 없을 만큼 중요한데도 기록하지 않죠. 참 역설적이지 않나요? 여기서는 우리의 소중한 시간을 왜, 어떻게 기록해야 하는지 알아보려고 합니다.

📌 왜 기록해야 하나요?

시간이라는 자원은 우리 모두에게 똑같이 주어집니다. 하지만 시간을 어떻게 관리하는지에 따라 하루의 질은 크게 달라지죠. 급한 일만 처리하며 하루를 보낸다면 과연 보람이 있을까요? 누구에게나 공평하게 주어진 24시간을 허투루 쓰지 않고 더 의미 있는 일에 집중하고 싶다면 기록하는 습관을 가져 보세요. 사소한 것부터 큰 일까지 기록해 두면 내가 시간을 어떻게 사용하고 있는지 객관적으로 돌아볼 수 있고, 더 나은 방향으로 계획을 세울 수 있습니다.

저는 시간을 효율적으로 기록하기 위해 5단계의 루틴을 만들어 사용하고 있어요. 먼저 머릿속을 정리한 후, 해야 할 일들의 우선순위를 정합니다. 그 다음엔 우선순위에 맞춰 시간을 계획하고, 계획한 대로 시간을 관리하면서 기록합니다. 이제 이 5단계를 하나씩 살펴보겠습니다.

📌 1단계: [정리] 복잡한 머릿속 정리하기

혹시 일어나지 않을 일을 미리 걱정하거나 당장 해결할 수 없는 일에 사로잡혀 있나요? 저 역시 머릿속이 복잡하면 다른 일에 집중하지 못하는데요. 그럴 때면 고민거리나 나를 불안하게 하는 것을 생각나는 대로 작성합니다. 머릿속을 어지럽히던 고민이라도 글자로 가시화하는 순간 조금 거리를 두고 들여다볼 수 있게 됩니다.

고민은 지금 바로 해결할 수 있는 일과 해결하기 힘든 일로 한번 더 나누어 봅니다. 그리고 해결할 수 있는 고민이라면 방법을 함께 적어 줍니다. 당장 해결하진 못하더라도 해결 방법이 있는 고민이라면 마음이 한층 후련해지거든요. 반대로 해결할 수 없는 일이라면 그 사실을 인정하고 고민에 줄을 그어 보세요. 이렇게 고민은 메모에만 남겨 두고 머릿속에서는 잠시 지워 버리는 거예요.

▶ 메모 앱을 사용하는 법은 03-1절에서 소개합니다.

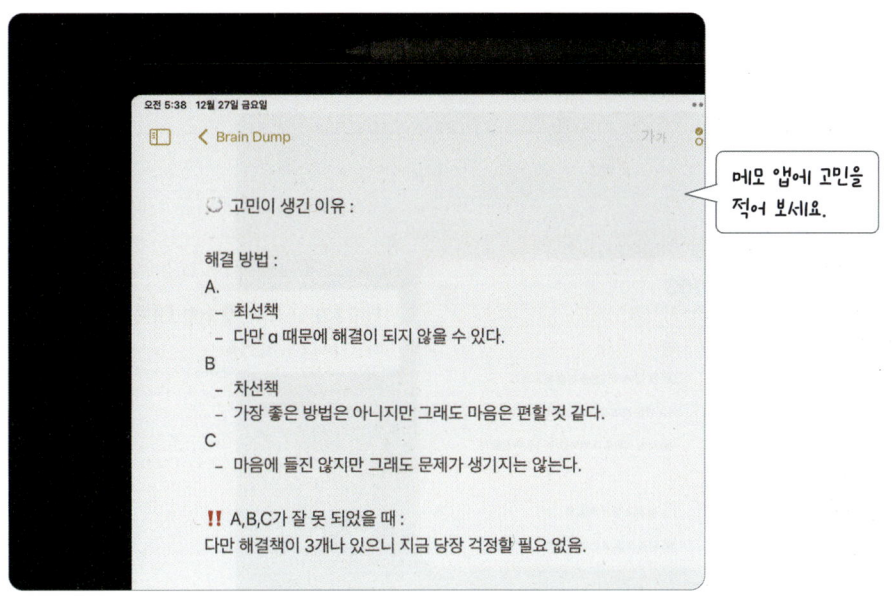

머릿속이 복잡할 때 적어 둔 고민 해결 방법

📌 2단계: [계획] 목적지 설정하기

목적지가 있는 사람과 없는 사람은 출발부터 큰 차이가 납니다. 목적지가 없다면 당장은 편할지 몰라도 마음 한구석은 불안할 것입니다. 하지만 목적지를 정하면 중간에 방향을 잃어도 다시 찾아가면 되고, 잠시 쉬어 가거나 한눈을 팔아도 결국 목적지에 도착할 수 있죠.

여기서 목적지란 내 인생의 '목표'라고 생각하면 쉽습니다. 인생의 목표라고 해서 거창하게 잡지 않아도 괜찮아요. 예시로 제 목표를 소개하자면 '사랑하는 사람과 행복한 추억 많이 만들기'와 '5년 후의 나에게 영향을 미칠 행동하기'입니다. 저는 이 2가지 목표를 버킷리스트에 추가하고, 핸드폰과 아이패드를 켰을 때 바로 보이도록 정리해 두었어요. 목적지를 잃지 않도록 자주 보고, 이 목표를 바탕으로 모든 계획을 세웁니다. 이렇게 인생의 장기 목표를 목적지로 삼아 두면 중·단기 목표를 만들기도 훨씬 수월하답니다.

▶ 목표 설정 앱, 미리 알림은 03-2절에서 소개합니다.

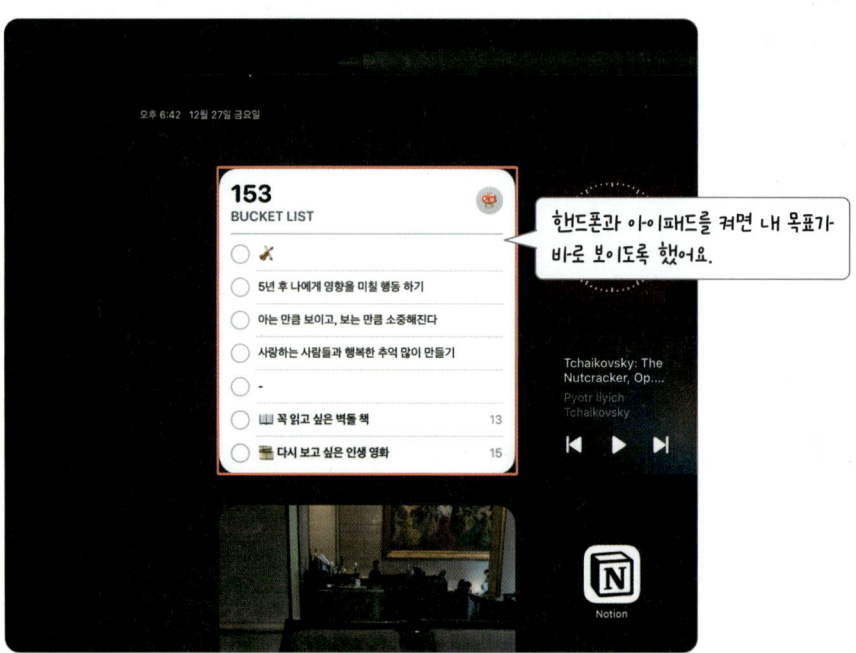

아이패드 위젯으로 설정해 둔 인생 목표

📌 3단계: [우선순위] 가장 중요한 일 찾기

바쁜 현대 사회에서 우리는 수많은 일을 처리하며 시간을 쏟아붓곤 합니다. 하지만 이런 일은 주로 '현재'에 초점이 맞춰져 있어서 바쁘게 살아도 남는 게 없다고 느끼는 경우가 많습니다. 우리는 당장 급하진 않지만 중요한 일, 즉 우리의 '미래'에 시간을 투자해야 합니다.

시간 매트릭스를 활용해 우선순위를 정리해 보세요. 이 방법은 4분면을 사용해 중요도와 긴급한 정도를 기준으로 할 일을 분류하는 방식입니다. 이때, 미래의 나를 위해 해야 할 일도 꼭 우선순위에 두어야 합니다. 예를 들어 운동, 독서, 가족과 시간 보내기, 외국어 공부 등의 일들이 여기에 속해요. 하루에 한 시간이라도 미래의 나를 위해 투자해 보세요. 이렇게 하면 더 의미 있는 시간을 보낼 수 있을 거예요.

▶ 시간 매트릭스는 06-3절에서 소개합니다.

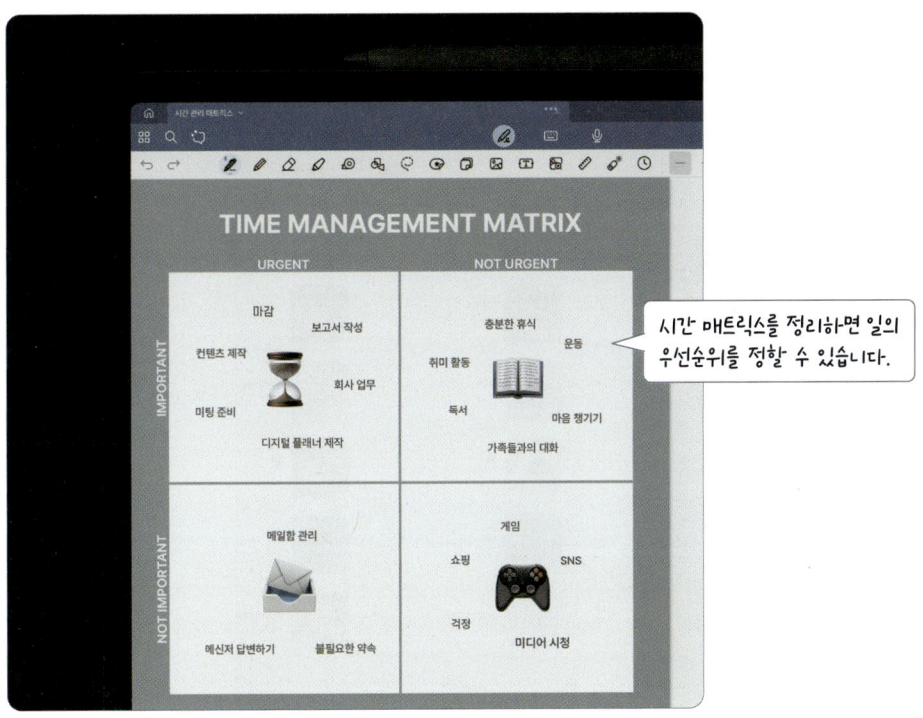

우선순위를 구분하기 편리하게 도와주는 '시간 매트릭스'

📌 4단계: [기록] 틈틈이 일상 남기기

우리는 여행을 가거나 새로운 맛집을 가는 등 특별한 장소, 일정일 때는 사진을 찍습니다. 반면 반복되고 익숙한 일상은 따로 기록하지 않고 흘려보내죠. 꼭 기록할 필요가 없다고 생각할 수 있지만, 틈틈이 일상의 기억을 모으는 것도 필요합니다. 나중에 일기를 작성하거나 목표를 재설정하기 위해 지난 시간을 돌아볼 때 활용할 수 있으니까요.

항상 들고 다니는 스마트폰으로 사진이나 영상을 촬영해 일상의 소중한 순간들을 담아 보세요. 내가 생활하는 집, 출퇴근길 풍경, 부모님과 나누는 소소한 대화, 반려동물과 함께하는 산책, 친구와의 즐거웠던 전화 통화 등 간직하고 싶은 일상이면 모두 좋습니다. 또 메신저에서 대화한 내용이나 나의 관심사를 캡처해 둔 스크린샷도 좋습니다.

▶ 앨범을 만드는 방법은 02-2절에서 소개합니다.

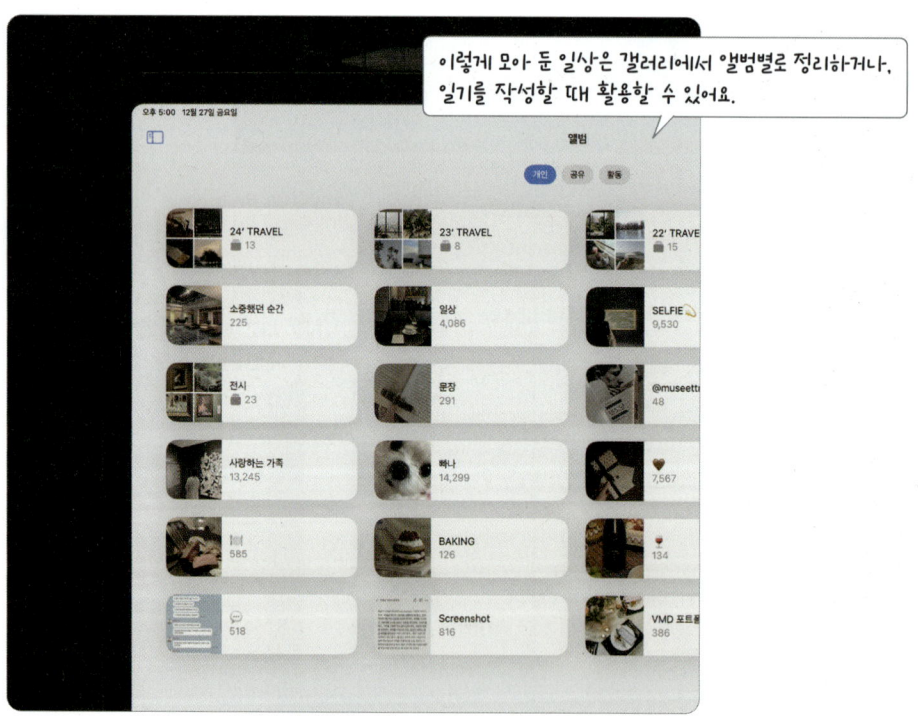

일상을 기록한 사진을 주제별로 정리해 둔 앨범

5단계: [관리] 시간 일기로 계획하기

하루를 일, 자기계발, 사랑하는 사람과 함께하는 데 모두 사용하고도 시간이 여유롭다고 느끼는 분들이 있는가 하면, 인터넷 서핑과 소셜 미디어로 하루를 보내면서 시간이 없다고 하소연하는 분도 있을 거예요. 인생에서 우선순위를 정하고 계획을 세운다면 시간을 꼼꼼하고 정확하게 쓸 수 있지만, 그렇지 않다면 당장 즐거운 일만 하며 시간을 낭비할 것입니다. 시작하기 전 계획을 세우는 사람의 한 주가 알찰 수밖에 없죠.

시간 일기를 작성하면 자신이 시간을 실제로 어떻게 사용했는지 확인하고 반성할 수 있습니다. 계획만 세우면 실천을 지속하기가 쉽지 않지만, 계획한 내용을 눈에 잘 보이게 기록해 두면 실천의 원동력이 된답니다.

▶ 시간 일기를 작성하는 방법은 04-1절에서 소개합니다.

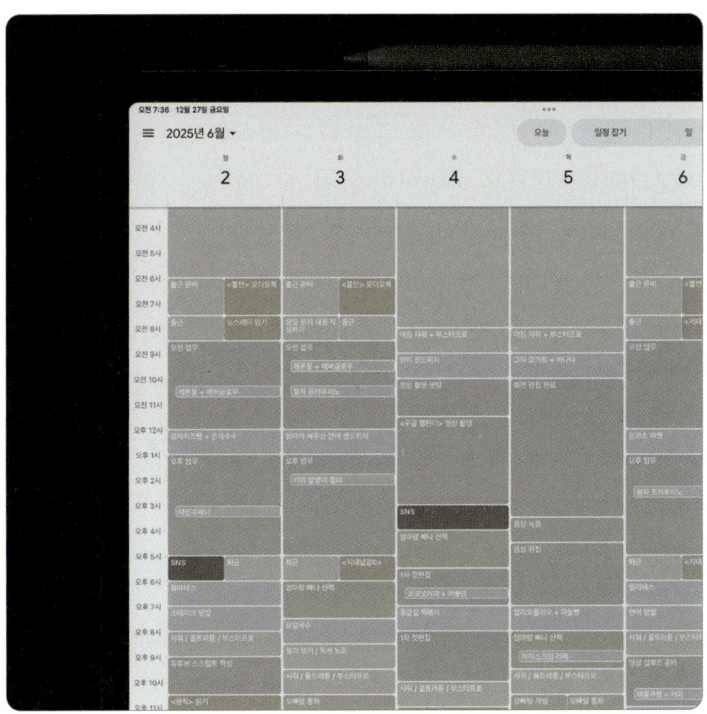

24시간을 꼼꼼히 정리해 둔 시간 일기

지금까지 시간을 계획적으로 관리하는 5단계 방법을 알아보았습니다. 복잡해 보이지만 걱정하지 마세요. 여러 시행착오를 겪으며 제가 찾아낸 가장 효율적인 도구와 방식을 알려 드리겠습니다. 차근차근 따라하면 여러분도 많은 시간을 들이지 않고 시간을 주도적으로 보낼 수 있을 것입니다.

01-2
기록을 돕는 다양한 도구

저는 10살부터 비밀 일기를 쓰기 시작했습니다. 작은 자물쇠가 달린 다이어리부터 두꺼운 양장 다이어리까지 대형 쇼핑백을 가득 채울 만큼 다이어리가 쌓여 있어요. 종이 다이어리를 쓰다 보니 매년 새로운 다이어리를 골라 구입하고 작성하는 즐거움은 컸지만, 한편으로는 기록을 언제 어디서든 열어 볼 수 없다는 사실이 늘 아쉬웠어요.

그러다가 중학생 때 구입한 아이팟 터치의 메모, 일기 앱을 시작으로 다이어리의 기록을 디지털로 전환하기 시작했습니다. 노트 앱, 블로그, 카페 등 글을 쓸 수 있는 공간이라면 전부 사용해 봤죠. 이번에는 제가 기록할 때 사용하는 다양한 도구를 함께 소개해 볼게요.

📌 내 마음을 기록하는 일기는 다음 카페에서!

메모 앱, 노트 앱, 일기장 앱, 블로그, 카페 등 글을 쓸 수 있는 곳은 다 접속해 봤습니다. 그리고 최종으로 고른 곳이 **다음 카페**였어요. 한 번에 사진 100장과 동영상 5개까지 업로드할 수 있고, 나만의 공간처럼 꾸밀 수 있다는 점이 큰 장점으로 다가왔죠. 저는 2014년에 비공개 카페를 개설해서 지금까지 쭉 일기를 쓰고 있어요. 제 모든 감정과 일상이 담겨 있는 '또 다른 나'이자 보물 같은 공간이랍니다.

▶ 다음 카페로 일기를 남기는 방법은 04-2절에서 소개합니다.

일기를 쓰기 위해 만든 다음 카페의 연도별 게시판

실패해서 힘들었던 경험, 목표를 달성하거나 성공했던 경험 등 작은 일이라도 기록으로 남기면 미래의 나에게 큰 힘이 됩니다. 이런 기록 덕분일까요? 저는 과거의 힘들었던 일도 결국 좋은 방향으로 가는 과정이자 경험이라는 것을 깨닫게 되었어요. 이제는 부정적인 생각이나 자책 대신 '더 좋은 방향으로 변화하려고 하는구나' 하고 긍정적으로 생각한 뒤 문제를 해결해 나가는 데 집중하게 되었습니다.

아날로그 감성의 디지털 기록은 굿노트에서!

일일, 주, 월 단위로 계획을 세우고 결과를 기록하는 플래너는 쉽게 수정할 수 있는 플랫폼을 선택하는 게 좋습니다. 단순한 기록과는 달리 상황에 따라 추가하거나 변경해야 하기 때문이죠. 종이 플래너는 수정하다 보면 지저분해지는 점이 불편해서 깔끔하게 고칠 수 있는 아이패드의 굿노트를 애용합니다. 미래를 계획하는 플래너도 시간이 지나면 과거의 기록이 되죠. 열심히 잘 작성해 둔 플래너를 보면 과거의 내가 얼마나 열심히 지냈는지 알 수 있어서 뿌듯하고 재미있어요.

▶ 굿노트에서 플래너를 사용하는 방법은 06-4절에서 소개합니다.

굿노트로 직접 만들어서 사용하는 플래너

제가 가장 잘 활용하는 플래너는 연간/월간/주간 플래너예요. 장기 계획을 연간 플래너에 고정해 두고, 단기 계획은 한눈에 볼 수 있도록 월간 플래너에 정리한 후 계속해서 수정해 나갑니다. 주간 플래너에는 10분 단위로 일정을 계획합니다.

1년간 이루고 싶은 목표를 적어요!

한 주에 해야 할 것들을 적어 나가요!

굿노트로 직접 만들어서 사용하는 연간/주간 플래너

📌 똑똑한 가계부 작성은 넘버스에서!

책과 강의로 경제 공부를 시작하면서 깨달은 것은 '소비 패턴을 알아야 한다는 것'이었어요. 그래서 처음에는 가계부 앱을 사용했는데 복잡하고 기능이 너무 많았죠. 카드 사용 내역 등을 자동화하다 보니 기록을 직접 하지 않게 되면서 결국 점점 관리를 소홀히 하게 되는 단점도 있고요. 그렇다고 매번 수기로 작성하기엔 시간도 너무 많이 소요되고, 여러 자산을 하나하나 작성하고 계산할 엄두가 나지 않았어요.

그래서 저는 넘버스 앱으로 가계부를 만들었습니다. 넘버스는 가계부 앱은 아닙니다. 엑셀처럼 데이터를 입력하고 관리할 수 있는 프로그램이지요. 이 앱으로 나에게 필요한 기능 중심으로 구성하여 나만의 맞춤형 가계부를 만들 수 있습니다.

▶ 넘버스로 가계부를 쓰는 방법은 05-3절에서 다룹니다.

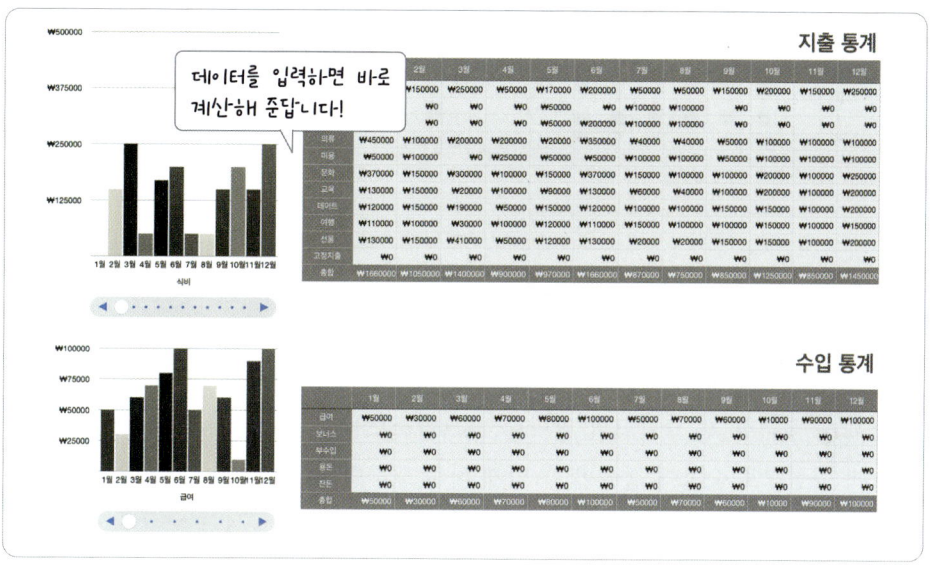

넘버스로 만든 연간 가계부

넘버스로 만든 가계부는 전체 자산을 한눈에 모아보고, 지출과 수입을 직접 입력하며 계획적인 소비 생활을 할 수 있게 해줍니다. 저는 가계부 앱을 꾸준히 쓰면서 목표를 세울 수 있게 되었고, 예산에 맞게 소비하다 보니 돈이 모이는 재미도 알게 되었습니다.

▶ 엑셀이나 구글 스프레드시트를 활용해 가계부를 쓰는 분들도 있습니다. 각 플랫폼마다 장단점이 있기 때문에 정답은 없습니다. 여러 기능들을 써보고 나에게 필요하고 잘 맞는 도구를 찾는 과정이 중요합니다.

📌 매일 관리하는 체크리스트는 투두메이트에서!

저는 학생일 때 스터디 플래너를 쓰면서부터 체크리스트를 사용하기 시작했습니다. 공부할 것이 너무 많아서 내가 지금 이것만 하고 있어도 되나 싶을 정도로 마음이 불안한 적이 많았죠. 하지만 시험 한 달 전부터 적당히 계획을 세워 놓으니 불안한 마음이 사라지고 지금 공부하는 과목에만 온전히 집중할 수 있었어요. 그때부터 저는 어떤 일이든 시작하기 전에 **투두메이트** 앱으로 체크리스트를 작성합니다.

▶ 03-3절에서 투두메이트 앱으로 체크리스트를 작성해 볼 거예요.

투두메이트 앱으로 만든 체크리스트

체크리스트는 할 일을 정리하는 역할도 하지만 지금 해야 할 일에 몰두할 수 있게 도와 주기도 해요. 할 일을 작성하고 우선순위를 정하다 보면 일의 순서가 명확해지죠. 시간, 하루, 주간, 또는 프로젝트 단위로 작성할 수 있는데, 저는 주로 한 주의 할 일을 명확히 정리한 후 그날그날 날마다 체크리스트를 작성합니다. 체크리스트는 할 일 목록 이상으로 순간에 집중할 수 있게 하는 도구랍니다.

📌 지금 떠오른 아이디어는 메모 앱에서!

자기계발서를 읽다 보면 아이디어 노트를 늘 몸에 가지고 다니라는 말이 자주 등장합니다. 저는 아이디어가 떠오르면 핵심 단어를 아이패드의 기본 메모 앱에 빠르게 작성합니다. 길게 적지 않아도 됩니다. 이후 편한 시간에 메모장을 켰을 때 그 아이디어가 재미있다면 발전시키고, 그렇지 않은 아이디어는 따로 모아 두기만 하면 되죠. 그리고 아이디어가 필요할 때마다 모아 두었던 아이디어를 다시 찾아봅니다. 순간순간 떠오른 아이디어는 신선한 사업 아이템이 될 수도 있고, 멋진 상품으로 변할 수도 있고, 흥미로운 주제의 글이 될 수도 있습니다.

▶ 메모 앱은 03-1절에서 다룹니다.

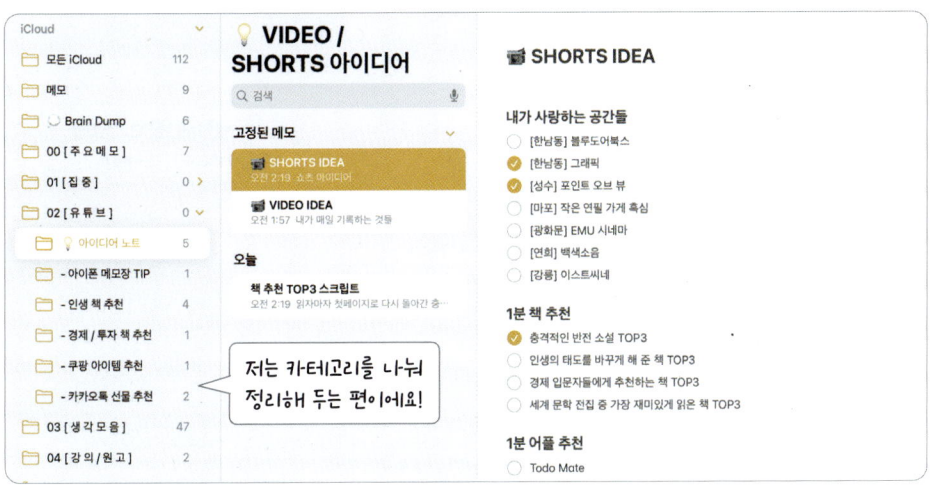

메모 앱에 작성해 둔 다양한 아이디어

저는 주로 샤워한 후에 잠깐 메모하는 시간을 갖는데요. 여러분의 아이디어 골든 타임은 언제인가요? 우리의 뇌는 아침에 일어나자마자 가장 많은 아이디어를 낼 수 있다고 합니다. 아침에 일어나 SNS를 확인하기보다 먼저 메모 앱을 열어 아이디어 노트를 작성해 보는 건 어떨까요?

📌 좋은 작품을 기록하는 독서/영화/전시 노트는 노션에서!

'나에게 영향을 미친 것의 총합이 나이며, 어떤 것을 보느냐에 따라 내 세계와 나의 조건이 바뀐다'는 말을 좋아합니다. 그래서 저는 늘 가까운 곳에 좋은 것, 좋은 문장, 좋은 생각할 거리를 두려고 노력합니다. 그리고 그것을 기록해서 내가 변화할 수 있도록 노력하죠. 영화와 전시의 내용, 감명 깊게 읽었던 책은 기록해 두지 않으면 쉽게 잊어버립니다. 노션 앱은 책의 독후감 쓰기, 영화의 포스터나 스틸컷 모으기, 전시에서 가장 좋았던 작품을 기록하기에 최적화되어 있습니다.

▶ 노션으로 독서/영화/전시 노트 만들기가 궁금하다면 05-1절을 공부해 보세요.

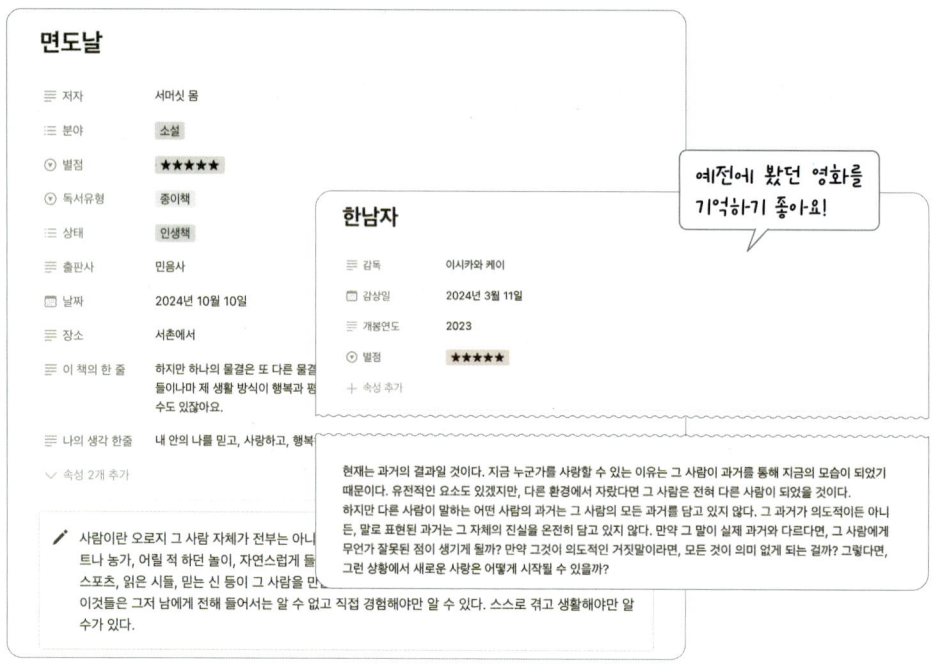

노션에 작성한 독서/영화 감상 노트

이렇게 기록해 두면 확실히 더 기억에 잘 남고, 감상 노트를 쓰는 습관도 들일 수 있습니다. 모든 문장을 옮기려 하지 않아도 돼요. 꼭 기억하고 싶은 문장 2~3줄이면 충분하답니다.

소개한 도구들 외에 저는 다음 4가지 방법으로도 기록 생활을 실천하고 있습니다.

사진과 영상 촬영	통화 녹음
매일 글을 쓰는 게 부담스럽다면 하루에 한 장씩 '오늘의 한 컷'을 남기는 것도 좋아요. 짧은 설명과 키워드를 추가하면 그때의 감정을 생생히 떠올릴 수 있습니다. 사진에 담기 어려운 목소리나 표정은 영상으로 기록합니다.	상대방과의 이야기를 간직하고 싶다면 통화를 녹음해 보세요. 자연스러운 대화를 기록할 수 있답니다.
감사 일기 작성	인터뷰 북 작성
하루를 마무리하며 그날의 감사할 것들을 적어 두는 '감사 일기'도 작성해 보세요. 작은 일에 대한 감사가 인생에서 소중한 것과 중요한 것을 깨닫게 해 준답니다.	궁금한 질문을 정리해 대화를 나누는 '인터뷰 북'을 만들기도 합니다. 부모님의 어린 시절이나 삶의 이야기를 질문하고 녹음해 두면 귀중한 추억이 되죠. 10가지 정도의 질문을 준비해 하루에 하나씩 물어보는 것도 좋은 방법입니다.

기록 방법에는 정답이 없습니다. 여러 도구를 다양하게 사용해 보고 자신에게 맞는 앱과 기록 패턴을 발견해 보세요. 01장에서 다양한 기록의 방법과 이를 도와줄 강력한 앱들을 간단히 살펴보았습니다. 이 도구들을 최대한 활용하기 위해선 아이패드를 알맞게 설정하는 과정이 필요합니다. 이제 02장에서 아이패드를 열고, 효율적인 기록 환경을 만들기 위한 기본 설정을 함께 진행해 볼게요!

이 책에서 다루는 14가지 기록 앱

희나 추천! 꼭 필요한 아이패드 액세서리

아이패드는 적절한 액세서리와 함께 사용하면 생산성과 활용도가 크게 향상됩니다. 애플 펜슬과 종이 질감의 필름을 함께 사용하면 실제 노트를 쓰는 것처럼 아날로그 감성을 살려 필기나 스케치를 할 수 있습니다. 또한, 블루투스 키보드와 마우스를 추가하면 아이패드를 PC처럼 사용하며 작업 효율을 극대화할 수 있습니다. 아이패드를 필기용으로 주로 사용하는지, 아니면 영상 감상에 더 초점이 맞춰져 있는지에 따라 필요한 액세서리가 달라집니다. 제가 소개하는 액세서리 중 도움이 될 만한 것이 있는지 살펴보세요!

블루투스 키보드

키보드를 함께 사용할 때 가장 큰 장점은 Commmand 키를 사용할 수 있다는 것입니다. 아이패드에는 Commmand 키를 함께 사용하면 편리한 단축키가 많아요. 꼭 애플에서 나온 제품이 아니라도 블루투스로 연결되는 키보드라면 모두 아이패드와 연동해서 사용할 수 있습니다.

▶ Commmand 키는 맥 등 애플 기기에서 사용하는 키보드 키로, 윈도우 컴퓨터의 Ctrl 키와 같은 기능을 해요. Cmd로 표기되어 있는 키보드도 있습니다.

블루투스 키보드

애플 펜슬

애플 펜슬은 아이패드의 기본 구성에 포함되어 있지 않아서 따로 구매해야 합니다. 아이패드로 그림이나 글 작업을 자주 한다면 필수 액세서리입니다. 애플 펜슬은 필압과 각도를 조절할 수 있어서 자연스러운 그림을 그릴 수 있습니다. 특히 애플 펜슬 2세대는 본체를 두 번 탭하면 도구가 변경되어 화면에서 연필과 지우개를 찾아서 터치하지 않아도 빠르게 작업할 수 있답니다.

애플 펜슬 2세대

애플 펜슬 펜촉

애플 펜슬의 펜촉은 소모품이라서 그림을 자주 그리거나 필기량이 많으면 금방 마모됩니다. 요즘은 정품 펜촉 외에도 샤프 모양, 볼펜 모양, 만년필 모양 등 다양한 펜촉이 나오는데, 사용하는 필름과 궁합을 맞춰서 사용하면 필기하는 즐거움을 높일 수 있습니다.

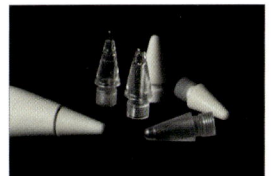
일반 펜촉/ 메탈 펜촉

블루투스 마우스

아이패드에 마우스를 연결하면 PC처럼 사용할 수 있습니다. 손을 많이 움직이지 않아도 화면을 스크롤하기 편해서 특히 문서 작업을 많이 하는 분들에게 추천합니다. 애플의 매직 마우스 대신 블루투스 마우스를 연결해서 사용해도 됩니다.

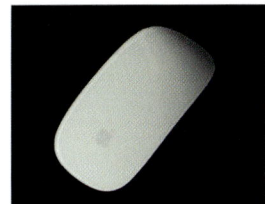
애플 매직 마우스

액정 필름

필름마다 장단점이 뚜렷해서 아이패드를 사용하는 목적에 따라 선택하는 게 좋습니다. 아이패드의 액정 필름은 종류가 다양한데요. 강화 유리 필름을 사용하면 화면이 깨끗하고 선명해져서 필기보다 영상 감상을 위주로 하는 분들에게 추천합니다. 단, 어두운 화면일수록 빛 반사가 심하게 일어난다는 점이 아쉽습니다.

아이패드 액정 필름

종이 질감 필름은 마치 종이 위에 글자를 쓰는 듯한 느낌을 주는데, 강화 유리 필름에 비해 지문이 덜 찍혀서 손으로 화면을 터치해도 흔적이 남지 않습니다. 빛을 흡수해서 빛 반사가 덜 일어난다는 장점도 있죠. 다만 필름 표면이 다른 제품에 비해 거칠어서 화질이 떨어지고 애플 펜슬 펜촉이 좀 더 빨리 마모된다는 단점이 있습니다. 최근엔 자석처럼 붙여서 사용하는 탈부착형 종이 필름 등 재미있는 제품도 다양하게 나오고 있습니다.

보기 편한 아이패드 화면으로 설정하기

기록을 어떻게 해야 나에게 가장 잘 맞을까 고민하던 중 우연히 만난 아이패드는 신세계였습니다. 다이어리처럼 사진도 마음껏 첨부할 수 있고, 스티커도 만들어 쓸 수 있거든요. 게다가 검색 기능으로 궁금한 점을 언제든지 찾아보거나 아이패드 하나에 내가 원하는 것을 무엇이든 저장할 수도 있습니다.
내 취향대로 예쁘게 꾸미고 쓰기 편하게 설정해 두면 열 때마다 기분도 좋고 기록을 습관화하는 데 도움이 됩니다. 아이패드를 어떻게 설정하면 좋은지 알아볼까요?

⭐ 02-1 홈 화면 새로 만들고 앱 배치하기
⭐ 02-2 내 마음대로 위젯 만들기
⭐ 02-3 공간을 아끼는 위젯 스택 활용하기
⭐ 02-4 나만 아는 위젯 모음 페이지 만들기
⭐ 스페셜 02 독서 집중 모드 설정하기

02-1
홈 화면 새로 만들고
앱 배치하기

기록에 바로 집중할 수 있도록, 먼저 아이패드의 홈 화면부터 깔끔하게 정돈해 봅시다. 아이패드의 잠금을 풀면 홈 화면이 보입니다. 홈 화면은 앱과 위젯으로 자신의 라이프스타일에 맞게 꾸밀 수 있습니다. 위젯이란 앱을 직접 열지 않아도 일정이나 할 일, 메모 등 중요한 것을 홈 화면에 정리할 수 있는 기능이에요.

저는 아이패드의 홈 화면에 다양한 위젯을 추가해 꾸며 두었어요. 이렇게 하면 보기에 예쁘기도 하지만, 필요한 정보를 한 화면에서 모두 모아볼 수 있어 편리해요.

먼저 아이패드의 기본 배경화면부터 깔끔한 것으로 바꿔 볼게요. 마지막에는 앞서 본 사진처럼 홈 화면을 깔끔하게 구성할 수 있을 테니, 천천히 따라 해보세요!

하면 된다!} 아이패드 배경화면 바꾸기

저는 아이패드 배경화면을 깔끔한 단색으로 설정하고, 위젯으로 꾸며 사용하는 것을 좋아합니다. 아이패드로 QR코드를 찍어 블로그에 접속한 후 마음에 드는 배경화면을 내려받아 보세요.

배경화면 파일 내려받기

▶ QR코드로 접속해 배경화면으로 설정하고 싶은 사진을 한 번 탭한 뒤 [사진 앱에 저장]을 선택해 보세요.

01 홈 화면에서 상단을 아래쪽으로 스와이프해 잠금 화면이 나타나게 만듭니다.

02 ❶ 잠금 화면을 길게 탭하고 ❷ 왼쪽으로 쓸어넘겨 추가 화면을 불러옵니다.

03 ❶ [추가] ➕를 탭하고 ❷ [새로운 배경화면 추가]에서 [사진]을 선택해 블로그에서 내려받은 배경화면을 불러옵니다.

04 ❶ 상단의 [추가]를 누르면 팝업 창이 나타납니다. 여기서 ❷ [한 쌍의 배경화면으로 설정]을 선택해 보세요. 잠금 화면과 홈 화면이 선택한 배경화면으로 동일하게 적용됩니다.

이제 다음 단계로 넘어가 봅시다. 아이패드를 처음 사용하면 홈 화면이 여러 앱 아이콘으로 가득 차 있는데요. 이때는 일일이 화면을 정리하는 대신 새 화면을 만드는 게 더 편해요. 아이패드는 여러 개의 홈 화면을 설정해 상황에 맞게 활용할 수 있습니다. 예를 들어 평상시에 사용하는 화면, 독서할 때 필요한 화면 등으로 각각 만들 수 있죠.

하면 된다!} 홈 화면 페이지 추가하기, 숨기기

이번 실습에서는 새로운 홈 화면 페이지를 추가하고, 기존 홈 화면 페이지를 숨겨 보겠습니다.

01 페이지 추가하기

처음 아이패드를 구매하고 사용한다면 홈 화면 페이지가 2개 나와 있을 거예요. 이때 홈 화면 페이지를 추가하려면 ❶ 화면의 빈 곳을 길게 탭해 홈 화면 편집 모드에 들어간 후 ❷ 아무 앱 하나를 화면 오른쪽으로 끌고 갑니다.

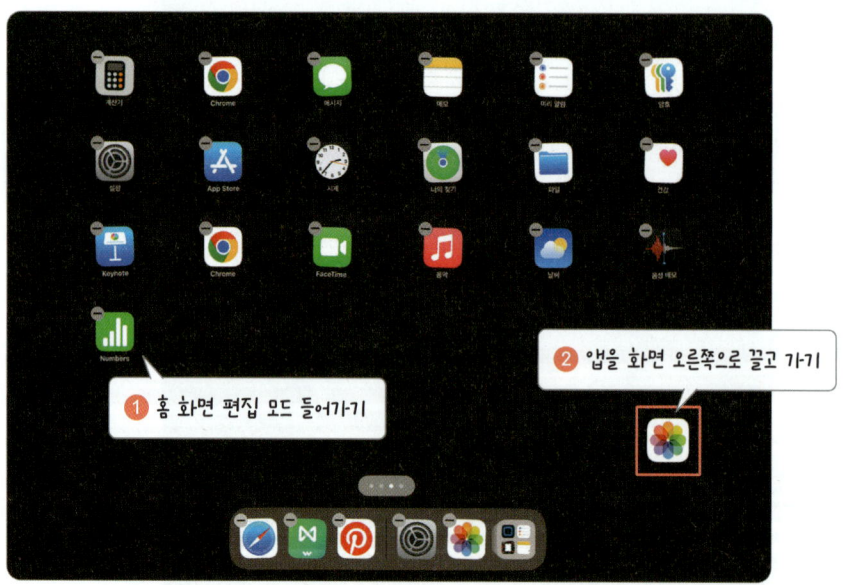

02 오른쪽 페이지로 넘어갔다면 ❶ 앱을 잡고 있던 손을 뗍니다. ❷ 왼쪽 상단의 [편집 → 페이지 편집]을 선택합니다.

03 홈 화면 페이지 숨기기

지금 가지고 있는 홈 화면 페이지들이 나타납니다. 아래쪽에 체크 표시 ☑가 있는 페이지가 현재 활성화된 홈 화면 페이지입니다. 페이지를 숨기려면 ☑를 탭해 체크 표시를 끄면 됩니다. 정리되지 않은 홈 화면 페이지를 탭해 체크 표시를 꺼 봅시다.

`04` 체크 표시가 꺼졌다면 오른쪽 상단의 [완료]를 탭합니다.

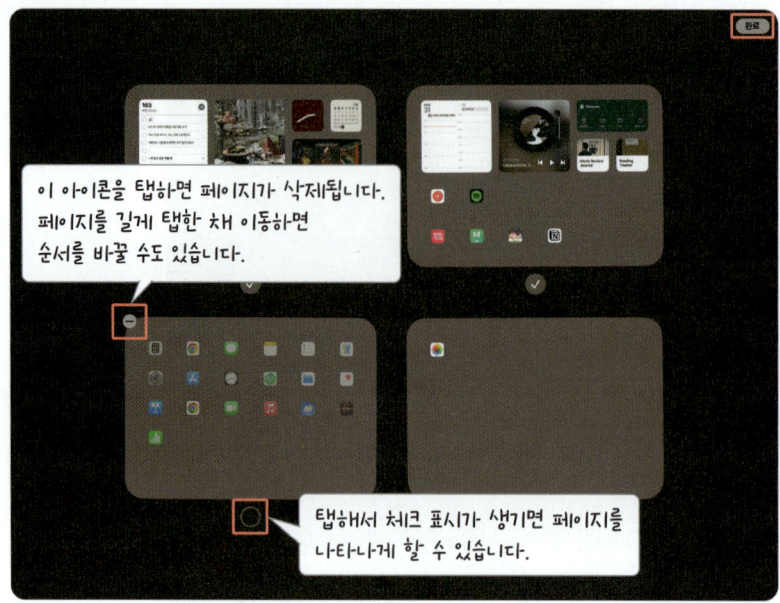

다음으로 기록에 필요한 앱을 홈 화면에 배치하고 정리하는 방법을 알아볼 거예요. 굳이 앱을 찾지 않아도 돼서 시간이 많이 절약된답니다.

하면 된다! } 홈 화면 페이지로 앱 불러오기

`01` 홈 화면 마지막 페이지를 왼쪽으로 살짝 밀고, [앱 보관함]에서 원하는 앱을 찾습니다. 여기선 [카메라 📷] 앱을 이동해 볼게요.

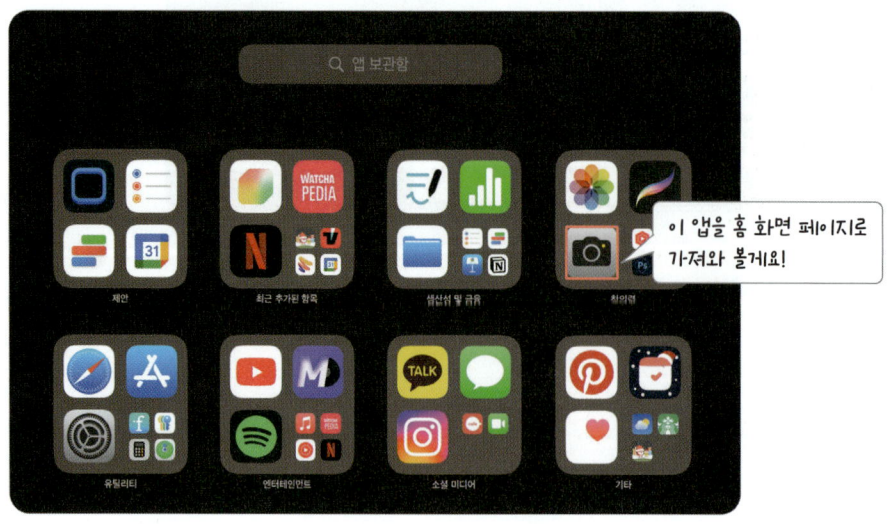

02 앱 아이콘을 길게 탭해 앱을 가져오고 싶은 페이지 쪽으로 드래그해 보세요. ➕표시가 생기며 앱이 이동하고, 손을 떼면 그 자리로 앱이 불러와집니다. 이렇게 8개의 앱을 불러와 보세요.

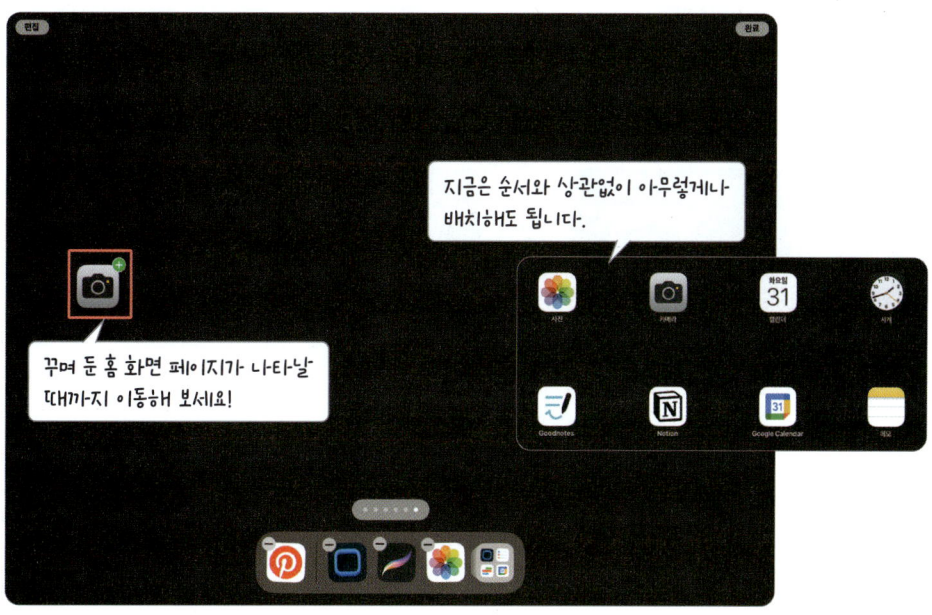

🖍 희나의 꿀팁 | 앱의 아이콘과 이름을 바꾸고 싶어요!

앱의 아이콘이 제각각이라 하나로 통일하고 싶다면 **포토위젯(PhotoWidget)** 앱을 이용해 보세요. 앱의 아이콘 모양뿐 아니라 이름도 변경할 수 있습니다. 마음에 드는 것을 골라 쓰기만 하면 되어서 사용 방법도 그리 어렵지 않아요. 포토위젯 역시 앱스토어에서 내려받을 수 있습니다.

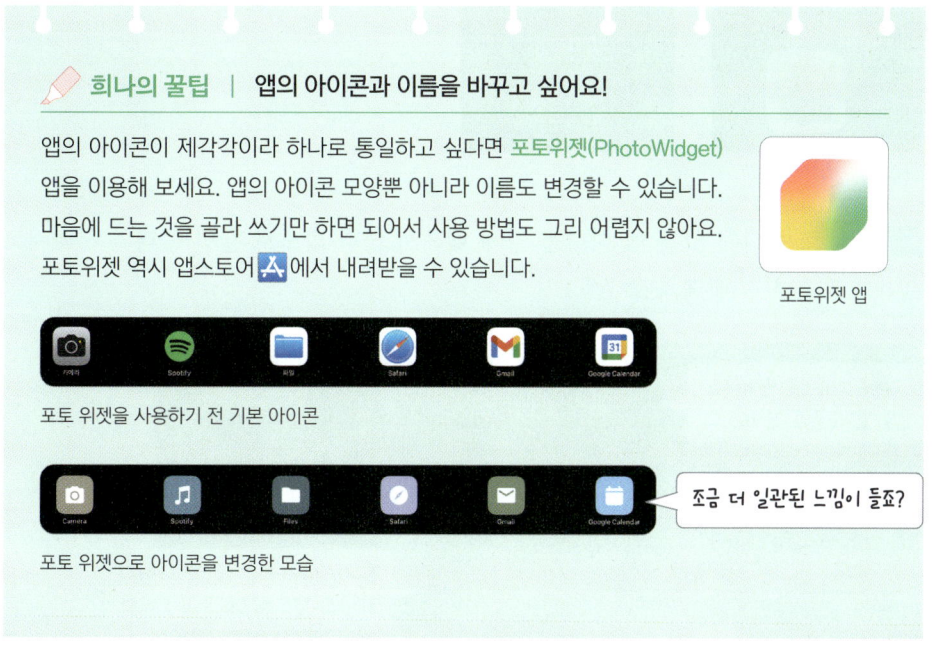

하면 된다!} 앱 배치/이동/폴더 만들기

앱을 원하는 위치에 보내거나 앱끼리 묶어 폴더를 만드는 것도 간단합니다.

01 앱끼리 위치 바꾸기

앱의 위치가 맘에 들지 않는다면 홈 화면 편집 모드에서 위치를 옮기고 싶은 앱을 옆으로 드래그해 보세요. 옆에 있는 앱과 위치가 바뀝니다.

02 앱을 폴더로 묶기, 폴더 해제하기

홈 화면 편집 모드에서 앱을 선택하고 다른 앱 위로 드래그하면 앱을 하나의 폴더 안에 묶을 수 있습니다. 여러 앱을 선택하고 다른 폴더로 한번에 드래그해서 이동할 수도 있습니다.

03 반대로 폴더에 있는 앱 하나를 길게 탭해서 폴더 밖으로 끌면 폴더가 사라지고 원래대로 홈 화면에 배치됩니다.

04 홈 화면에서 앱 삭제하기

홈 화면 편집 모드에서는 앱 아이콘의 왼쪽 위에 ➖가 나타납니다. 이번에는 [Google Calendar] 앱을 제거해 볼게요. ❶ [Google Calendar]의 ➖를 누르고 ❷ [홈 화면에서 제거]를 선택하면 홈 화면에서만 앱이 사라집니다. 이때 앱은 다시 앱 보관함으로 이동해요.

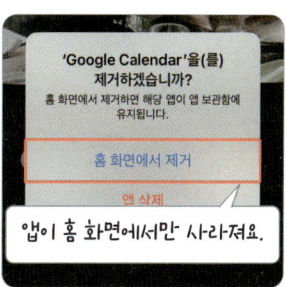

희나의 꿀팁 | 앱 삭제를 잘못 눌렀는데, 어떻게 되돌리나요?

[앱 삭제]를 선택하면 앱이 아이패드에서 완전히 삭제됩니다. 이때 삭제한 앱을 사용하려면 앱 스토어 에서 다시 내려받아야 합니다.

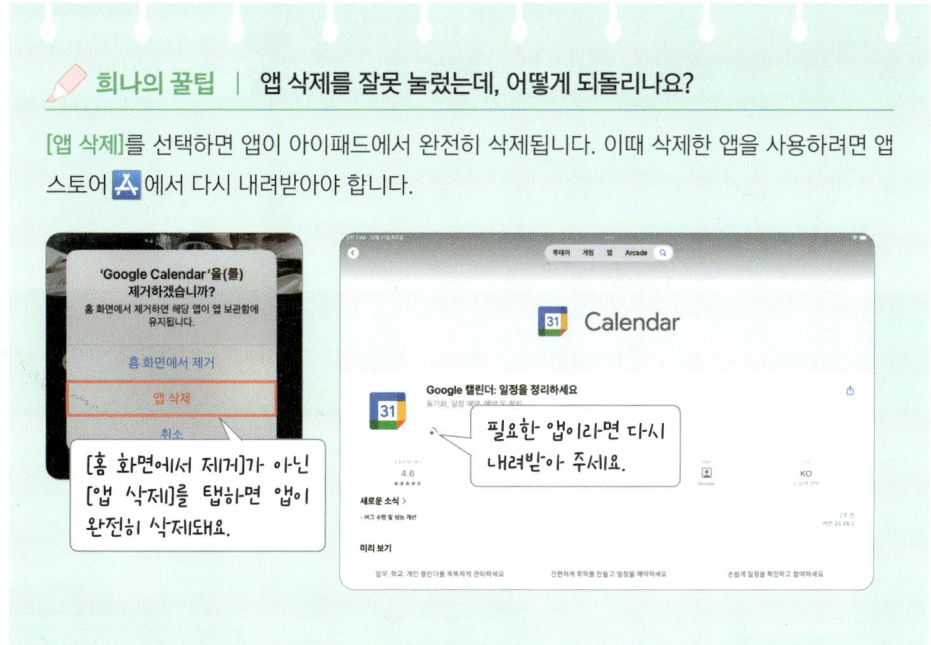

하면 된다!} 독에 자주 사용하는 앱 고정하기

화면 하단을 한번 살펴보세요. 앱들이 모여 있는 작은 막대가 보이나요? 아이패드에 선 이 부분을 '독(Dock)'이라고 부릅니다. 이 공간도 앱을 빼거나 추가할 수 있답니다. 자주 쓰는 앱을 독에 넣어 두면 빠르게 탭해서 사용할 수 있고, 독에서 세로 선을 중심으로 오른쪽에는 최근 사용한 앱과 앱 보관함 바로가기가 나타나고, 왼쪽에는 자주 쓰는 앱을 추가해서 고정할 수 있습니다.

01 먼저 앱을 길게 누르고 드래그해 독의 세로 선 왼쪽에 있는 '자주 쓰는 앱'에 넣어 주세요.

02 독에서도 순서를 바꿀 수 있습니다. 앱을 길게 누르고 드래그해서 자주 쓰는 앱을 앞쪽으로 배치해 보세요.

03 독에서 제거하려면 다시 앱을 길게 누른 후 홈 화면으로 빼 줍니다.

02-2
내 마음대로 위젯 만들기

이제 위젯도 설정해 봅시다. 위젯을 설정해 두면 자주 사용하는 앱의 정보를 미리 확인하거나, 필요한 기능에 빠르게 접근할 수 있습니다. 홈 화면에 추가하면 앱을 열지 않아도 날씨나 배터리 상태를 확인할 수 있고, 음악 위젯을 활용해 재생 중인 음악을 확인하거나 곡을 넘기는 등 간단한 제어도 할 수 있어요.

이런 것들이 모두 위젯이에요!

하면 된다!} 홈 화면에 위젯 배치하기

앱마다 다양한 위젯이 제공되니, 마음에 드는 위젯을 찾아 홈 화면에 배치해 보세요. 이번 실습에서는 미리 알림 위젯과 사진 위젯을 추가해 보겠습니다.

01 위젯 살펴보기

위젯을 추가하기 전에 설치한 앱에서 어떤 위젯을 지원하는지 확인해 봐야 합니다. 홈 화면 편집 모드에서 왼쪽 상단의 [편집 → 위젯 추가]를 누르면 홈 화면에 추가할 수 있는 위젯의 목록을 확인할 수 있습니다.

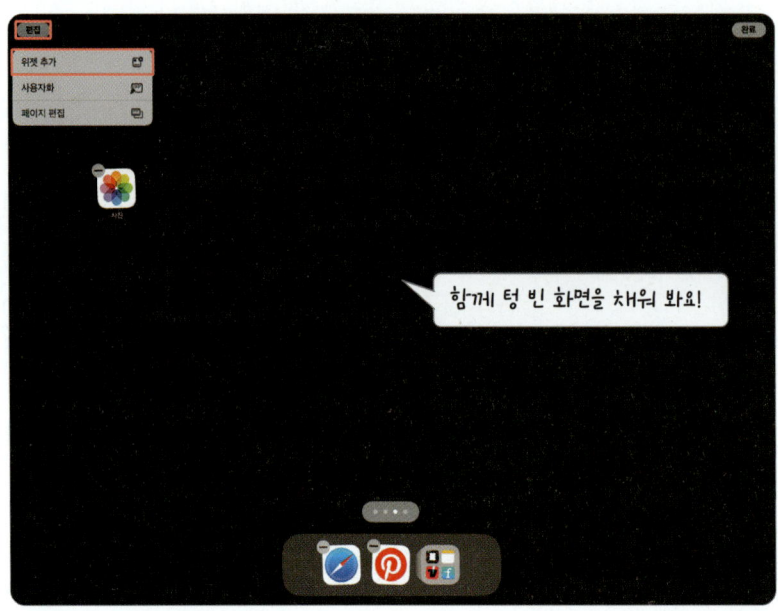

02 미리 알림 위젯 추가하기

왼쪽 목록에 나타나는 앱 중 [미리 알림]을 위젯으로 추가해 볼게요. ❶ [미리 알림]을 선택하면 오른쪽에 설치할 수 있는 다양한 위젯의 모양이 나타납니다. ❷ 오른쪽으로 넘기며 추가하고 싶은 형태를 고르고 ❸ [위젯 추가]를 탭하면 홈 화면에 위젯이 추가됩니다.

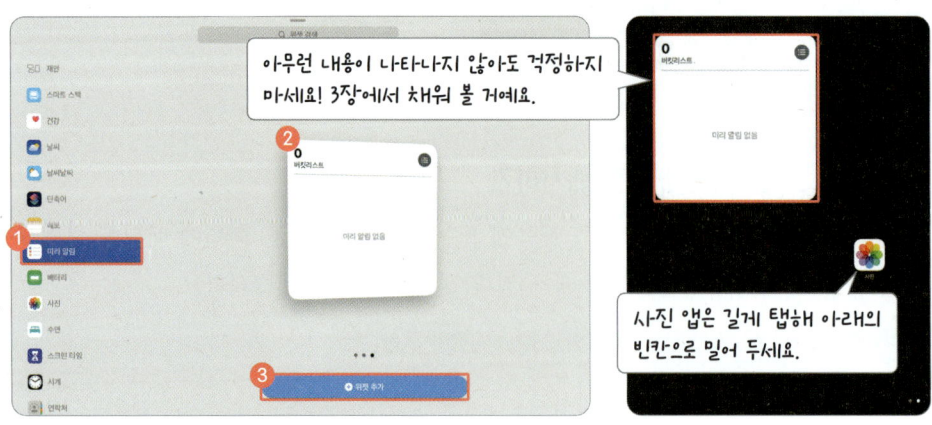

다양한 위젯을 골라 추가할 수 있는 위젯 추가 창   미리 알림 위젯을 추가한 모습

03 사진 위젯 추가하기

다음으로 사진 위젯도 추가해 볼까요? 홈 화면에 사진 위젯을 추가하기 위해선 먼저 앨범을 만들어 둬야 합니다. ❶ [사진 앱 🌈]에 들어간 후 ❷ [앨범]을 탭합니다.

04 오른쪽 상단의 [생성 → 새로운 앨범]을 선택합니다.

이 아이콘을 탭하고 [앨범 → 새로운 앨범]을 선택해도 됩니다.

05 [사진 추가] 아래의 빈칸에 ❶ 홈 화면 이미지라고 입력한 뒤 ❷ [생성]을 탭합니다.

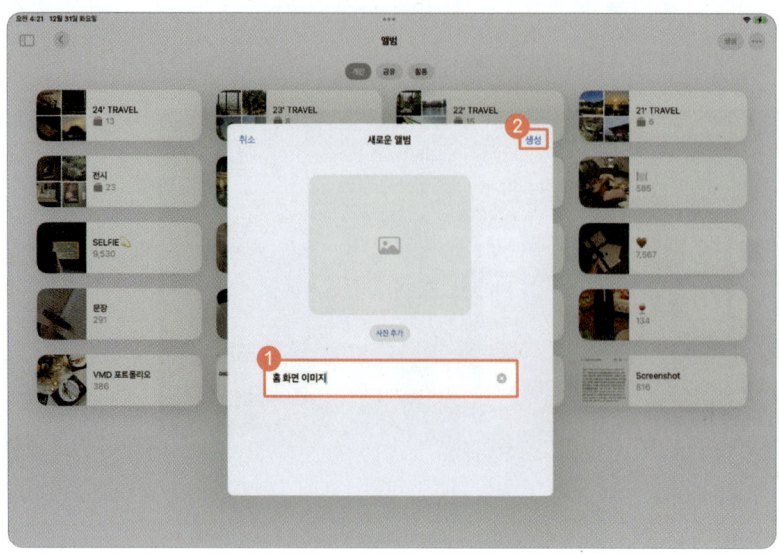

06 ❶ [추가 ➕]를 탭해 ❷ 홈 화면에 띄우고 싶은 사진을 선택한 뒤 ❸ [추가]를 탭합니다. ❹ 앨범 설정이 끝나면 아래의 바를 위로 살짝 밀어 홈 화면으로 돌아갑니다.

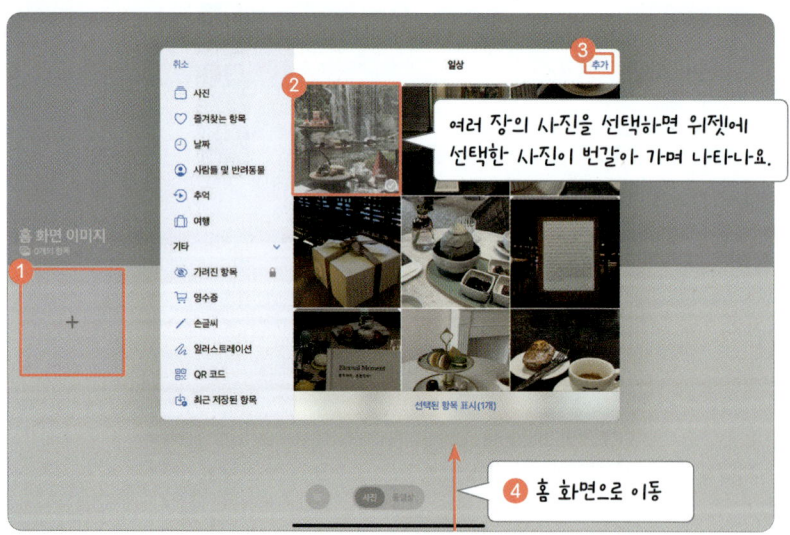

07 미리 알림 위젯을 추가할 때와 마찬가지로 왼쪽 상단의 ❶ [편집 → 위젯 추가]를 선택합니다. ❷ [사진]을 탭한 뒤 ❸ 일곱 번째의 [앨범]이 선택된 상태에서 ❹ [위젯 추가]를 탭합니다.

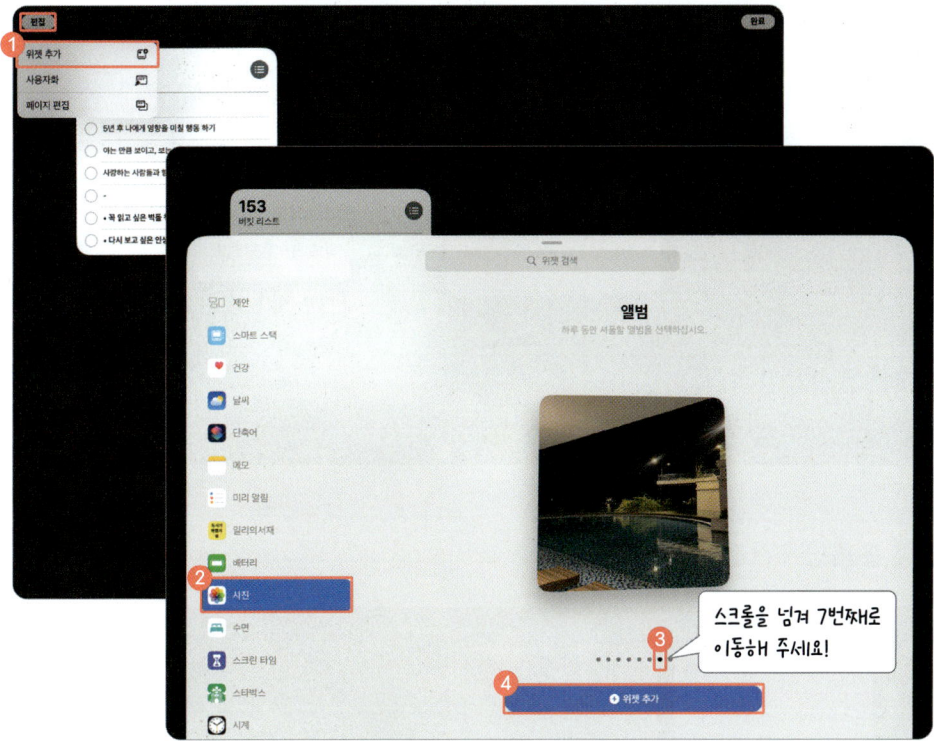

08 앨범을 선택하라는 창이 자동으로 나타납니다. ❶ [선택]을 탭하고 조금 전 만들어 둔 ❷ [홈 화면 이미지] 앨범을 선택합니다.

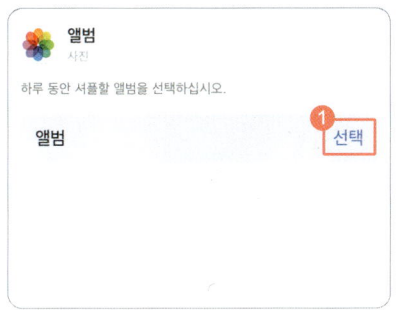

09 ❶ 위젯의 앨범이 [홈 화면 이미지]로 선택되어 나타나면 ❷ 창 밖의 빈 부분을 탭 합니다.

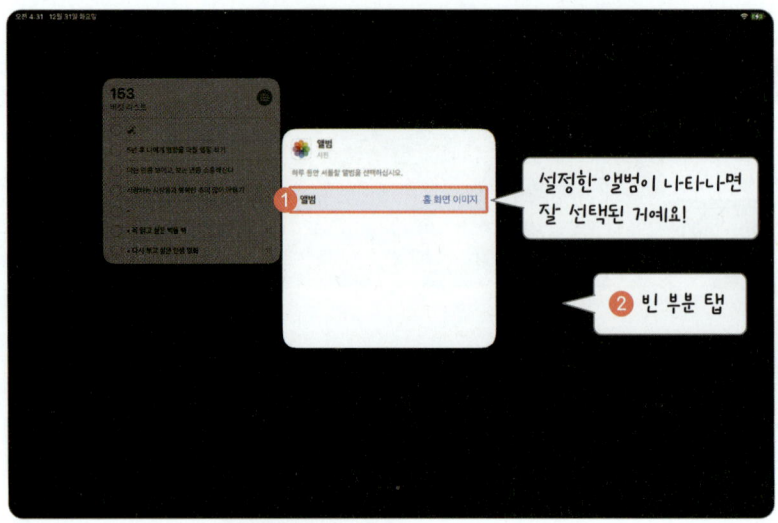

10 홈 화면에 사진 위젯이 나타납니다.

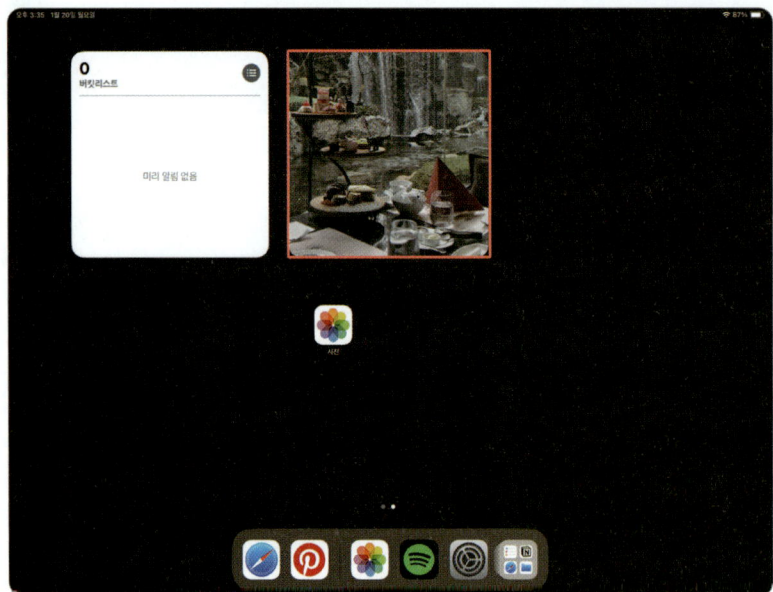

사진 위젯 오른쪽의 빈 부분도 채워 봅시다. 기본 앱만 사용해서는 원하는 만큼 예쁘게 꾸미기 어려워서, 저는 다른 앱을 설치해 위젯을 만들고 있어요. 위젯스미스(Widgetsmith) 앱을 활용해 직접 위젯을 만들고 꾸며 볼게요.

하면 된다!} 위젯스미스에서 내 마음대로 위젯 만들기

위젯스미스 앱에선 원하는 만큼 위젯을 만들고 수정할 수 있습니다. 이번 실습에선 시계 위젯을 만들어 보겠습니다. 먼저 앱스토어 에 접속하고 위젯스미스 앱을 아이패드에 설치해 주세요.

위젯스미스 앱

01 위젯 만들기

[위젯스미스 ▣] 앱을 열고 첫 화면에서 [Add Small Widget]을 탭합니다. 위젯을 고를 수 있는 창이 나타납니다.

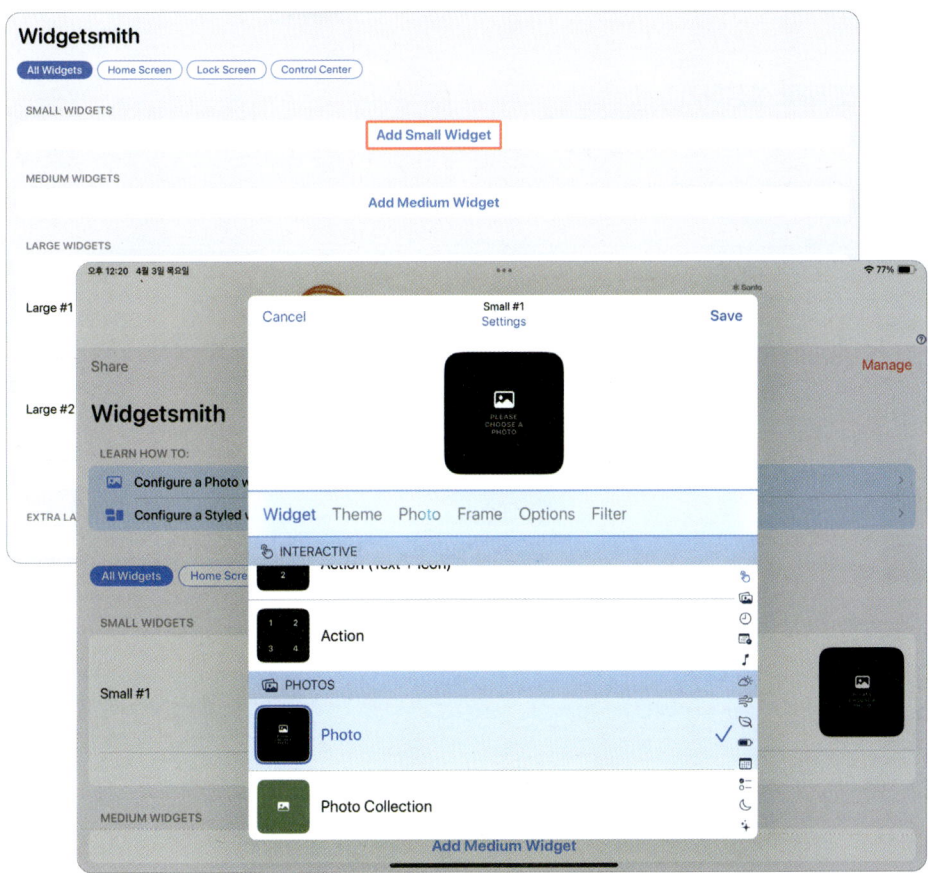

02 ① 우선 시계 모양 위젯을 만들기 위해 오른쪽의 [시계 모양 아이콘 ⊙]을 탭하고 나타나는 항목 중 ② [Clock]을 선택합니다.

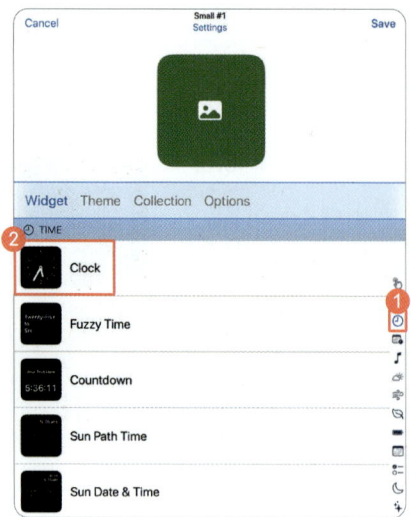

03 위젯 테마 설정하기

이제 위젯의 테마를 설정해 볼게요. 먼저 ① [Theme]을 선택합니다. 아래로 내려 ② [Daring]을 찾고 탭해 보세요.

마음에 드는 모양이 있으면 그걸로 설정해도 돼요!

04 위젯 색상 변경하기

이제 색상도 변경해 볼게요. ❶ [Customize Theme]을 선택합니다. 팝업 창에서 ❷ [Background]를 찾아 탭하고 ❸ [THEME COLORS] 아래의 팔레트에서 붉은 색 계열을 선택해 색을 바꿉니다. ❹ 원하는 대로 설정했다면 [Save]를 탭하고 ❺ [Apply to This Widget Only]를 선택합니다.

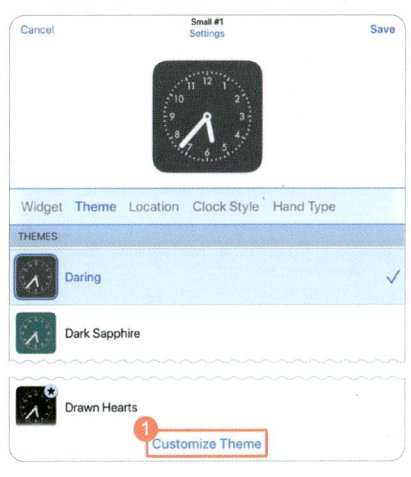
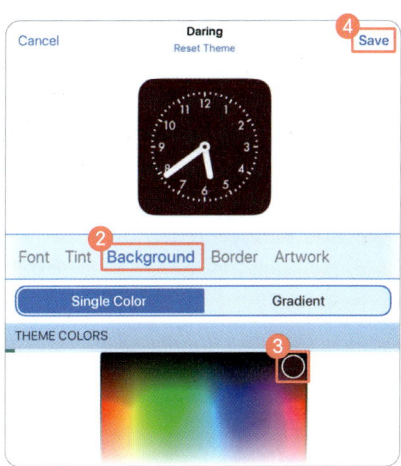
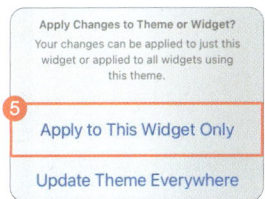

05 위젯 모양 바꾸기

다음으로 ❶ [Clock Style]을 탭한 뒤 아래로 내려 ❷ [Indexed (Hourly)]를 선택합니다. ❸ 설정을 마쳤다면 [Save]를 탭합니다.

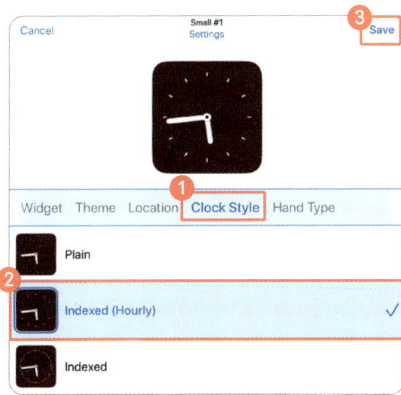

06 이제 홈 화면으로 나와 위젯을 불러와 볼게요. 위젯을 불러오는 방법은 기본 위젯과 같습니다. 홈 화면 편집 모드에서 ① [편집 → 위젯 추가]를 선택합니다. 위젯 불러오기 창이 나타나면 스크롤을 내려 ② [Widgetsmith]를 탭합니다. [Small Widgets]로 선택되어 있는 창에서 ③ [위젯 추가]를 탭합니다.

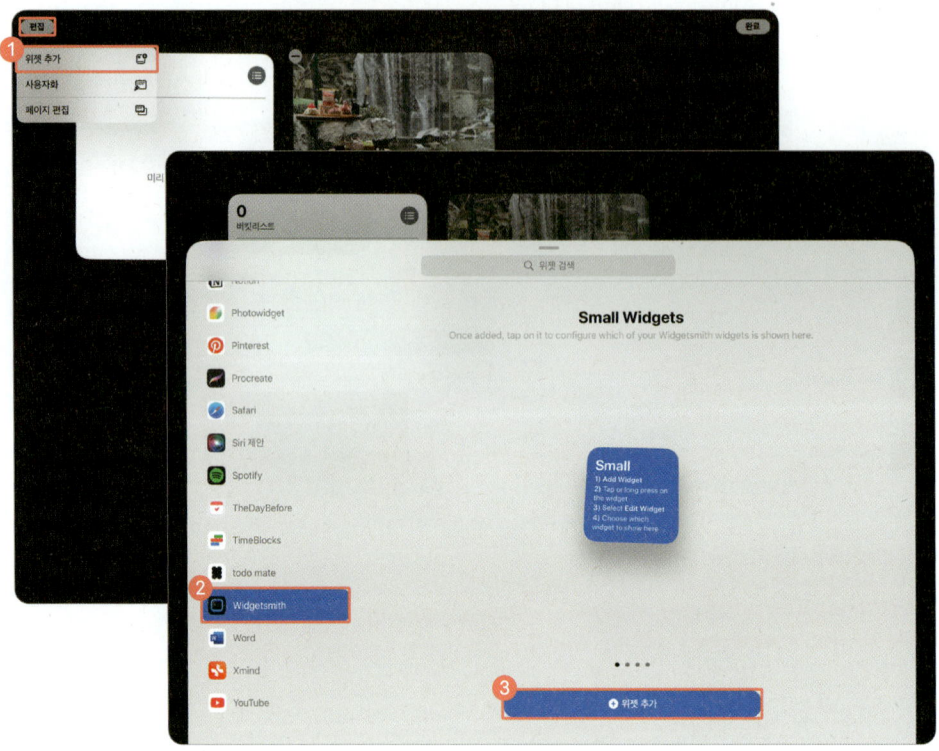

07 어떤 위젯을 불러올 것인지 선택하는 창이 자동으로 나타날 거예요. ① [선택]을 탭하고 조금 전 만든 ② [Small #1] 위젯을 선택해 줍니다.

▶ 위젯스미스에서 만든 위젯은 위젯 크기별로 #1, #2처럼 이름이 자동 설정됩니다.

08 위젯이 ❶ [Small #1]로 선택되어 나타나면 ❷ 창 밖의 빈 부분을 탭합니다. 홈 화면에 위젯이 나타납니다. 이렇게 다양한 위젯을 추가해 보세요.

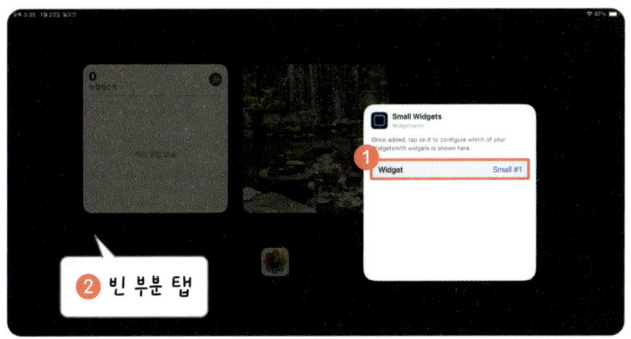

희나의 꿀팁 | 위젯스미스로 만드는 추천 위젯 2가지

저는 시계 위젯 이외에도 캘린더 위젯과 좋아하는 음악의 앨범 커버를 모아둔 위젯을 만들어 사용하고 있어요. 색상, 글꼴 등 작은 것 하나까지 바꿀 수 있어서 편리하답니다. 함께 따라 해 보세요!

저자가 만든 캘린더 위젯과 앨범 커버 위젯

1. 캘린더 위젯

작은 캘린더 위젯을 만들고 싶다면 [Add Small Widgets]를 탭하면 됩니다. [Widget → Month]를 탭하면 캘린더 위젯을 만들 수 있어요. [Theme]을 선택하면 여러 가지 기본 테마가 있고, 색상을 마음대로 바꿀 수도 있습니다. 좋아하는 색상, 글꼴을 선택해 캘린더 위젯을 만들어 보세요.

▶ 위젯스미스에서 위젯을 만드는 방법은 앞의 시계 위젯을 만드는 과정과 동일합니다.

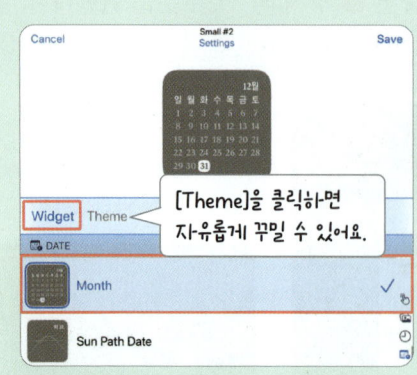

캘린더 위젯을 설정하는 창

2. 앨범 커버 위젯

앨범 커버 위젯에는 다양한 커버들을 한눈에 보기 위해 중간 크기인 [Add Medium Widgets]를 선택합니다. [Widget → Music Collection Flow]를 선택하면 좋아하는 음악을 골라서 위젯 안에 모아볼 수 있습니다. 앨범은 카드 형태로 표시되며, 좌우로 넘겨보는 형태로 나타납니다. [Music]에서 [Add Music]을 탭해 애플 뮤직과 연동하면 앨범을 선택했을 때 음악을 자동으로 재생할 수도 있습니다.

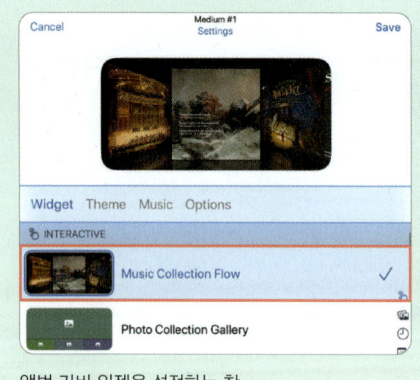

앨범 커버 위젯을 설정하는 창

02-3
공간을 아끼는
위젯 스택 활용하기

이번엔 아이패드에서 홈 화면을 꾸밀 때 유용한 기능을 하나 배워볼 거예요. 아이패드에는 크기가 같은 위젯을 겹쳐 두는 **위젯 스택**이라는 기능이 있는데요. 위젯을 겹쳐 두면 각각 나눠 두었을 때보다 공간을 덜 차지해 다른 위젯을 더 많이 설치할 수 있습니다. 무엇보다 스택을 탭하지 않았을 땐 겹쳐져 있는 티가 전혀 나지 않는답니다.

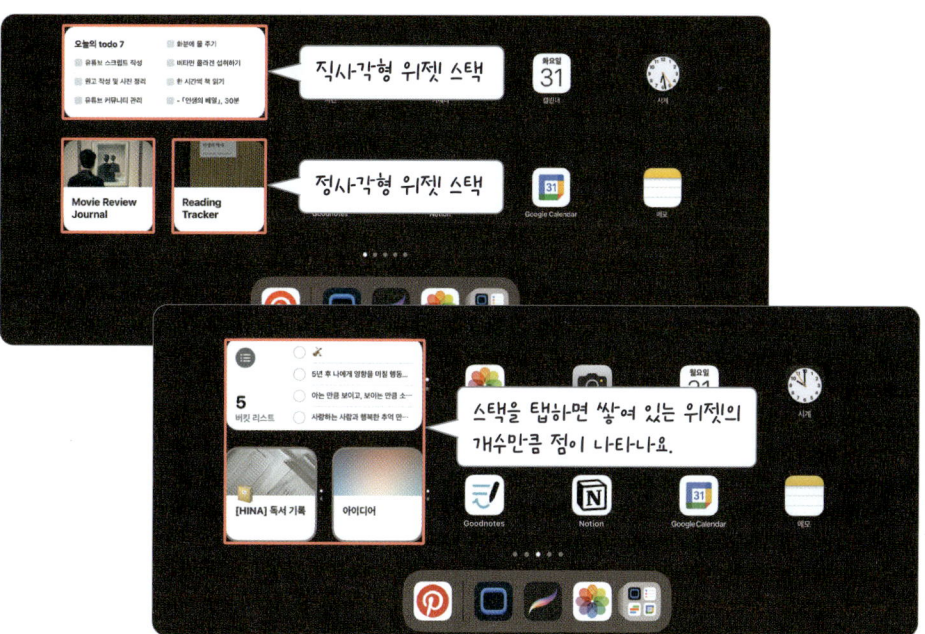

홈 화면에 위젯 스택을 불러온 모습

하면 된다!} 위젯 스택 만들기

위젯 스택은 크기와 모양이 같은 위젯끼리만 묶을 수 있습니다. 그리고 형태도 직사각형과 정사각형 두 가지 형태로만 묶을 수 있죠. 일단 이번 실습에서는 직사각형 위젯 스택을 만들어 보겠습니다. 아무 위젯으로 따라 해도 괜찮으니, 원하는 위젯을 2개 불러온 다음 겹쳐 보세요!

01 먼저 같은 크기의 위젯을 2개 준비합니다. 한 위젯을 길게 탭한 후 겹치고 싶은 위젯을 그 위로 드래그해 주세요. 테두리가 빛나면서 하나의 위젯으로 합쳐집니다.

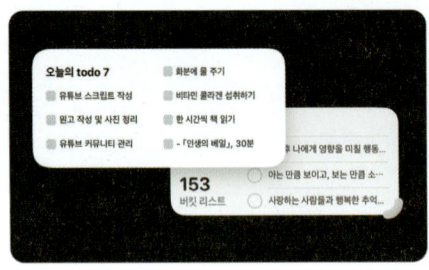
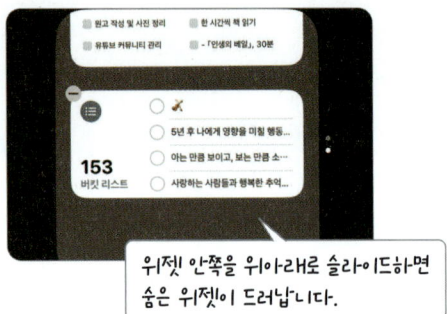

위젯 안쪽을 위아래로 슬라이드하면 숨은 위젯이 드러납니다.

02 빈 공간을 탭해 홈 화면 편집 모드를 끄고 스택된 위젯을 확인해 보세요.

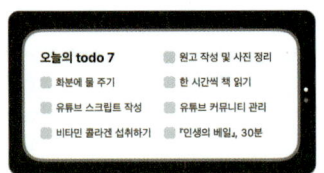

03 스택된 위젯의 순서를 변경하거나 위젯을 제거하려면 ① 위젯 스택을 길게 탭하고 ② [스택 편집]을 선택합니다.

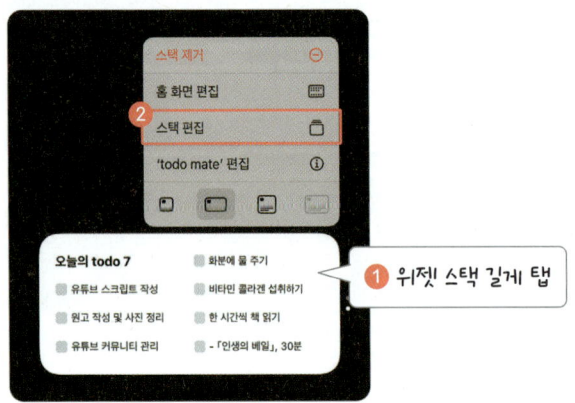

① 위젯 스택 길게 탭

`04` ❶ 드래그해 순서를 바꿔 보세요. 설정을 마쳤다면 ❷ 오른쪽 상단의 [완료]를 탭해 저장합니다.

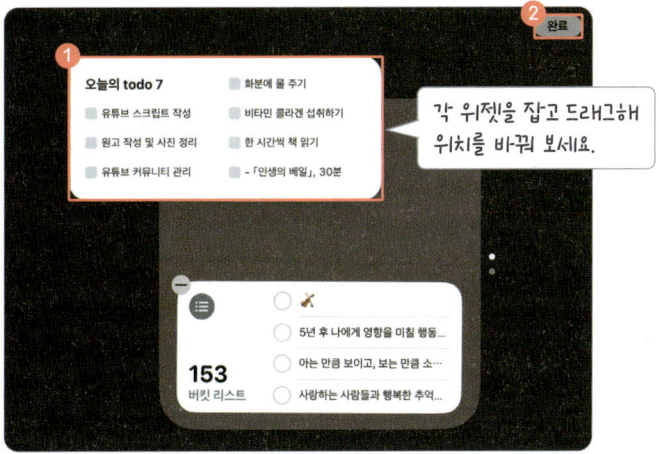

`05` 홈 화면 설정이 끝났습니다.

지금까지 위젯을 만들고 쌓는 방법을 배워봤습니다. 아이패드 홈 화면을 여러분의 취향대로 꾸며보세요!

02-4

나만 아는
위젯 모음 페이지 만들기

어느덧 홈 화면 설정의 마지막 단계입니다. 이번엔 위젯만 모아둘 수 있는 숨은 페이지를 만들어 볼게요.

📌 주요 위젯을 한눈에 보는 '오늘 보기'

홈 화면 또는 잠금 화면의 가장자리를 왼쪽에서 오른쪽으로 쓸어 넘기면 '오늘 보기'가 나옵니다. 여기에는 헤드라인, 날씨, 캘린더, 할 일 등을 넣을 수 있습니다. 홈 화면의 위젯과 비슷하지만, 오늘 보기는 잠금 화면에서도 볼 수 있다는 차이가 있습니다.

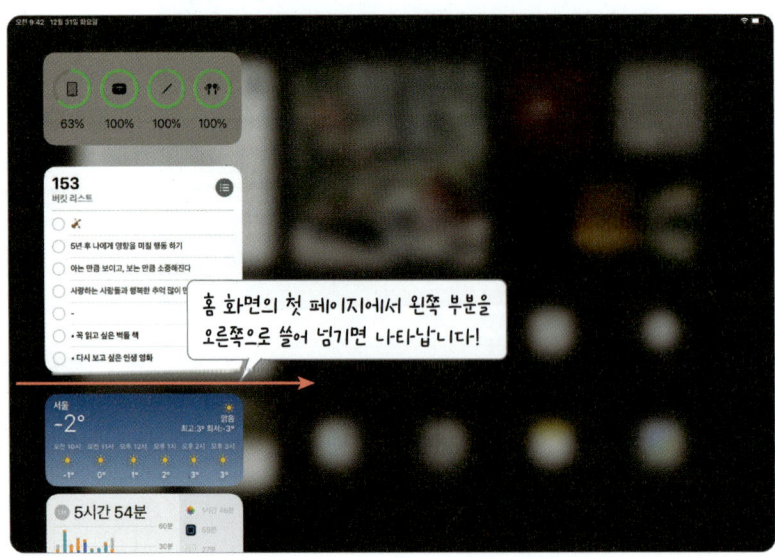

오늘 보기를 연 모습

하면 된다!} 오늘 보기 창 편집하기

01 홈 화면의 맨 왼쪽 페이지에서 왼쪽 끝을 오른쪽으로 쓸어 넘겨 오늘 보기 창을 엽니다.

처음엔 필요 없는 위젯들만 나타날 거예요.

02 위젯이 놓이지 않은 빈칸을 길게 탭하면 위젯을 편집할 수 있습니다. 먼저 필요 없는 위젯을 삭제해 봅시다. 오늘 보기에 배치된 앱을 삭제하려면 각 앱의 왼쪽 상단 모서리에 있는 [제거 ⊖]를 탭합니다.

하나씩 탭하고 모두 삭제해 보세요.

03 왼쪽 상단의 ❶ [추가 ➕]를 탭하면 위젯 선택 창이 나타납니다. 스크롤을 내려 ❷ [배터리]를 탭한 다음 ❸ 두 번째의 [상태]가 선택된 상태에서 ❹ [위젯 추가]를 선택해 보세요.

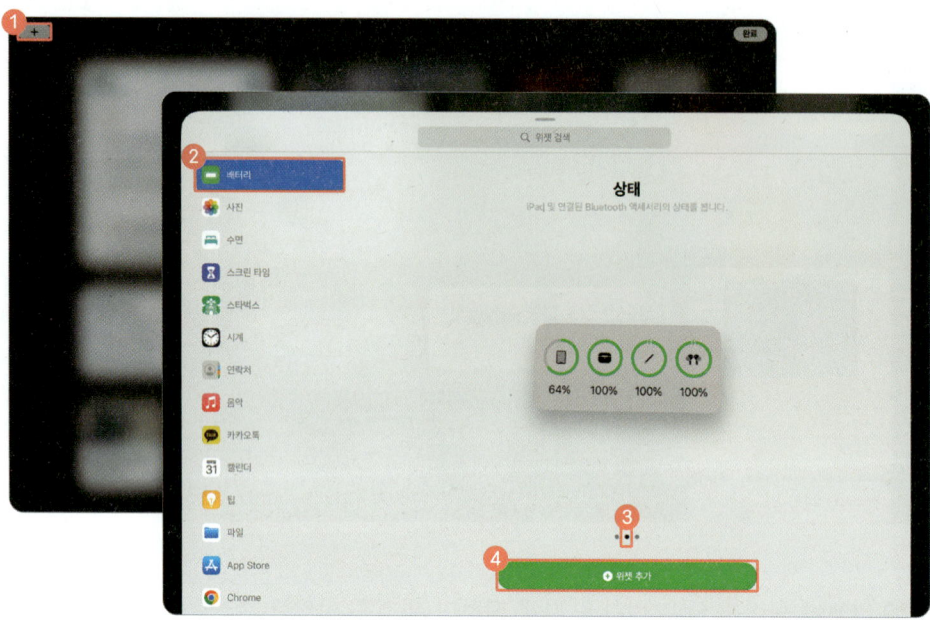

04 위젯이 오늘 보기에 배치됩니다. 이런 방식으로 오늘 보기 창에 다른 위젯도 추가해 보세요.

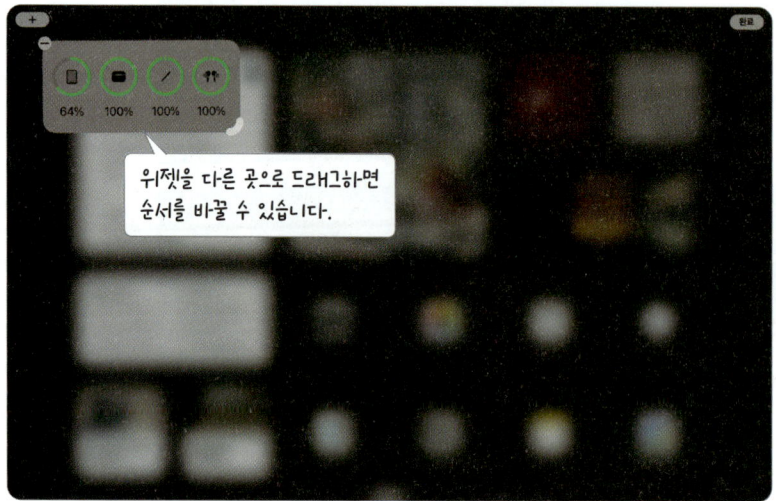

05 오늘 보기 창 설정이 끝났습니다.

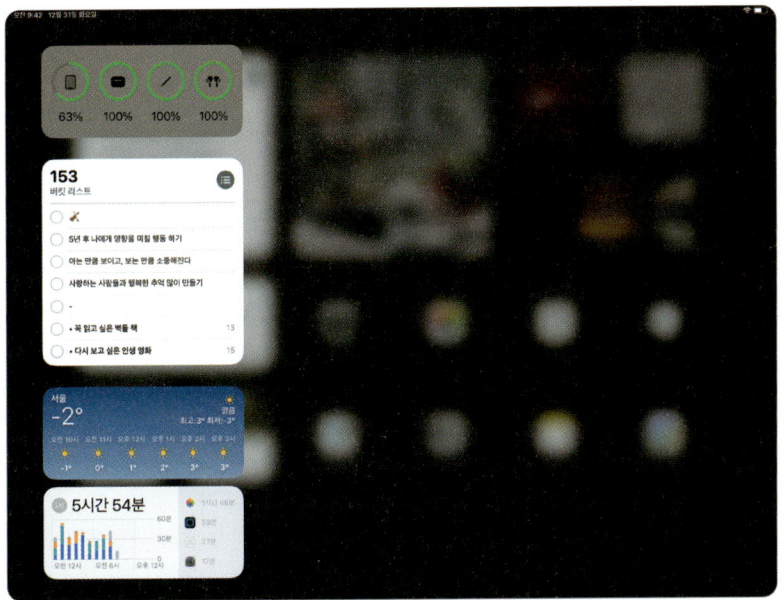

지금까지 아이패드의 유용한 기능들을 알아보고 함께 설정해 봤어요. 화면을 꾸미고 편리한 설정 몇 가지를 해두는 것만으로 아이패드를 더 자주 열어보고 싶어지지 않나요? 이제 03장으로 넘어가 여러 앱과 함께 기록의 첫걸음을 내딛어 보겠습니다.

독서 집중 모드 설정하기

공부나 독서를 할 때 아이패드를 사용하다 보면 다른 앱에서 알림이 울려 집중력이 분산되곤 합니다. 이럴 때는 나만의 '집중 모드'를 설정해 보세요. 잠금 화면과 홈 화면을 새로 만들고, 필요한 앱과 알림만 허용해 두면 몰입도를 높일 수 있습니다.

01 먼저 잠금 화면을 길게 눌러 새로운 배경 화면을 하나 추가합니다. 이때 기존 배경과는 다른 색상을 선택하면 일반 모드와 쉽게 구분할 수 있습니다.

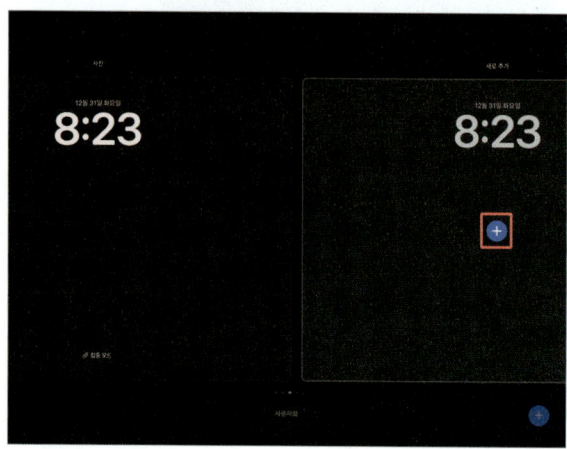

02-1절에서 공유했던 블로그 주소로 접속해서 배경화면을 내려받아 보세요.

02 홈 화면을 하나 더 추가한 뒤 공부나 독서에 필요한 앱과 위젯만 배치하세요. 왼쪽 상단의 [편집 → 페이지 편집]을 탭해 새로 만든 홈 화면을 평소에 보이지 않게 숨깁니다.

▶ 방법이 기억나지 않는다면 02-1절을 다시 살펴보세요.

03 ❶ [설정 ⚙ → 집중 모드]로 이동한 뒤, ❷ 오른쪽 상단의 [+]를 탭해 새로운 집중 모드를 만듭니다.

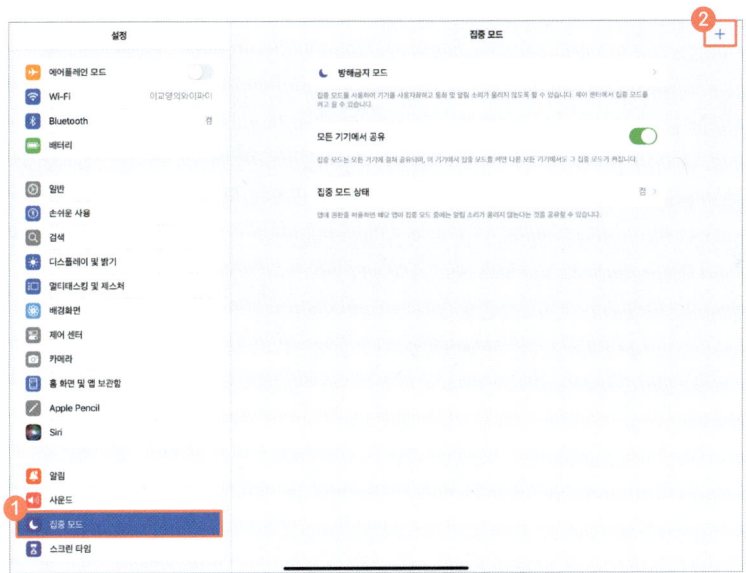

04 ❶ [집중할 대상] 창이 나타나면 [독서]를 선택합니다. [독서 집중 모드] 팝업 창이 나타나면 ❷ [집중 모드 사용자화]를 탭합니다.

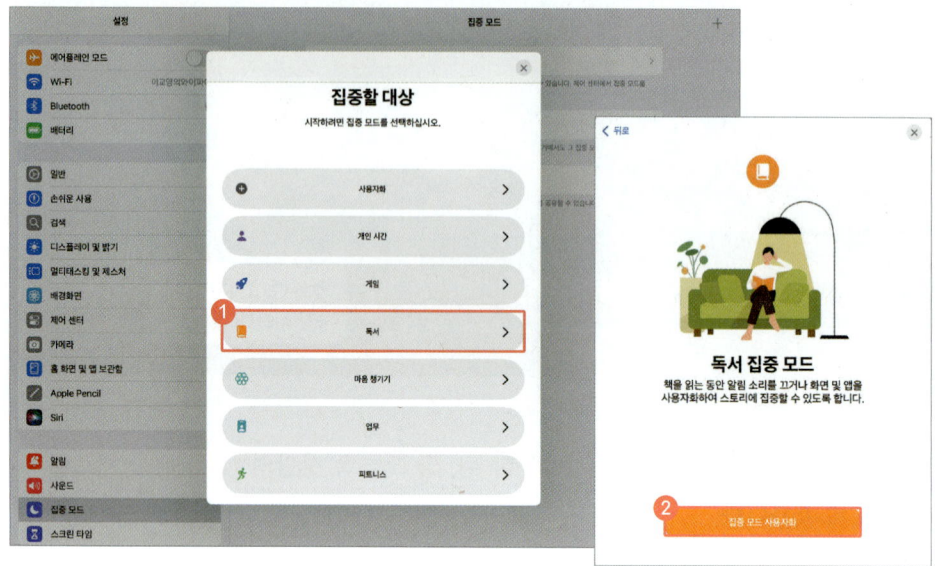

05 ❶ [사람] 탭에는 긴급한 연락만 받을 수 있도록 알림을 허용할 사람을 추가하고, ❷ [앱] 탭에서는 알림을 허용할 앱만 선택합니다. 이렇게 하면 허용하지 않은 연락이나 알림은 자동으로 차단됩니다.

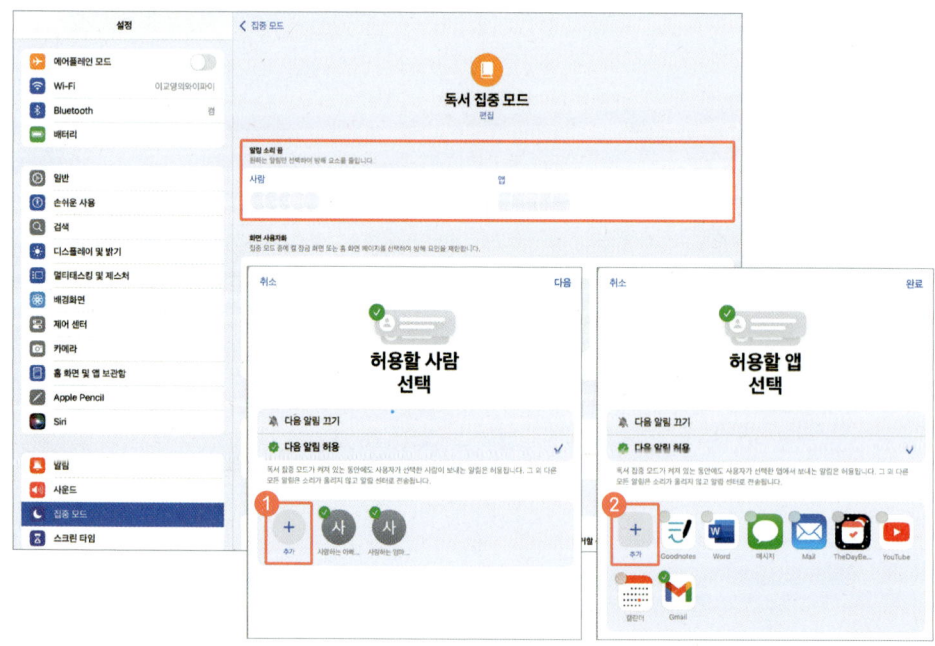

06 [화면 사용자화]에서 만들어 두었던 잠금 화면과 숨겨둔 집중 전용 홈 화면을 선택하세요.

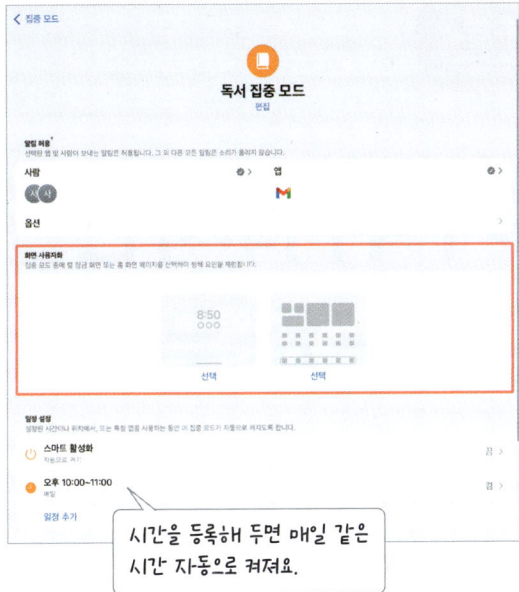
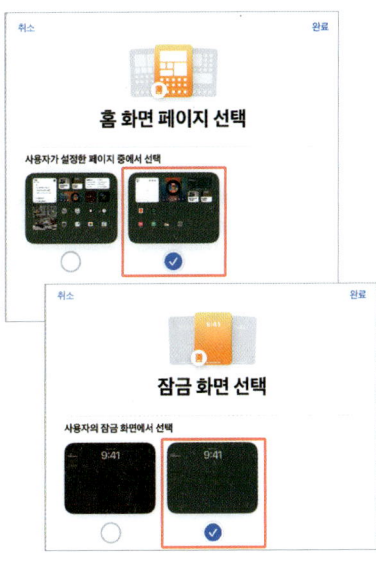

시간을 등록해 두면 매일 같은 시간 자동으로 켜져요.

07 이제 잠금 화면을 길게 눌러 새로 만든 잠금 화면으로 전환하면, [독서]라는 문구와 함께 설정한 홈 화면이 나타나고 허용한 알림만 받을 수 있습니다.

03

시간 관리가 쉬워지는 일상 계획 노하우

아이패드는 때와 장소에 상관없이 언제 어디서든 휴대하며 기록할 수 있습니다. 또, 대부분의 앱이 아이폰과 연동되므로 당장 아이패드가 없어도 아이폰만으로 하던 일을 이어서 할 수 있어요. 기록의 양이 많아질수록 큰 공간이 필요한 종이 다이어리와 달리 공간을 차지하지 않고, 무엇보다 잠금 설정을 해 놓으면 타인이 볼 수 없다는 것도 큰 장점이랍니다. 아이패드의 기본 설정을 마쳤으니, 이제 아이패드로 즐거운 기록 생활을 시작해 볼까요?

⭐ 03-1 떠오른 생각 빠르게 정리하기 — 기본 메모 앱
⭐ 03-2 인생의 버킷리스트 만들기 — 미리 알림
⭐ 03-3 오늘 할 일 정리하기 — 투두메이트
⭐ 03-4 공부 계획하고 되돌아보기 — 열품타

03-1
떠오른 생각 빠르게 정리하기
— 기본 메모 앱

📌 언제 어디서나 빠른 메모, 기본 메모 앱

아이패드의 기본 메모 앱에서는 텍스트 입력뿐 아니라 그림 그리기, 표 만들기, 스크랩하기 등 다양한 메모를 할 수 있습니다. 메모 앱은 자동으로 저장되므로 메모하던 도중에 앱이 꺼지더라도 작업을 날릴 일이 없어요. 게다가 아이폰과 아이패드, 맥이 동기화되므로 어떤 환경에서도 작업하기 편리하답니다.

메모 앱

저는 메모장을 '브레인 덤프(Brain Dump)'에 자주 활용하고 있습니다. 브레인 덤프는 머릿속에 떠오르는 모든 생각을 빠르게 기록해서 복잡한 생각을 정리하고 중요한 일에 집중할 수 있도록 돕는 방법인데요. 메모장에는 이번 달에 가장 집중해야 할 것, 꼭 해야 하는 일, 하고 싶은 일, 이번 달에 업로드할 콘텐츠, 고민이나 걱정거리까지 자유롭게 적어 둡니다.

메모 앱은 빠르게 접근할 수 있어서 복잡한 생각이 들 때마다 바로 열어 머릿속에 있는 것을 기록하고 정리하기도 좋습니다. 이렇게 적어놓은 내용들을 기반으로 우선순위를 매기거나 체크리스트를 생성하면 해야 할 일들을 체계적으로 관리할 수 있어요.

무엇보다 이렇게 기록된 메모를 보면 머릿속에 막연히 자리 잡고 있던 고민이나 걱정을 시각적으로 확인할 수 있어서, 문제를 객관적으로 바라보게 되고 마음도 한결 편안해집니다. 그럼 기본 메모 앱을 슬기롭게 활용하는 방법을 자세히 알아볼게요.

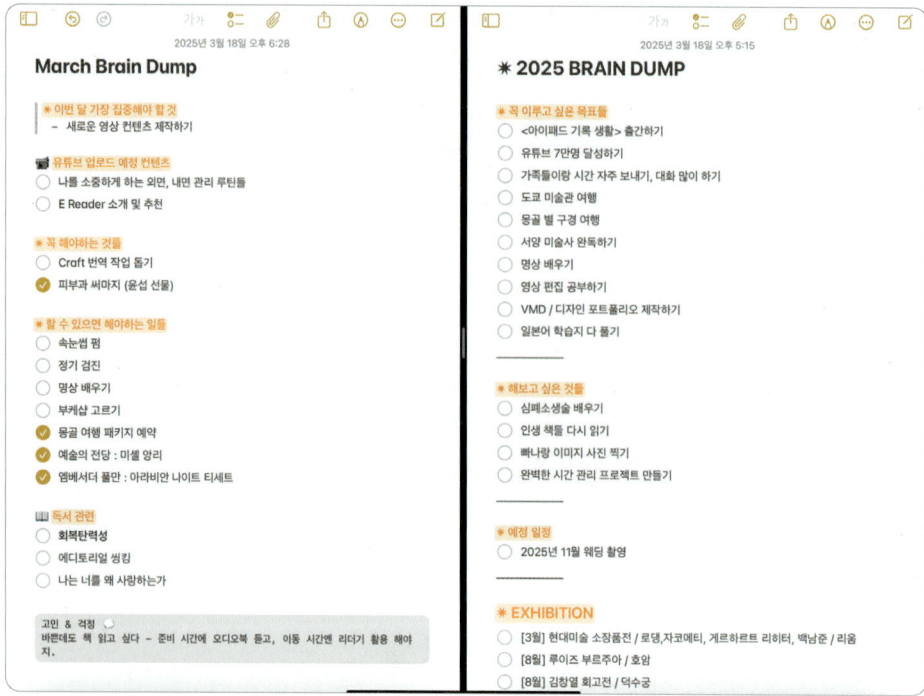

작성한 브레인 덤프 중 일부

하면 된다!} 아이패드에서 메모 앱을 여는 3가지 방법

생각나는 것을 바로 메모장에 써 두려면 여는 방법이 쉬워야겠죠? 아이패드로 메모 앱을 빠르게 여는 3가지 방법이 있습니다.

01 잠금 화면에서 메모 앱 열기

잠금 화면에서 애플 펜슬로 화면을 한 번 탭하면 바로 메모 앱에 접근할 수 있습니다.

▶ 기능이 실행되지 않으면 [설정 → 앱]에서 [메모]를 선택하고 [잠금 화면에서 메모에 접근]을 탭합니다. [항상 새로운 메모 생성]을 선택하면 됩니다.

02 다른 작업 도중에 메모 앱 열기

애플 펜슬을 아이패드 화면의 오른쪽 하단 모서리에서 대각선으로 드래그하면 빠른 메모 창이 나타납니다. 메모를 급하게 해야 할 때 아주 편리하답니다.

03 손가락 제스처로 열기

애플 펜슬이 없을 때 빠른 메모를 불러오는 방법도 있습니다. 먼저 ❶ [설정 ⚙️] 앱에서 [멀티태스킹 및 제스처]로 이동합니다. ❷ [모서리에서 손가락으로 쓸어넘기기]의 토글을 켠 다음 ❸ [하단 오른쪽 모서리] 오른쪽을 탭하고 [빠른 메모]를 선택해 줍니다.

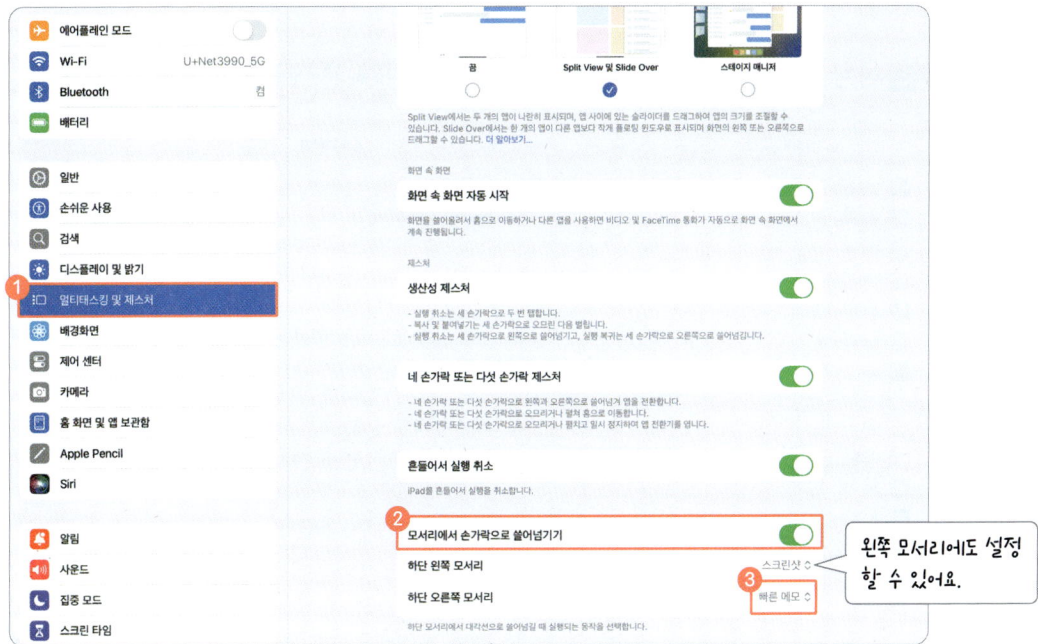

04 다음으로 ❶ [앱 → 메모]로 이동한 뒤 ❷ [모서리 제스처]를 탭하고 ❸ [오른쪽 모서리 쓸어넘기기]를 [빠른 메모]로 설정합니다.

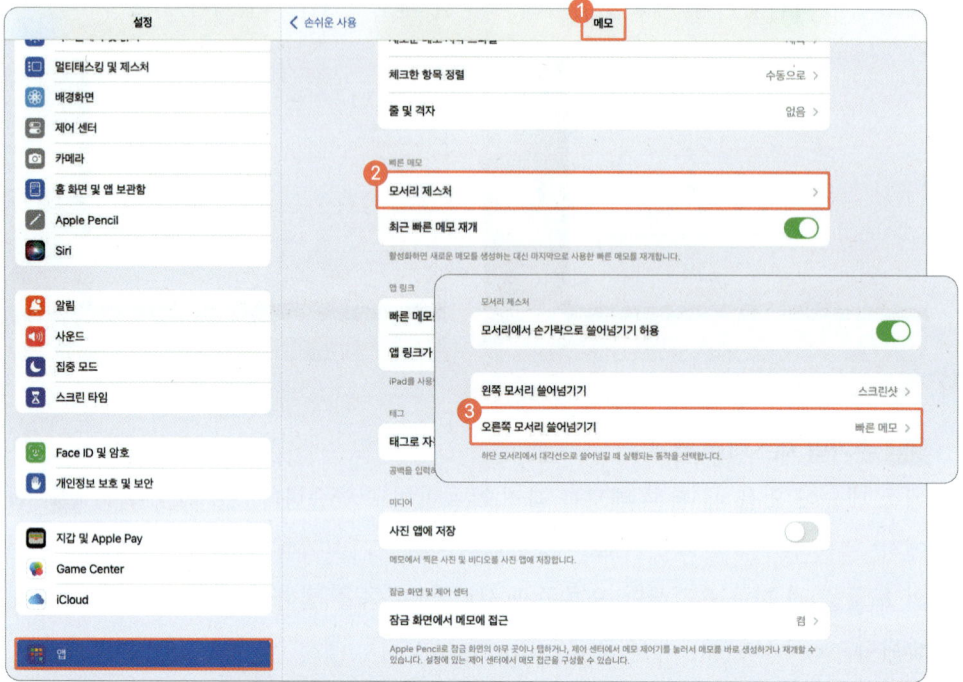

05 이제 오른쪽 모서리를 대각선 위로 쓸어올리면 빠른 메모가 나타납니다.

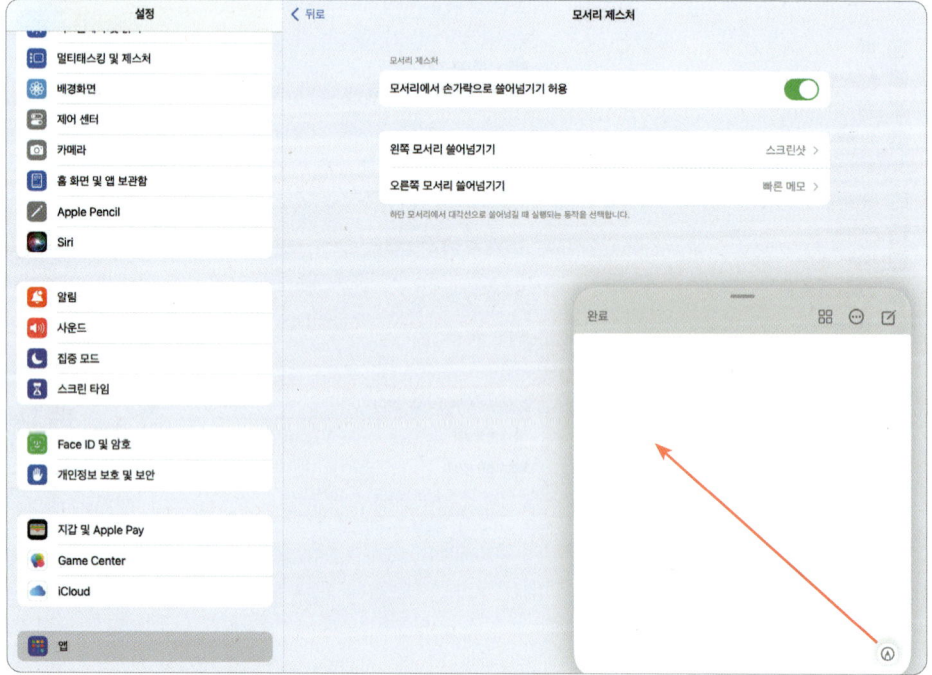

하면 된다!} 메모 카테고리 만들기

저는 메모를 다양한 카테고리로 나눠 사용합니다. 특히 다양한 사이트 정보를 모으는 '링크 스크랩'을 주로 하는데요. 이번 실습에서는 메모를 구분할 카테고리를 만들어 보겠습니다.

01 [메모 🗒️] 앱을 열고 오른쪽의 [새로운 메모 ✏️]를 탭해 메모를 만듭니다.

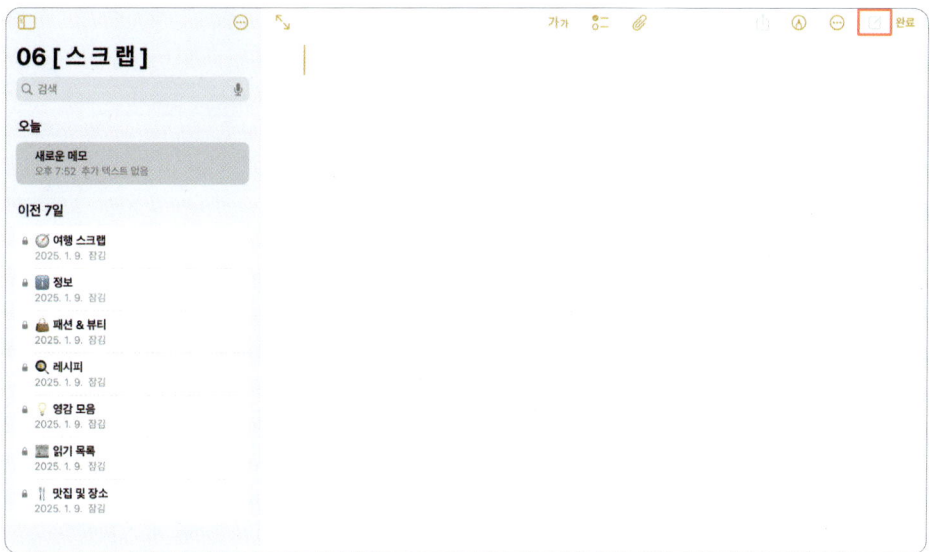

02 첫 줄에 제목을 입력하면 메모의 이름으로 바뀌어요. [완료]를 탭해 메모를 저장합니다.

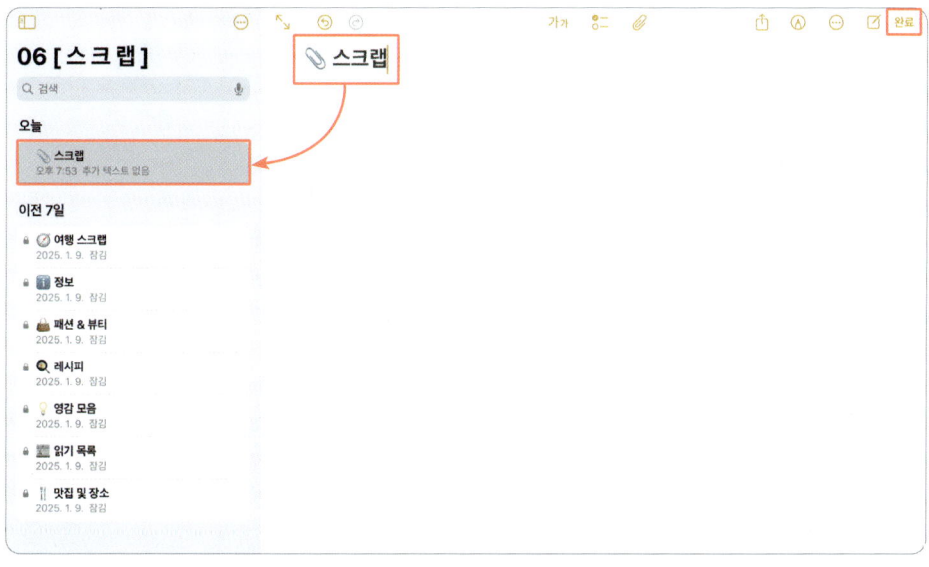

03 다음과 같이 여러 개의 메모 카테고리를 만들어 보세요.

키보드에서 😀 을 탭하면 아이콘을 찾을 수 있어요.

하면 된다!} 메모 앱에 링크 스크랩하기

이제 메모 앱에 링크를 스크랩하는 방법을 알아볼게요.

01 [사파리 🧭] 앱을 열고 아무 페이지나 열어 보세요. 화면 상단에 있는 ❶ [공유 📤]를 탭한 후 ❷ [메모 📒] 앱을 선택하면 스크랩을 할 수 있습니다.

02 이미 있는 메모에 새로운 링크를 추가하고 싶다면 [다음 위치에 저장] 아래를 탭해 파일 경로를 선택합니다. 여기선 [스크랩]을 선택해 보겠습니다.

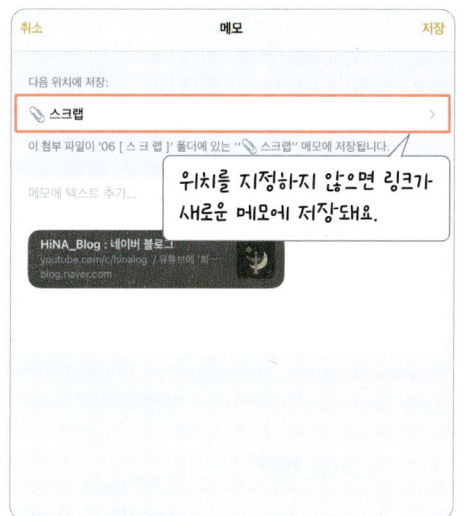
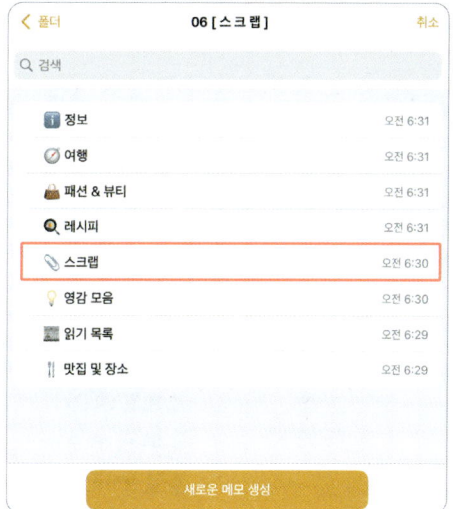

03 메모 앱에서 [스크랩] 메모를 엽니다. 링크의 미리 보기는 두 가지 크기로 설정할 수 있습니다. ❶ 스크랩한 링크를 길게 탭하고 [다음으로 보기]를 탭합니다. ❷ [작게] 또는 [크게]를 선택해 미리 보기의 크기를 설정해 보세요.

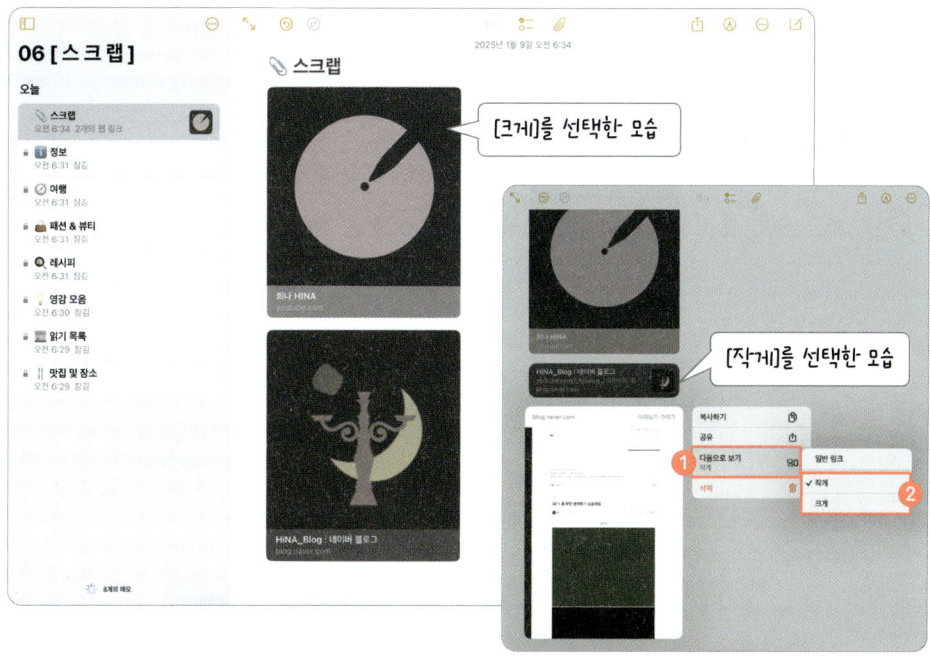

하면 된다!} 브레인 덤프 작성하며 메모장 기능 익히기

이번엔 앞서 소개했던 브레인 덤프로 머릿속의 생각들을 자유롭게 작성해 보며 메모장의 다양한 기능들을 익혀 보겠습니다.

01 ❶ [새로운 메모]를 탭해 메모를 만들고 메모장에 지금 떠오르는 생각을 적습니다. 만약 손글씨가 더 편하다면 ❷ [펜] 버튼을 탭해 손으로 적을 수도 있습니다. 주제에 상관없이 당장 해야 할 일, 바쁜 일, 끝난 후 하고 싶은 일, 읽고 있는 책의 진도 등을 자유롭게 기록해 보세요.

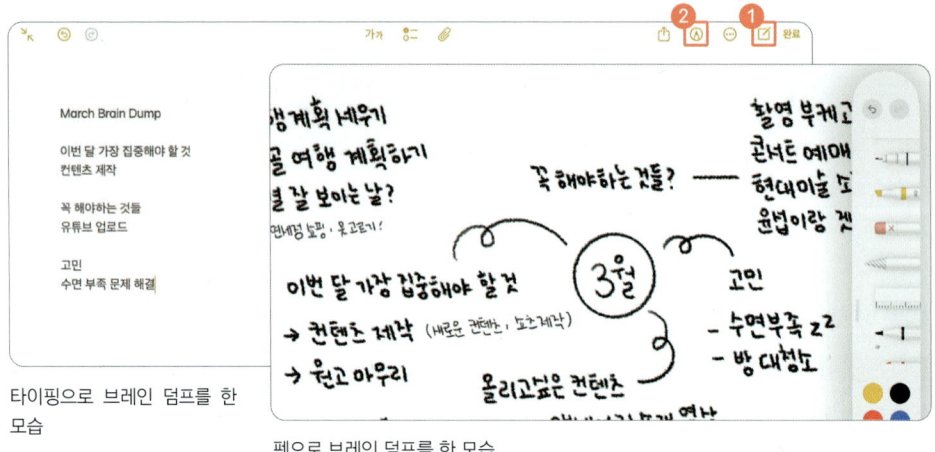

타이핑으로 브레인 덤프를 한 모습

펜으로 브레인 덤프를 한 모습

02 메모장에 적힌 내용들은 주제별로 나눠두는 것이 좋습니다. ❶ 원하는 글자를 선택하고 [서식] 버튼을 탭합니다. ❷ [머리말]을 선택하면 큰 글씨로 지정됩니다. ❸ 만약 주제를 더 확실하게 구분하려면 ✎를 탭해 색을 추가해 보세요. ❹ 주제의 하위 항목을 리스트로 표현하려면 ☰를 탭해 체크리스트로 만듭니다.

03 마음속에서 떠나지 않는 고민은 따로 적어 두고, 글자를 선택한 뒤 [모노 스타일]을 적용해 주세요. 회색 박스로 표시되어 시각적으로 구분할 수 있습니다.

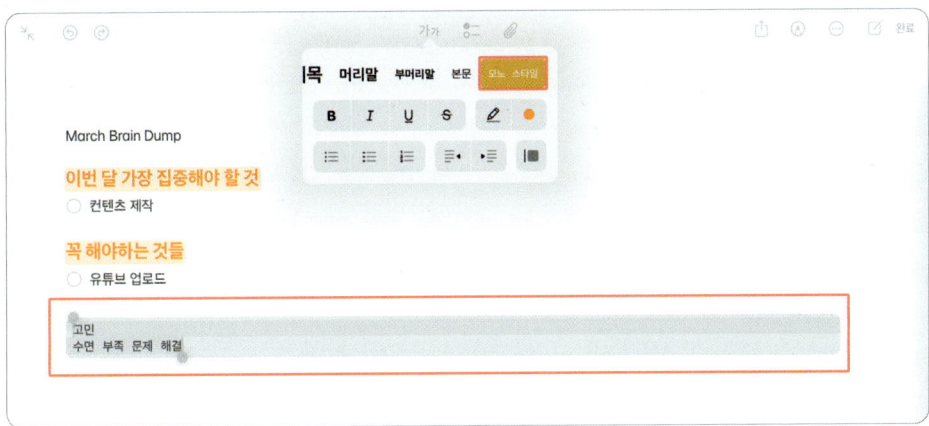

04 취소된 일정이나 완료된 항목을 선택한 다음 [서식 가가 → S]를 탭해 취소선을 넣어 둡니다. 삭제하는 대신 이렇게 표시해 두었다가, 텍스트를 선택해 다음 달의 브레인 덤프 페이지로 이동하면 됩니다. 이렇게 매년, 매달 새로운 페이지를 열어 브레인 덤프를 관리하면 그때그때 중요한 일을 빠짐없이 체크할 수 있습니다.

브레인 덤프를 활용하여 머릿속을 정리하다 보면, 꼭 해야 할 일과 고민을 구별할 수 있습니다. 그러면 중요한 일들이 무엇인지 명확해지고, 막연한 고민도 점차 정리되며 '이렇게 오래 생각할 정도로 큰 고민이었나?' 하는 깨달음을 얻게 됩니다. 내 머릿속을 정리하고, 마음을 가볍게 하고 싶다면 브레인 덤프를 활용해 보세요.

✏️ 희나의 꿀팁 | 아이폰 뒷면 탭으로 메모 입력 창 불러오기

저는 아이폰에도 메모 앱을 빠르게 열 수 있도록 단축어 설정을 해 두었어요. 이렇게 설정해 두면 뒷면을 두 번 탭하는 동작만으로 메모 앱이 열린답니다.

단축어 불러오기

1. 단축어 추가하기

아이폰으로 QR코드를 스캔하면 '팝업 메모' 단축어 창이 나타납니다. [단축어 추가]를 탭합니다.

2. 뒷면 탭 설정하기

아이폰에서 [설정 ⚙️] 앱을 열고 [손쉬운 사용 → 터치 → 뒷면 탭]을 탭합니다. [두 번 탭]과 [세 번 탭] 중에서 원하는 항목을 선택한 후 단축어 카테고리에서 방금 저장한 [팝업 메모]를 탭합니다.

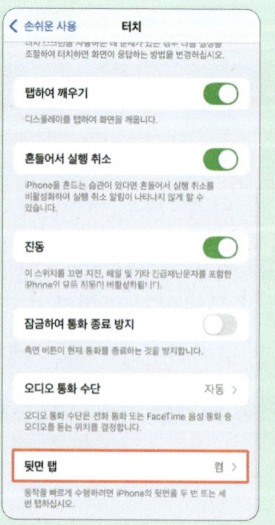
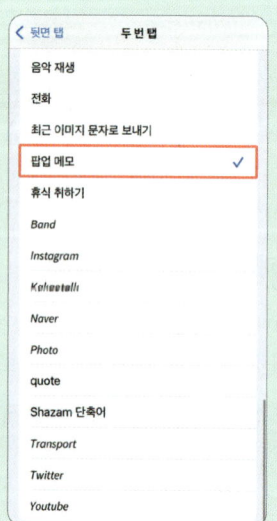

이제 어디서든 아이폰의 뒷면을 탭해서 메모 입력 창을 불러올 수 있습니다.

뒷면 탭으로 메모 입력 창을 불러온 모습

빠르게 열어 메모하고, 여러 가지 스크랩도 해봤다면 이제 쌓인 메모를 정리해 봐야겠죠? 쉽게 정리하는 방법을 알아보겠습니다.

하면 된다!} 보기 좋게 메모 정리하기

아무런 정리 없이 메모 앱을 사용해 왔다면 이런저런 메모가 뒤섞여 원하는 걸 찾기 어려울 거예요. 원하는 메모를 한눈에 보고 찾기 위해서 저는 메모를 폴더로 묶어 정리하고 있습니다.

01 메모 폴더로 정리하기

왼쪽에 있는 폴더 섹션에서 [새 폴더 📁]를 탭하면 새로운 폴더를 생성할 수 있습니다. 이렇게 폴더를 2개 만들어 보세요.

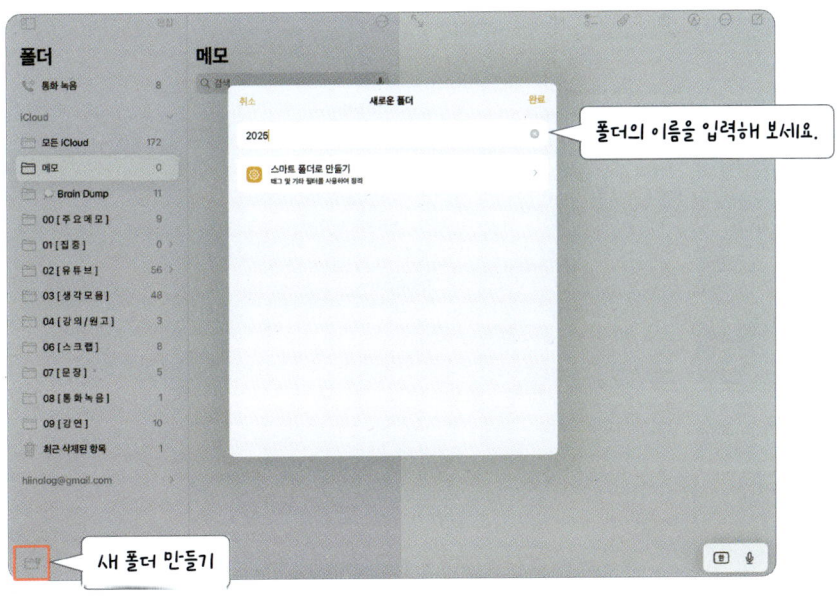

02 폴더를 길게 탭한 후 다른 폴더 안으로 끌어 놓으면 하위 폴더로 바꿀 수 있습니다.

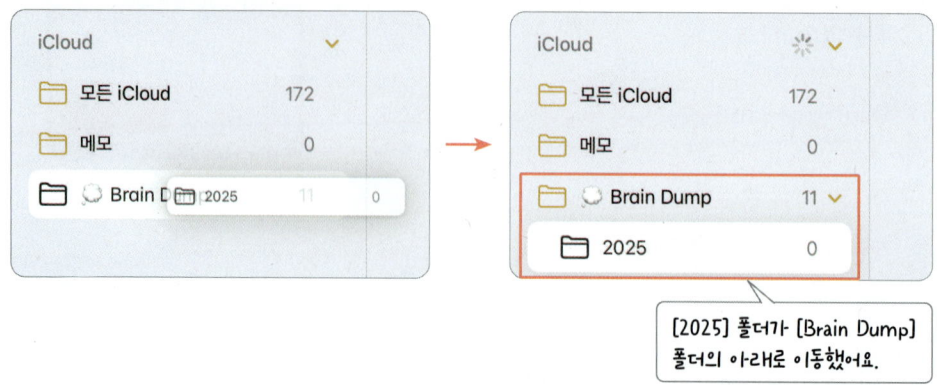

[2025] 폴더가 [Brain Dump] 폴더의 아래로 이동했어요.

03 메모에 태그 달기

여러 폴더에 적어 둔 내용을 한번에 찾고 싶다면 태그 기능을 이용해 보세요. 다음과 같이 제목 및 본문, 또는 마지막 줄에 '#' 기호와 함께 키워드를 작성해 주면 태그가 생성되고 폴더 하단에 태그가 모입니다.

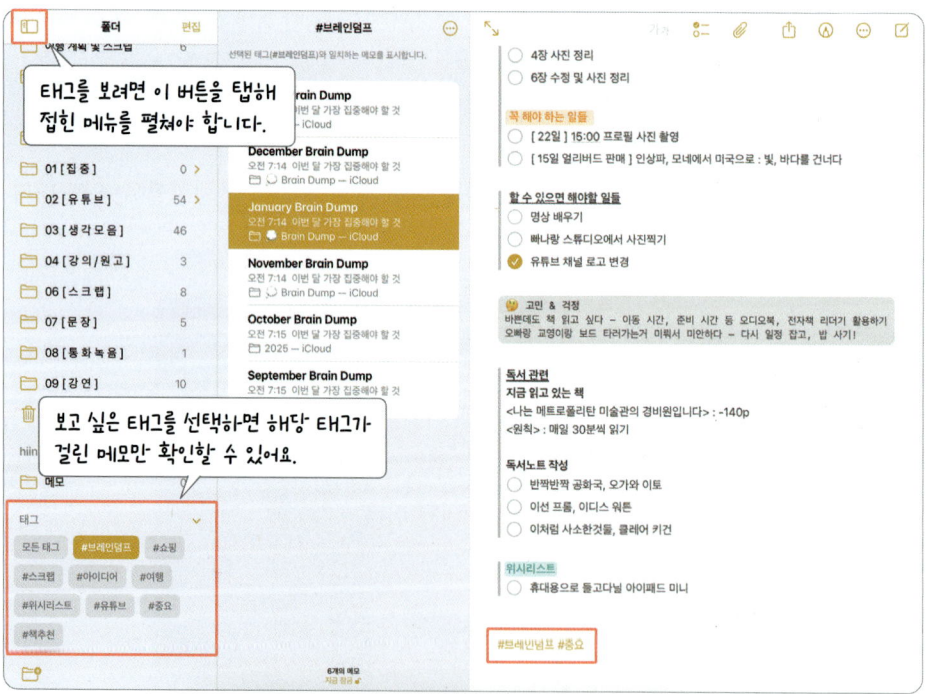

04 상단에 메모 고정하기

메모를 길게 탭하고 [메모 고정]을 선택하면 카테고리 상단에 고정해서 언제든지 빠르게 찾아볼 수 있습니다.

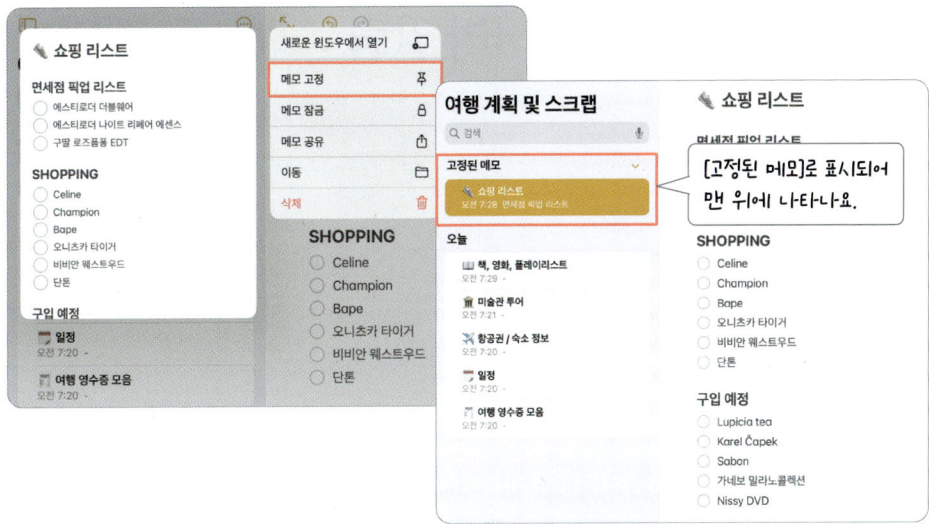

05 메모 검색하기

메모 앱의 검색 창에 검색해도 되지만, 홈 화면에서 가운데 부분을 아래로 쓸어내리면 나오는 검색 창에 키워드를 입력해도 검색할 수 있습니다. 메모 앱은 물론이고 다른 앱에서도 키워드를 찾아 준답니다.

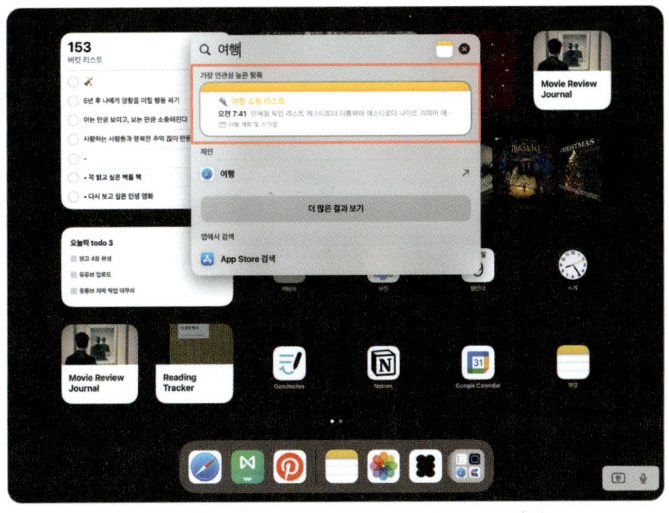 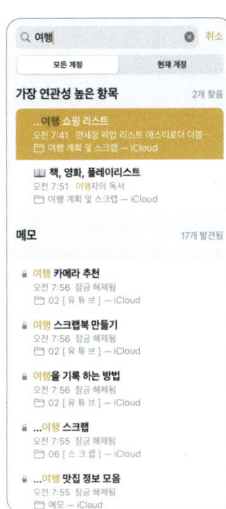

03-2

인생의 버킷리스트 만들기
— 미리 알림

📌 내 삶의 방향성을 정리하는 앱, 미리 알림

아이패드의 기본 앱인 '미리 알림'은 아주 똑똑한 앱이에요. 목록을 생성하고 하위 목록도 추가할 수 있어서 할 일이나 프로젝트를 관리하기에 편리합니다.

미리 알림 앱

저는 버킷리스트 목록을 만들어 두고 상단엔 늘 머릿속에 넣어 둬야 할 좌우명 등의 큰 목표를, 그 아래엔 가족과 함께하고 싶은 일들이나 커리어 등의 목표를 적어 뒀어요. 이렇게 적은 목표를 위젯으로 만들어 항상 볼 수 있게 해 두면 '나에게 이런 목표가 있었지' 하며 지치지 않고 노력할 수 있답니다.

▶ 미리 알림 앱을 위젯으로 만드는 법은 02-2절에서 다뤘어요.

미리 알림 앱 활용법

직접 작성한 버킷리스트

미리 알림을 위젯으로 만든 모습

이제 미리 알림 앱으로 버킷리스트를 어떻게 만드는지 알아볼까요? 먼저 [앱 보관함]에서 **미리 알림**을 검색해 보세요.

하면 된다!} 버킷리스트 목록 만들고 작성하기

우선 미리 알림 앱에서 버킷리스트를 작성해 보겠습니다.

01 목록 만들기

[미리 알림] 앱을 열어 왼쪽 아래의 ❶ [목록 추가]를 탭합니다. [새로운 목록] 창이 뜨면 ❷ 목록 이름과 색상, 아이콘을 원하는 대로 지정합니다. 여기에서 [목록 이름]은 **버킷리스트**로 입력해 보세요. 모두 설정했다면 ❸ [완료]를 탭합니다.

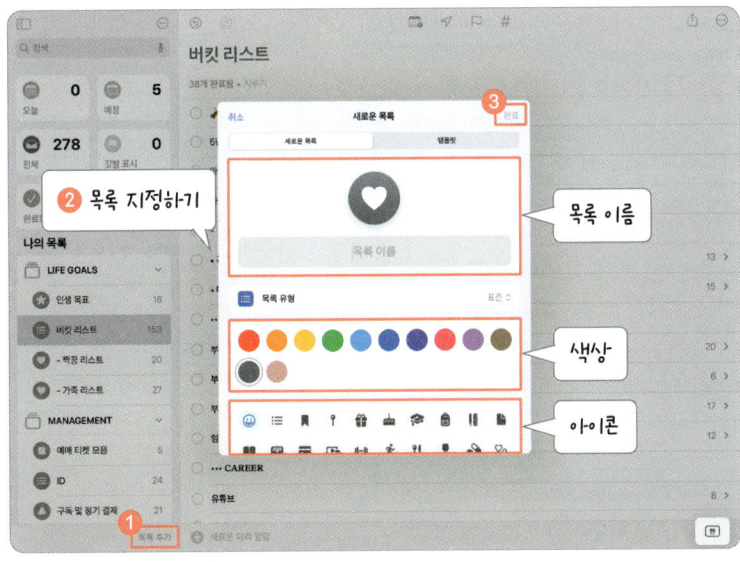

02 목표 입력하기

앞에서 설정한 대로 새로운 [버킷리스트] 목록이 만들어집니다. 화면 아래쪽에서 ❶ [새로운 미리 알림]을 탭하면 ❷ [버킷리스트] 목록에 속하는 항목을 추가할 수 있습니다. 여기선 부모님의 추천 책, 영화 리스트 만들기를 입력했어요.

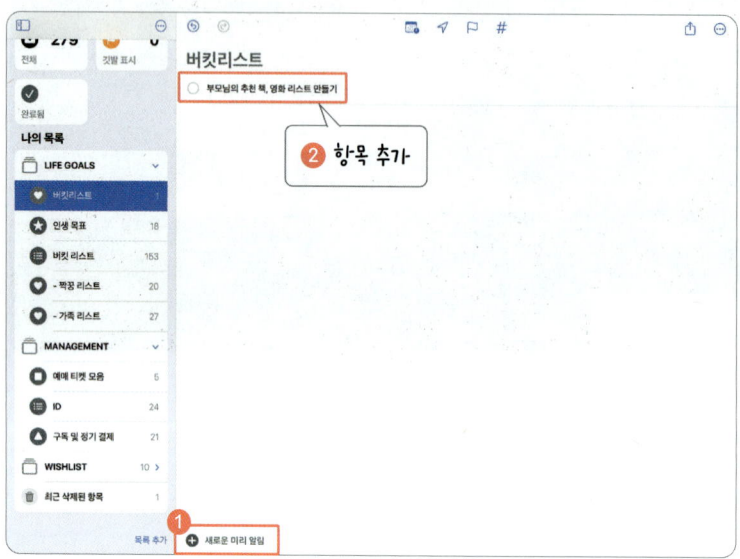

03 ❶ 목록을 왼쪽으로 쓸어 넘기고 ❷ [세부사항]을 선택합니다. [세부사항]에서 메모, 날짜, 시간 등을 추가해 보세요. 다 수정했다면 ❸ [완료]를 탭합니다.

04 항목을 그룹으로 정리하기

먼저 제목으로 설정할 항목을 만들고 나서 하위로 넣을 항목을 작성합니다. ① 이 항목을 오른쪽으로 쓸어 넘겨 ② [들여쓰기]를 탭하면 제목 아래에 하위 항목으로 들어가 그룹으로 묶입니다. 항목을 길게 탭해서 다른 목록 위로 드래그해도 그룹으로 정리할 수 있습니다.

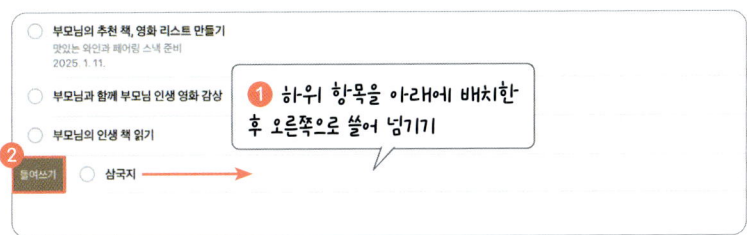

05
이렇게 하위 항목을 만들고 나면 제목은 자동으로 볼드 처리됩니다. 조금 더 쉽게 구분할 수 있겠죠? 하나의 목록 안에서도 제목과 하위 항목을 나눠 세분화해 보세요.

06 항목 완료하기

① 완료한 항목은 한 번 탭해 완료 표시 ●가 나타나게 합니다. 단, 성취한 항목이 눈에 잘 보이도록 ② ⊙를 탭하고 ③ [완료된 항목 보기]를 탭해서 늘 나타나게 해줍니다. 반대로 목록에서 성취한 항목을 하나씩 지워 나가고 싶다면 [완료된 항목 가리기]를 탭하면 됩니다.

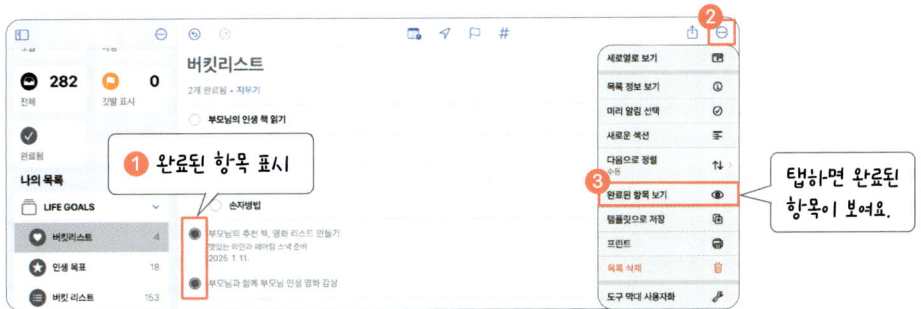

🖊️ 희나의 꿀팁 | 미리 알림에서 사용하면 좋은 기능 3가지

미리 알림엔 소개한 것 이외에도 다양한 기능이 있어요. 조금 더 알아볼까요?

1. 웹 페이지나 메모 링크로 연결하기

항목을 왼쪽으로 밀고 [세부사항]을 탭하면 [URL] 칸이 보일 텐데요. 여기에 링크를 넣고 [완료]를 탭해 저장하면 항목 아래에 링크가 나타나 바로 눌러 볼 수 있어요.

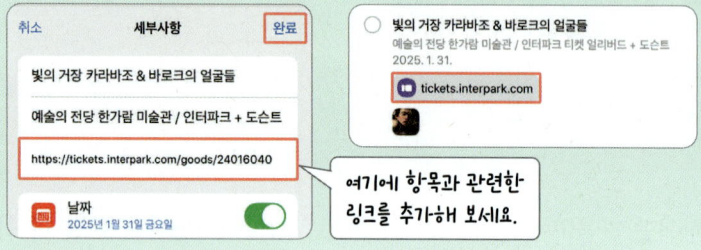

웹 페이지를 링크로 연결한 모습

2. 메시지를 보내거나 위치가 바뀔 때 알림 받기

또 [세부사항]에서 [메시지를 보낼 때]를 켜 두면 상대방과 메시지를 주고받을 때 알람을 울려서 알려 줍니다. 친구에게 꼭 전해야 하는 말이 있을 때 그 말을 미리 알림으로 설정해 두면 메시지로 할 말을 빠짐없이 전달할 수 있겠죠? 또 [위치]를 켜고 원하는 장소를 선택하면 차에 탈 때, 또는 차에서 내릴 때 알림이 울려서 챙겨야 할 물건을 잊어버리지 않을 수 있어요.

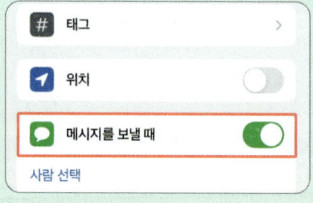 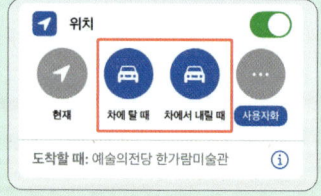

메시지를 보낼 때 알림을 설정한 모습   원하는 장소를 선택해 알림을 설정한 모습

3. 항목에 관련 사진 업로드하기

맨 아래의 [이미지 추가]를 탭해 사진을 넣어 둘 수 있습니다. 관련 있는 사진을 넣어 두면 사진이 항목 아래에 작게 나타나고, 탭하면 크게 볼 수도 있어서 사진을 찾으러 앨범에 들어갈 필요가 없습니다.

관련 사진을 추가한 모습

하면 된다!} 위젯에 정리한 내용 띄우기

02장에서 만들어 뒀던 미리 알림 위젯에 내용을 불러와 보겠습니다. 평소 미리 알림을 쓰지 않았다면 위젯을 만들 때 아무런 내용도 보이지 않았을 텐데요. 이제 미리 알림에 내용을 채워 두었으니 홈 화면에 잘 보이도록 설정해 둘게요.

01 미리 알림 위젯을 길게 탭하고 [위젯 편집]을 탭합니다.

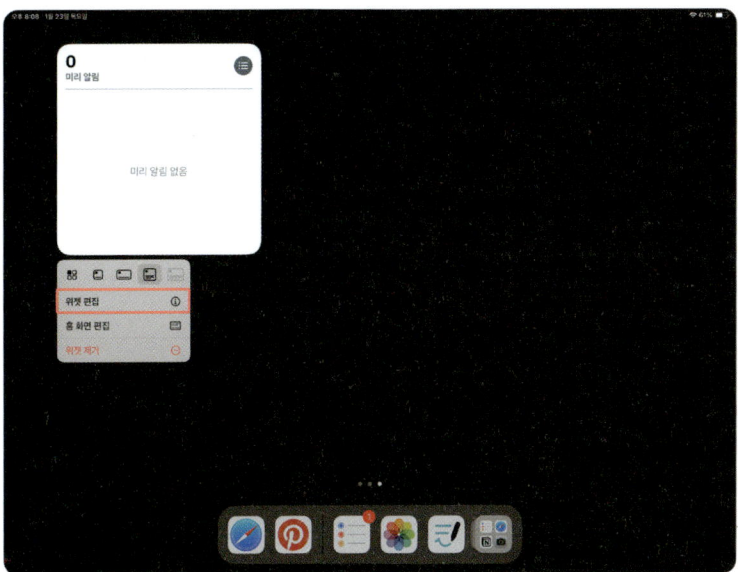

02 [목록] 창이 나타나면 아래의 [미리 알림]을 탭하고 조금 전 만들어 두었던 [버킷리스트] 목록을 선택합니다. 작성해 둔 내용이 위젯에 나타납니다.

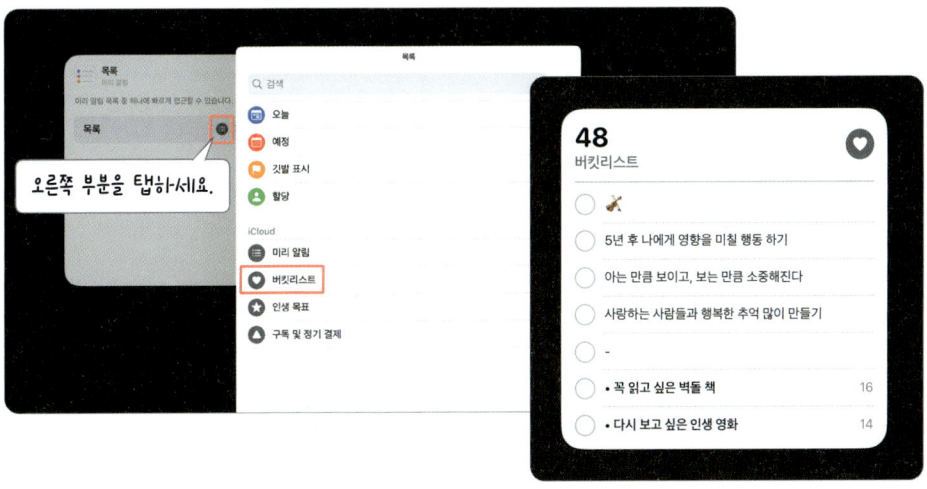

03 ★ 시간 관리가 쉬워지는 일상 계획 노하우

03-3
오늘 할 일 정리하기 — 투두메이트

📌 일상의 소소한 목표 관리 앱, 투두메이트

'투두메이트(Todomate)'는 오늘의 할 일뿐만 아니라 반복되는 일상도 관리할 수 있는 할 일 관리 앱으로, 깔끔하면서도 직관적인 점이 특징입니다. 체크리스트를 이용해 할 일을 관리하기도 편한데요. 처음 설정하는 방식이 미리 알림 앱과 비슷해서 적응하기 쉬워요.

투두메이트 앱

저는 투두메이트를 반복되는 일정과 식단 관리까지 다방면에 사용합니다. 투두메이트를 사용하면 늘 비서처럼 알림을 보내고 관리해 준답니다. 큰 카테고리를 만들고 그 아래에 항목을 추가해서 사용하면 되는데, 저는 카테고리를 4개로 나누었습니다.

▶ 앞에서 살펴본 미리 알림 앱은 큰 카테고리에서 할 일을 작성할 때 사용한다면, 투두메이트는 오늘의 할 일과 반복되는 일정을 관리할 때 사용하면 좋아요.

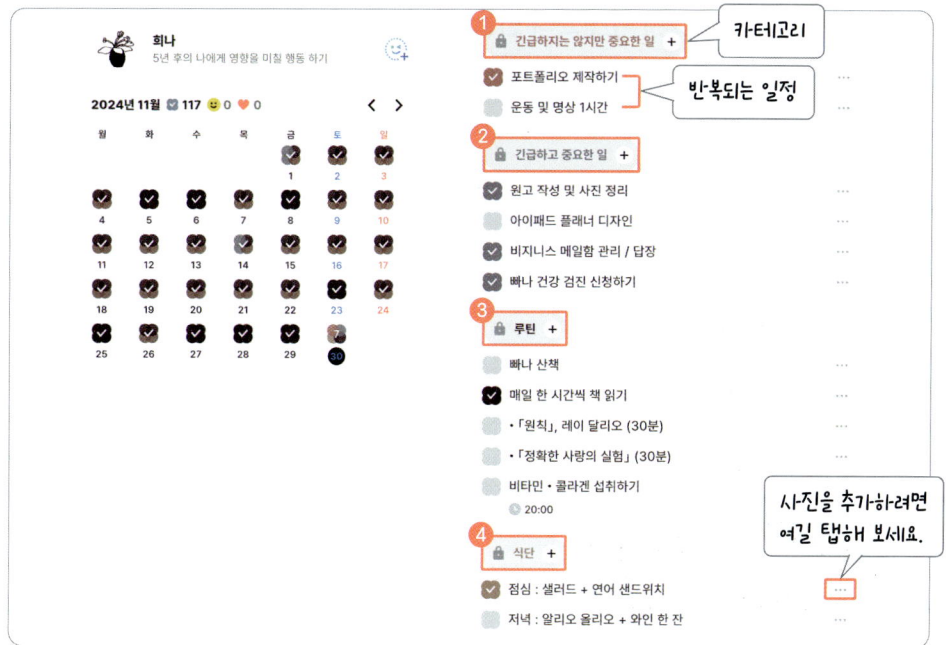

❶ **[긴급하지는 않지만 중요한 일]**: 미래의 성장을 위해 꾸준히 시간을 투자해야 하는 일을 적습니다. 운동이나 독서, 자기계발 등 하루에 한두 시간 정도 투자해서 실천할 수 있는 일을 추가하면 됩니다.

❷ **[긴급하고 중요한 일]**: 오늘 반드시 완료해야 하는 업무를 적어 줍니다. 주로 마감기한이 있는 일, 중요한 프로젝트 등을 여기에 분류해 둡니다.

❸ **[루틴]**: 복용해야 하는 약이나 비타민을 작성하고 일정한 시간에 먹을 수 있도록 알람을 설정해 둡니다. 날마다 작성하는 가계부와 일상 기록, 특정 시간에 하는 운동이나 명상 등도 이 카테고리에 정리해 두면 좋아요.

❹ **[식단]**: 하루 동안의 식단 계획을 기록하고, 실제로 먹은 음식을 남겨 둡니다. 항목 오른쪽에 있는 …를 탭하면 간단하게 사진을 남길 수도 있답니다.

꼭 똑같이 만들지 않아도 좋아요. '데일리', '생산성', '건강', '뷰티' 등으로 이름을 지어 보세요. 그럼 실습을 통해 카테고리를 만들어 볼까요?

하면 된다!} 목적에 맞게 카테고리 만들기

이번 실습에서는 투두메이트에서 할 일별로 카테고리 만드는 방법을 알아보겠습니다. 먼저 앱스토어 에 접속하고 투두메이트 앱을 아이패드에 설치해 주세요.

01 [투두메이트] 앱을 열고 [회원가입]을 탭해 아이디를 만든 후 로그인합니다.

02 로그인을 마치면 이런 화면이 보일 거예요. 카테고리를 만들기 위해 ❶ 을 탭하고 ❷ [카테고리 관리]를 선택합니다.

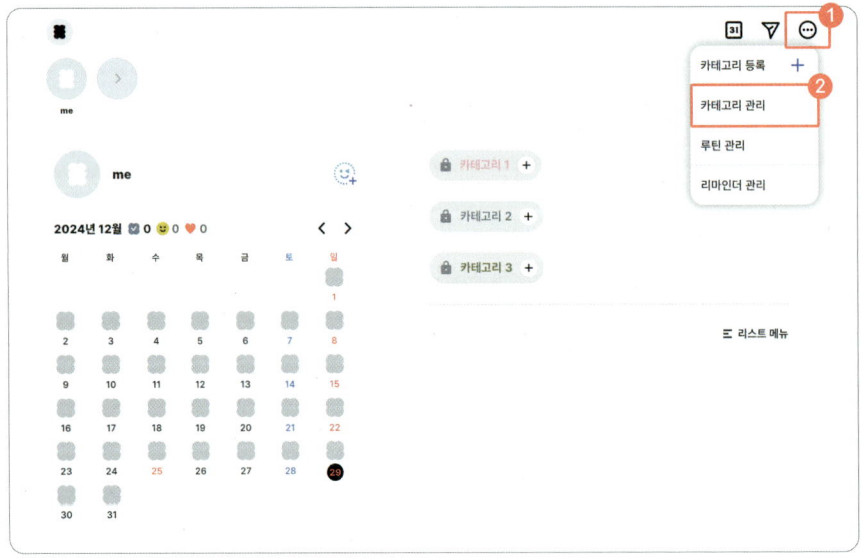

03 [카테고리] 창이 열리면 ❶ 카테고리를 차례로 탭해 카테고리명과 색상을 수정한 뒤 ❷ [확인]을 탭합니다. 여기선 **긴급하지는 않지만 중요한 일**, **긴급하고 중요한 일**, **루틴**, **식단** 카테고리를 만들어 볼게요. 개수가 모자랄 땐 전체 카테고리가 보이는 상태에서 ❸ [추가 +]를 탭해 카테고리를 추가합니다.

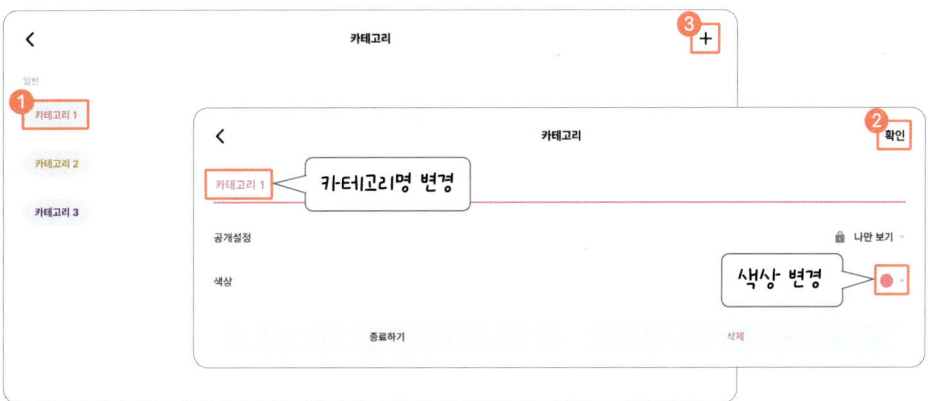

04 카테고리가 추가되었습니다. 원하는 대로 카테고리를 더 추가해 봐도 좋아요!

하면 된다!} 구체적인 항목 만들고 일정 반복 설정하기

이번에는 카테고리 아래에 들어갈 항목을 만들고, 자동으로 반복되는 일정도 설정해 보겠습니다.

01 항목 만들기

[투두메이트 ■] 앱을 엽니다. 화면에 앞서 설정한 4개 목표가 보이죠? [긴급하지는 않지만 중요한 일] 오른쪽의 ❶ [추가 +]를 탭합니다. ❷ [할 일 입력]란에 운동이나 독서, 자기계발 등 해야 할 일을 정리해 보세요.

02 나머지 카테고리도 같은 방식으로 내용을 작성해 줍니다.

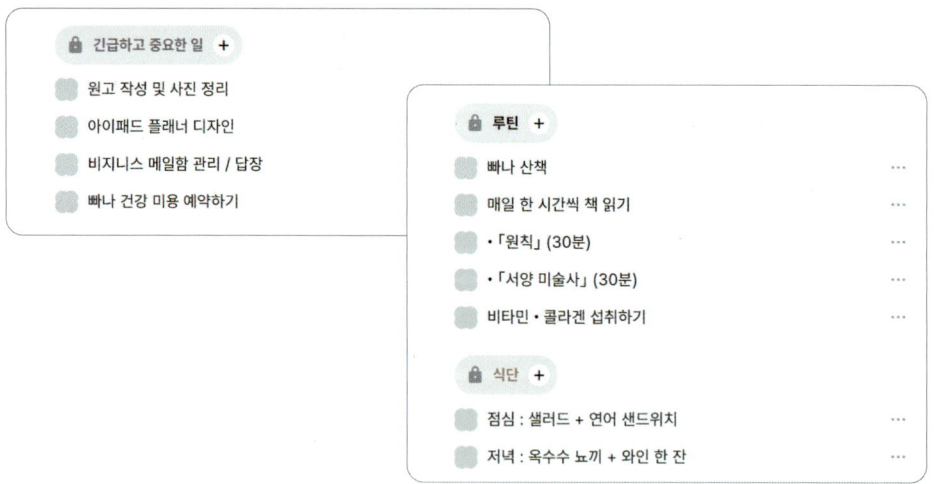

03 항목별 반복 설정하기

[루틴] 카테고리는 반복을 설정해 두면 편리합니다. 여기선 [매일 한 시간씩 책 읽기]를 반복되게 해 볼게요. ❶ [매일 한 시간씩 책 읽기] 오른쪽의 ⋯를 탭합니다. ❷ [루틴 등록하기]를 선택합니다.

04
창이 나타나면 ❶ [시작 날짜]와 [종료 날짜]를 각각 탭해 설정합니다. 여기선 한 달 동안 나타나도록 설정해 볼게요. [반복]에서 매일, 매주, 매달 가운데 반복하는 주기를 설정합니다. ❷ [매일]을 선택한 뒤 ❸ [완료]를 탭해 저장합니다.

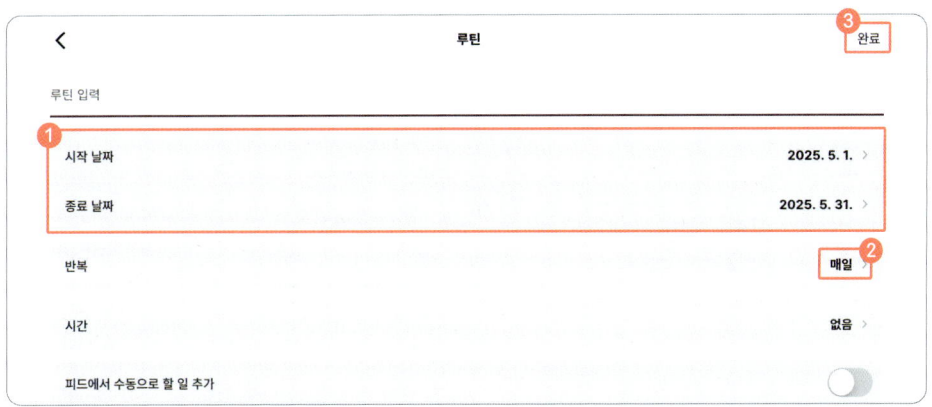

희나의 꿀팁 | '피드에서 수동으로 할 일 추가' 기능

루틴 설정 창에서 '피드에서 수동으로 할 일 추가'를 활성화하면 설정한 다음 날부터 자동으로 항목이 나타납니다. 항목이 흐릿하게 나타난 상태에서 오른쪽에 있는 [추가 +]나 항목 이름을 탭하면 오늘의 할 일로 추가할 수 있고, 아무것도 누르지 않으면 할 일로 추가되지 않습니다. 규칙적으로 하지 않아서 일일이 입력했던 할 일이 있다면 이 기능을 이용해 보세요. 그 날의 일정에 따라 유연하게 사용할 수 있답니다.

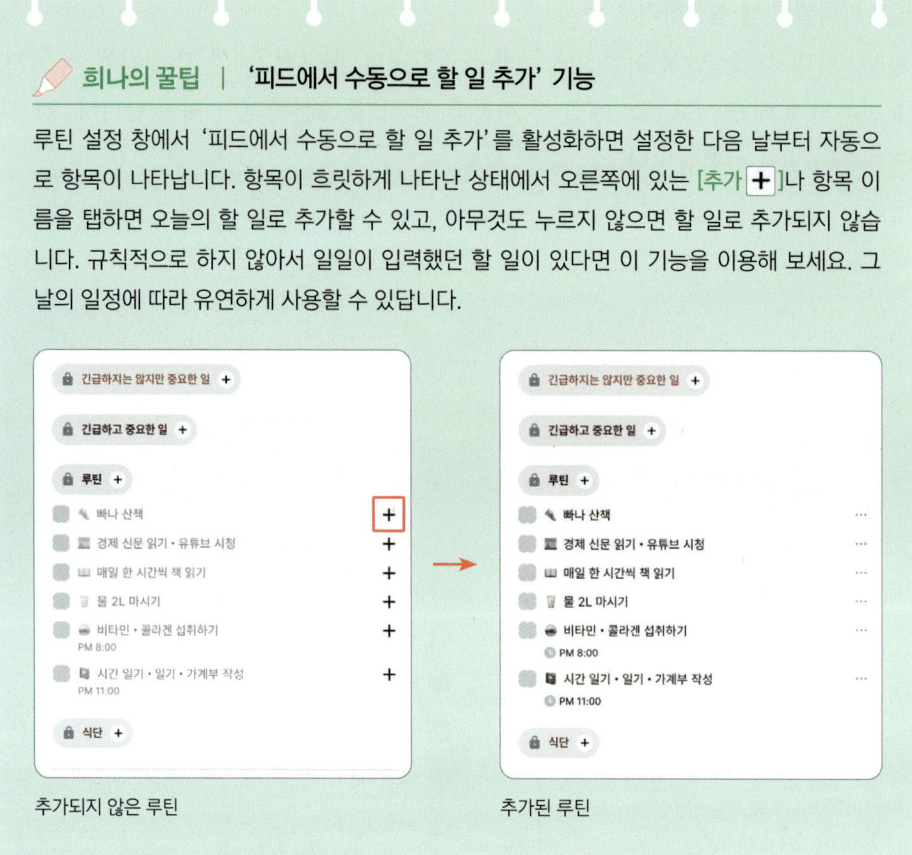

추가되지 않은 루틴 → 추가된 루틴

하면 된다!} 일정 완료하고 마치지 못한 일정 정리하기

01 일정 완료하기

완료한 항목 왼쪽의 ☐를 탭하면 카테고리의 색으로 채워진 체크 표시가 나타나고, 왼쪽의 달력에도 표시될 거예요. 이렇게 하면 일정을 완료할 수 있습니다.

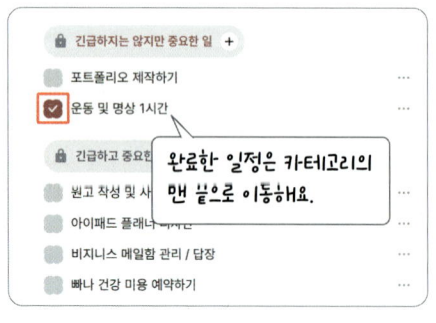

완료한 일정은 카테고리의 맨 끝으로 이동해요.

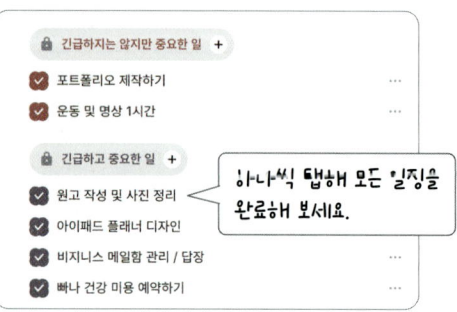

하나씩 탭해 모든 일정을 완료해 보세요.

02 왼쪽의 달력에서 완료한 카테고리의 색이 섞여 나타나는 걸 확인해 보세요.

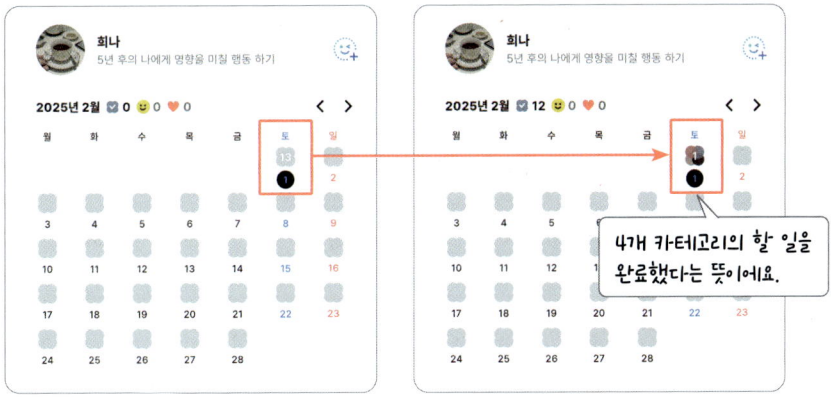

03 항목 보관함으로 이동하기

만약 일정을 마치지 못했다면 보관함으로 옮겨 숨길 수 있습니다. ❶ 완료하지 못한 항목 오른쪽의 [더보기 …]를 탭하고 ❷ [보관함으로 이동]을 선택합니다.

04 하단의 ❶ [MY]를 선택하고 ❷ [보관함]을 탭해 보세요. 여기에 보관함으로 이동한 항목이 모입니다. 보관함에서는 이동해 둔 작업 목록을 한눈에 확인할 수 있으며, 필요할 때 원하는 날짜에 다시 활성화할 수 있습니다.

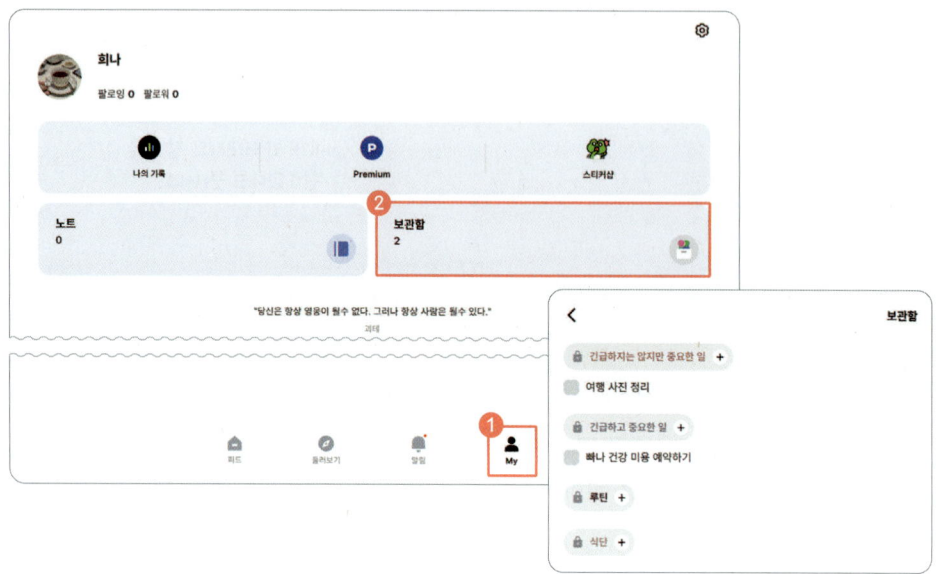

05 항목을 원하는 날짜로 옮기기

❶ 목표를 달성하지 못한 항목 오른쪽에서 [더보기 ⋯]를 탭하고 ❷ [날짜 바꾸기]를 선택합니다. ❸ 원하는 날짜를 선택한 뒤 ❹ [확인]을 탭합니다.

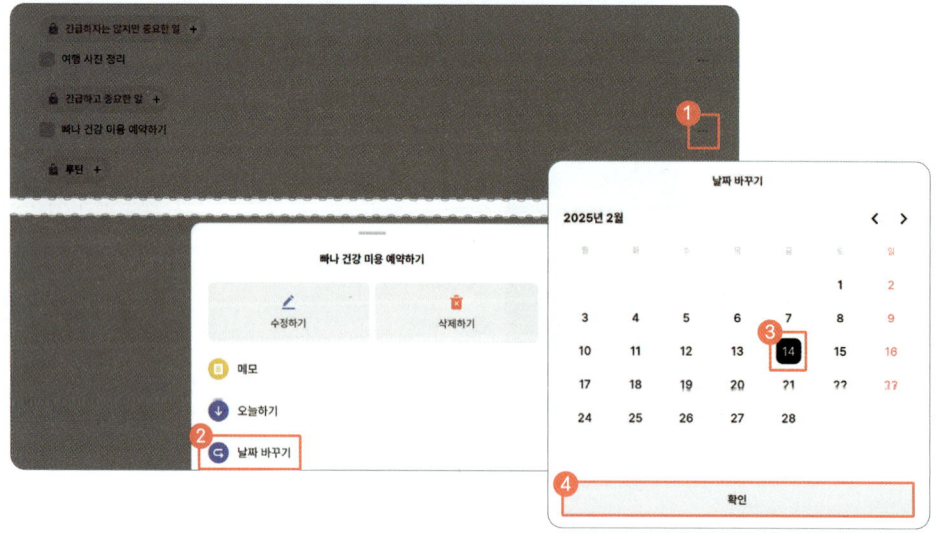

06 ① [뒤로 가기 <]를 탭해 홈 화면으로 나간 뒤 ② [피드]를 탭합니다. ③ 왼쪽의 달력에서 앞서 선택했던 날짜를 탭하면 항목이 이동해 있는 것을 볼 수 있습니다.

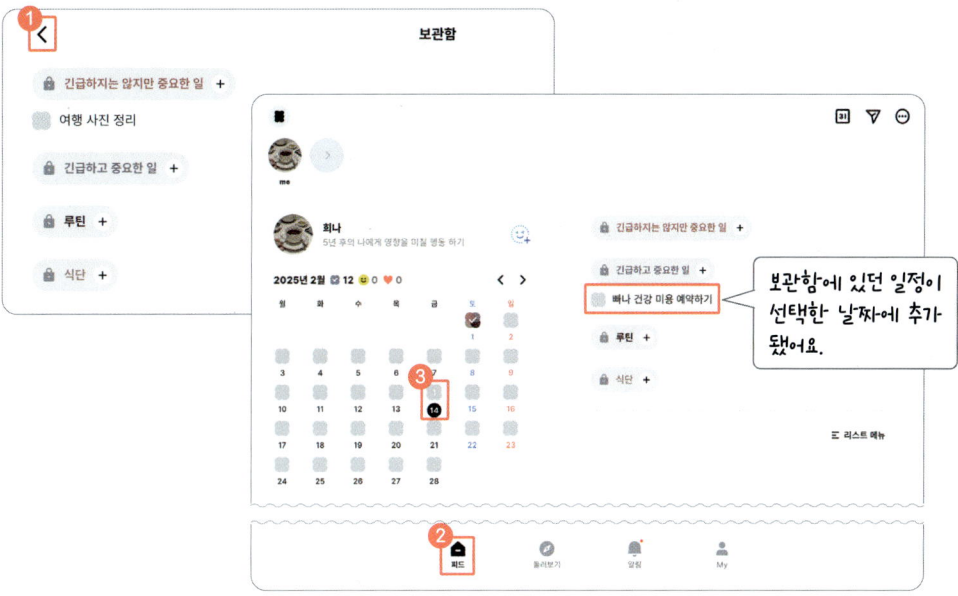

07 다시 오늘 날짜로 돌아갑니다. 마치지 못한 일정을 다른 날로 옮기니 깔끔해졌습니다. 같은 방법으로 하루의 일정을 관리해 보세요.

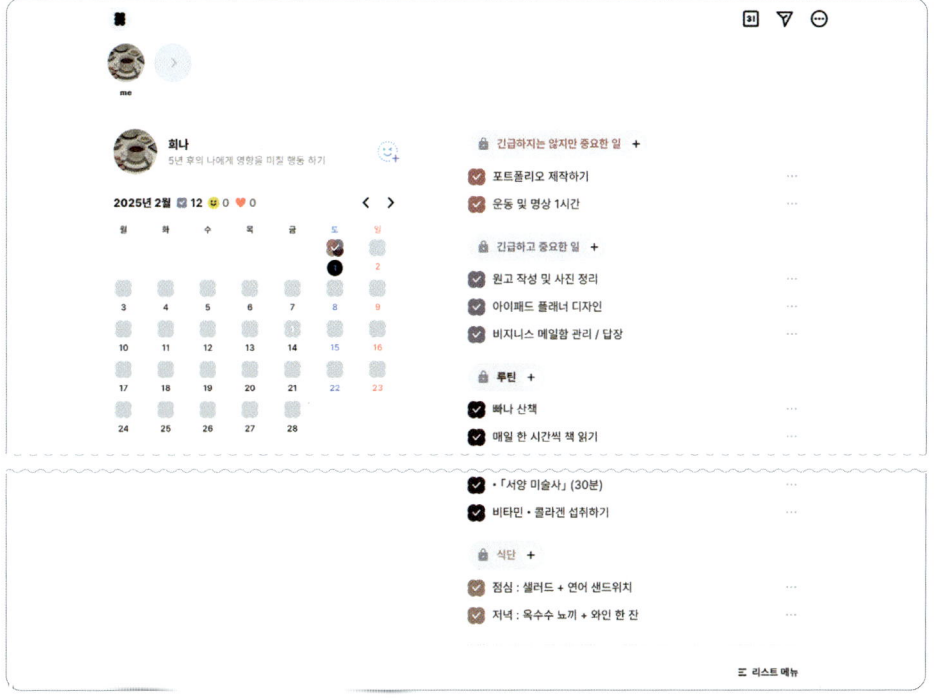

🖍 희나의 꿀팁 | 투두메이트를 친구들과 함께 사용하기

앱을 혼자 사용해도 좋지만 지인이나 친구들을 팔로잉해 보세요. 서로의 진행 현황을 구경하다 보면 동기 부여도 되고 일상을 공유하는 기분도 든답니다.
[둘러보기]를 탭하면 다른 사용자(메이트)의 할 일 목록을 확인할 수 있습니다. 다른 사용자의 계획을 보며 아이디어를 얻을 수도 있겠죠. 친구와 함께 사용한다면 서로 자극을 받고 피드백해 주며 더 즐겁게 생산성을 높일 수 있을 거예요. 프로필 이미지를 탭하고 오른쪽 상단의 [팔로우]를 선택해 친구가 되어 보세요.

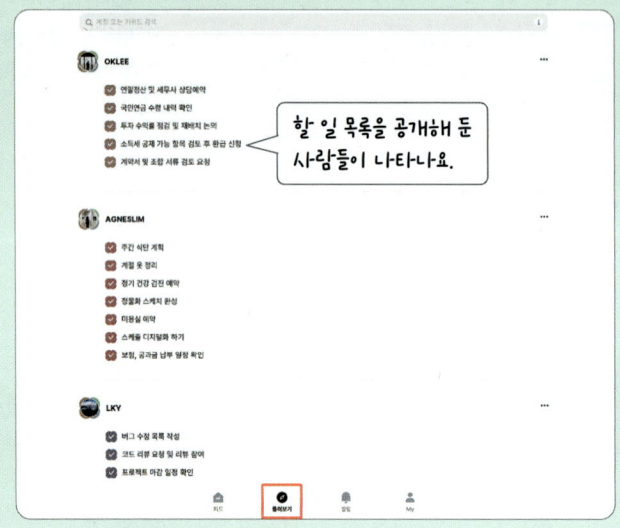

둘러보기에서 다른 메이트의 일정을 살펴보는 모습

[나의 메뉴 → 설정 → 개인정보 보호]에서 [계정 검색 허용]을 활성화하면 나의 리스트도 활성화되어 [둘러보기]에 표시됩니다. 체크리스트를 비공개로 사용하려면 이 옵션을 비활성화하면 됩니다.

📌 달력 속 숨은 기능, 일기

지금까지 실습을 진행해 보면서 '달력 위에 있는 저 이모티콘 표시 😊 는 뭘까?' 궁금했을 거예요. 이건 투두메이트 달력의 숨은 기능, '일기'의 개수를 알려 주는 표시입니다.

저는 일기 기능을 '감정 일기'를 쓰는 데 활용해요. 투두메이트로 일정을 관리한 뒤, 그날의 감정과 맞는 이모티콘을 고르고 일기를 작성해 두면 한 달의 기분을 한눈에 모아 볼 수 있어요. 사람은 흔히 긍정적인 경험보다 부정적인 경험을 더 강렬하게 기억하는 경향이 있습니다. 그래서 가끔은 내가 얼마나 행복한 순간들을 보냈는지 잊어버리기도 하죠. 하지만 감정 일기를 쓰다 보면 매일의 기분을 차곡차곡 쌓아가며 내 감정을 보다 객관적으로 이해할 수 있습니다.

그럼 감정 일기 작성하는 방법을 함께 알아볼까요?

하면 된다!} 한눈에 보이는 월별 감정 일기 쓰기

`01` ❶ 왼쪽의 캘린더에서 [일기 추가 ☺]를 탭합니다. 일기 창이 나타나면 ❷ 다시 ☺ 아이콘을 탭해 이모티콘을 입력해 보세요. ❸ 아래에는 간단하게 일기를 작성할 수 있습니다. 내용을 채워 봤다면 ❹ 오른쪽의 [완료]를 탭하세요.

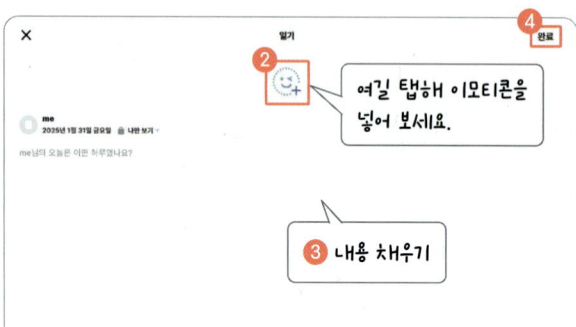

`02` 다시 달력을 살펴봅니다. 조금 전까지는 비어 있었던 곳에 이모티콘이 생기고, 감정 일기를 몇 개 썼는지 세어 주는 ☺1 옆의 숫자도 바뀐 것을 볼 수 있습니다. 감정 일기를 쓴 날을 탭하면 등록한 이모티콘이 오른쪽에 나타납니다.

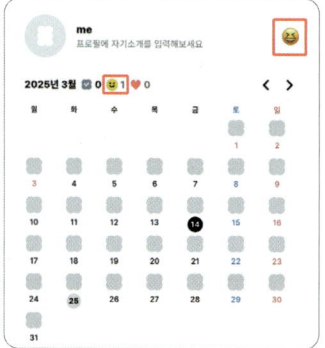

`03` ☺1 아이콘을 탭하면 한 달의 감정 일기를 한눈에 확인할 수 있답니다.

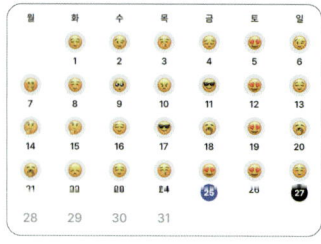

🖍 희나의 꿀팁 | 투두메이트를 가계부로도 활용해 보세요!

투두메이트에서 감정 일기를 작성하는 대신, 이모지로 지출 표시 💸 를 하고 지출 내역을 남기면 간단한 가계부가 됩니다. 이모지 부분을 한번 탭하면 작성한 내용을 볼 수 있습니다.

가계부 캘린더를 작성한 모습

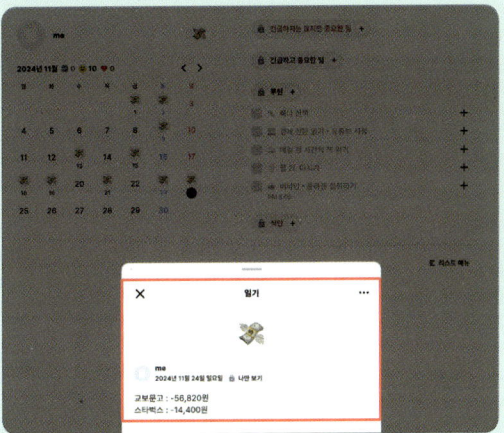

03-4
공부 계획하고 되돌아보기
— 열품타

📌 공부 시간을 재 주는 플래너 앱, 열품타

열품타는 '열정을 품은 타이머'의 줄임말로, 타이머를 이용해 학습을 기록하는 무료 스터디 플래너 앱입니다. 학생, 공시생 등 시험이나 취업을 준비하는 분들과, 공부한 것을 기록하고 싶지만 시간이 부족해 따로 기록을 하기 어려운 분들에게 적합합니다. 앱을 이용해서 공부 계획을 짜고 시간을 측정하면 하루의 공부량을 확인할 수 있을 뿐만 아니라 기록이 자동으로 남겨져 공부에만 집중할 수 있답니다.

열품타 앱

▶ 이 책에서 열품타 가입 방법은 따로 다루지 않습니다. 평소 사용하는 계정으로 간편 가입해 보세요.

저는 열품타를 공부하거나 글을 쓸 때, 또는 책을 읽을 때 주로 활용합니다. 허용하지 않은 앱을 차단해 현재 하고 있는 일에 온전히 집중할 수 있도록 도와주기 때문이에요. 무엇보다 친구들과 함께 그룹을 만들면 공부하거나 독서할 때 서로의 진행 상황을 확인할 수 있어 자연스럽게 동기부여가 돼요. 그럼 열품타에서 내가 공부할 과목을 추가하는 것부터 시작해 볼까요?

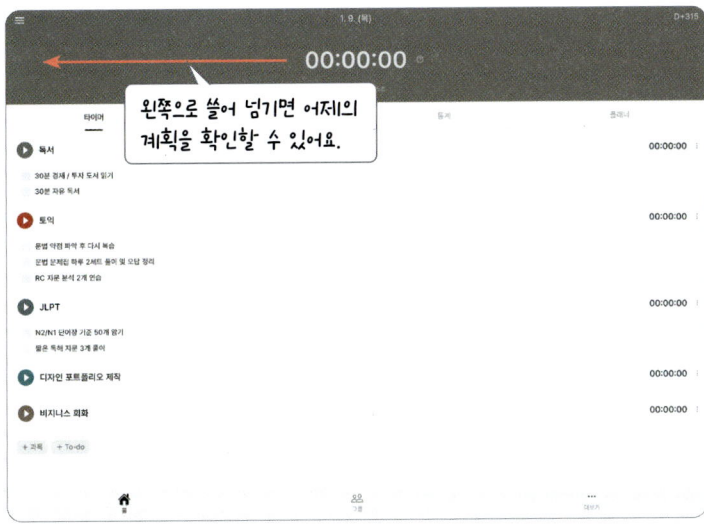

공부 계획을 기록해둔 열품타 화면

하면 된다!} 과목 추가하고 공부 계획 세우기

메인 화면에서는 공부한 시간을 보여 주는 타이머와 함께 공부해야 할 내용들을 한눈에 볼 수 있습니다.

01 ❶ [열품타 ▶]앱을 실행하고 [+과목]을 탭해 공부할 과목을 설정해 봅시다. 여기서는 ❷ 토익이라고 입력해 보겠습니다. ❸ [과목 색상] 옆의 ●를 탭해 색상도 변경해 봅시다. 모두 입력했다면 ❹ [완료]를 탭합니다.

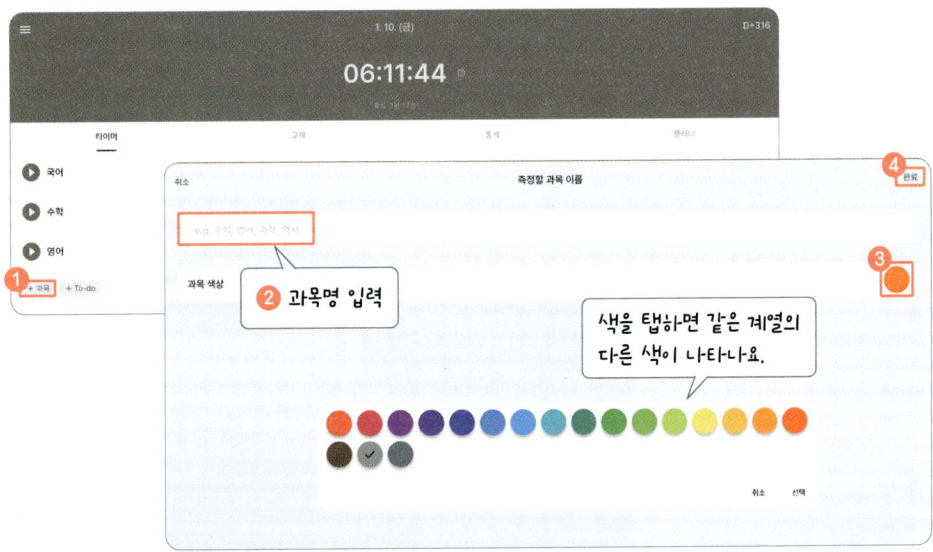

02 이제 기본으로 나타나 있던 과목을 삭제해 봅시다. [국어] 오른쪽의 ①을 탭하고 ② [과목삭제]를 선택합니다. 같은 방법으로 [수학]과 [영어]도 삭제해 보세요.

03 과목을 오른쪽으로 쓸어넘기면 공부 계획을 과목별로 매일 다르게 세울 수 있습니다. 공부를 마친 후에는 체크박스를 사용해 진행 상태를 간단히 기록해 보세요.

04 팝업 창의 바깥 부분을 탭해 홈 화면으로 넘어갑니다. 이제 과목명의 왼쪽에 있는 [시작 ▶] 아이콘을 탭해 공부 시간을 측정해 봅시다. 화면이 검은색으로 바뀌면서 공부에만 집중할 수 있는 환경이 만들어집니다.

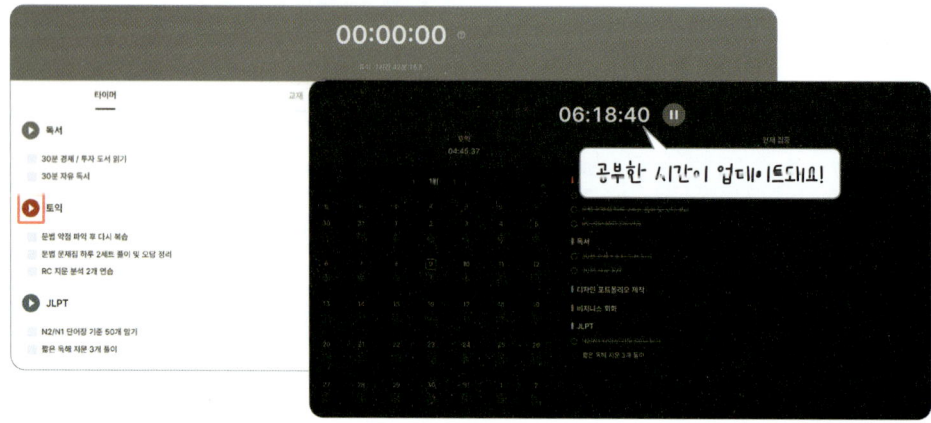

05 공부를 하다가 [일시정지 ⏸] 아이콘을 누르면 정지 시간 동안은 휴식 시간으로 기록됩니다. 다시 공부를 시작했을 때 얼마나 쉬었는지 알려 주고, 이유도 기록하게 되어 있어 집중하지 못한 시간을 반성할 수 있습니다.

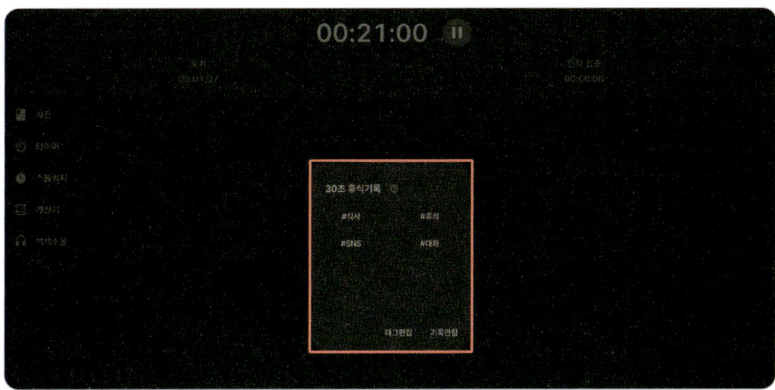

06 화면을 꺼도 잠금 화면에서 바로 공부를 시작할 수 있고, 지금까지 공부한 시간을 확인할 수도 있어요.

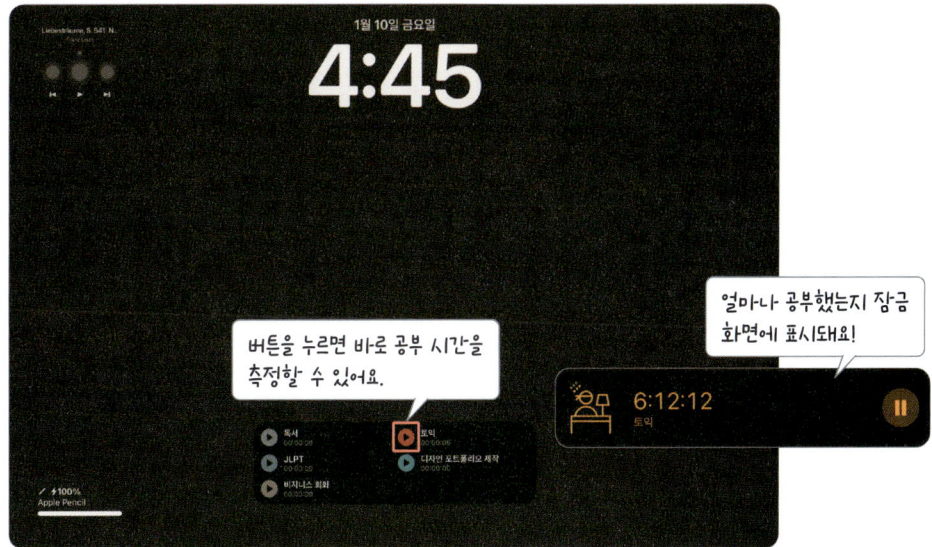

🖊️ 희나의 꿀팁 | 열품타 타이머 사용 중에는 다른 앱에 들어갈 수 없어요!

열품타 앱은 공부에 방해되는 다른 앱을 자동으로 잠가 줍니다. 공부 시간 측정을 켜둔 채 홈 화면으로 나가면 앱이 잠겨 이렇게 표시되어 있답니다.

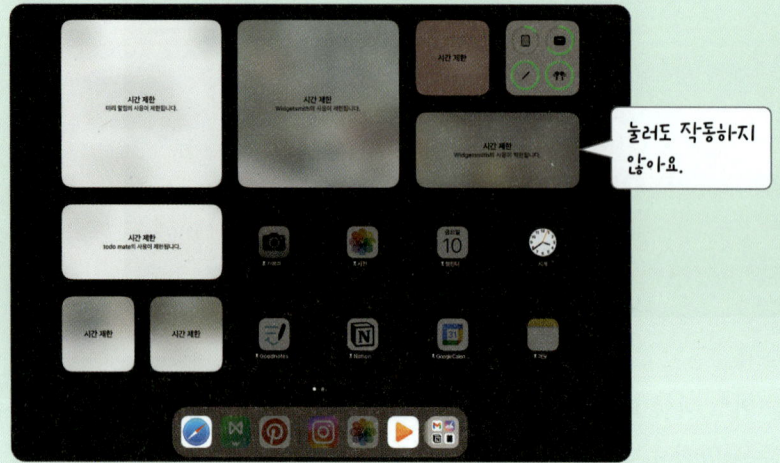

앱이 잠긴 모습

공부할 때 필요한 강의 앱이나 필기 앱 등은 열품타 홈 화면의 [▦ → 허용앱 설정]에서 지정해 사용하면 됩니다. 사전, 타이머, 스톱워치, 계산기, 백색소음 기능은 따로 지정하지 않아도 허용 앱으로 들어가 있습니다.

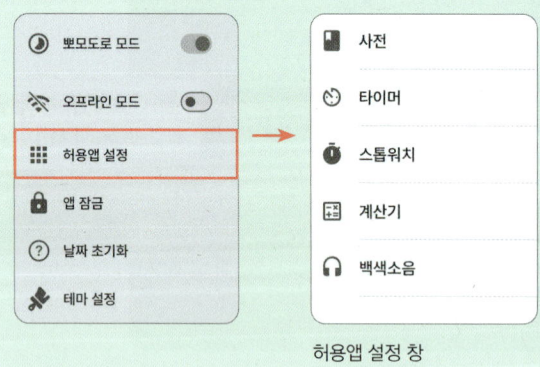

허용앱 설정 창

하면 된다!} 공부 통계 확인하고 플래너 꾸미기

열품타에서는 공부에 관한 다양한 자료를 제공해 줍니다. [통계] 탭에서는 일간, 주간, 월간으로 어떤 공부를 얼마나 했는지 한눈에 확인할 수 있고, [플래너] 탭에서는 공부 기록을 다이어리 형식으로 볼 수 있습니다.

01 먼저 [통계]를 탭해 공부 통계를 살펴봅시다. 전체 공부 시간과 추이 등을 살펴볼 수 있는 표가 나타납니다.

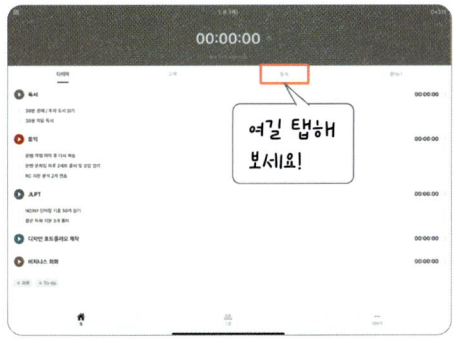
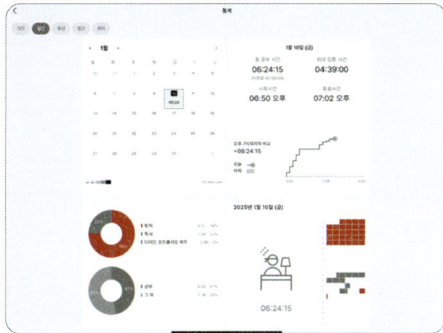

02 [뒤로 가기 <]를 탭해 홈 화면으로 나간 다음 [플래너]를 탭해 보세요. 하단의 [꾸미기 🎨]를 선택하면 스티커를 이용해 공부 기록을 예쁘게 꾸밀 수 있습니다. 모두 수정한 다음에는 [저장]을 탭해 보세요.

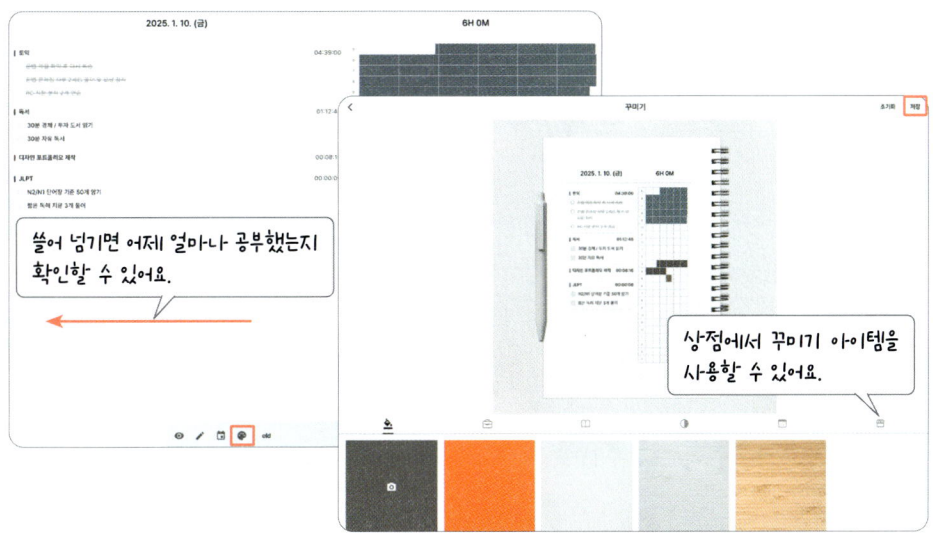

03 [공유]를 탭하고 공부 기록을 SNS에 올려 보세요.

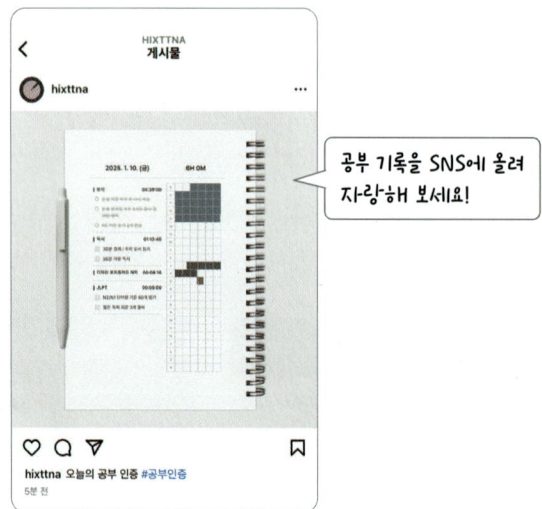

공부 기록을 SNS에 올려 자랑해 보세요!

🖍 **희나의 꿀팁** | **열품타의 스터디 그룹 기능을 활용해 보세요!**

열품타에선 스터디 그룹에 가입해 함께 공부할 수 있습니다. 학교별로 구성된 스터디 그룹에 참여하거나, 친구들끼리 그룹을 직접 만들 수도 있습니다. 스터디 그룹에 가입하면 다른 구성원의 공부 시간이나 현재 상태(공부 중 또는 휴식 중)를 실시간으로 확인할 수 있어 자연스럽게 동기부여가 됩니다.

홈 화면의 [그룹 → 추가 ⊙]를 탭하면 가입할 수 있는 스터디 그룹의 이름이 나타나는데, 하나를 골라 탭한 후 [그룹가입]을 선택하면 됩니다.

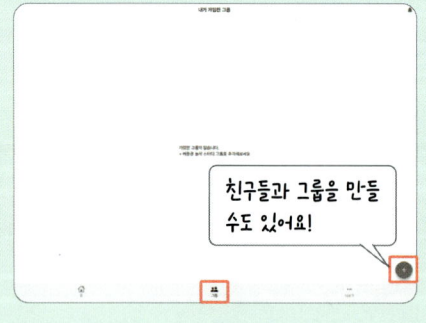

친구들과 그룹을 만들 수도 있어요!

다시 [그룹]을 탭하면 가입한 그룹이 나타나고, 그룹명을 선택하면 지금 공부 중인 사람을 살펴볼 수 있습니다.

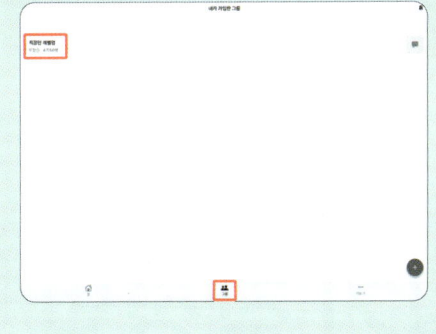
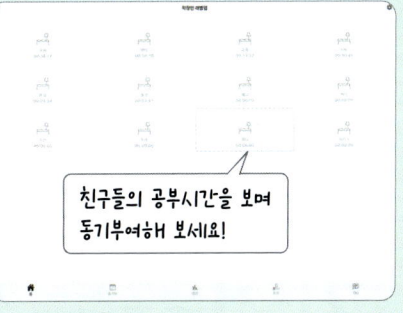

03장에선 인터넷의 흥미로운 링크를 스크랩하고, 미리 알림과 투두메이트, 열품타로 내 일상의 크고 작은 일들에 대한 계획도 세워 봤어요. 이렇게 12월까지의 일들을 미리 생각해 보면 분명 알찬 한 해를 만들 수 있을 거예요. 이제 04장으로 넘어가 기억에 남는 하루를 기록하는 방법을 알아봅시다.

04

특별한 하루를 오래 기억하는 일기 작성법

이번에는 '기록'하면 가장 먼저 떠오르는 '일기 쓰기'를 해볼 거예요. 평범한 일상을 보냈다고 해서 어딘가에 적어 두지 않고 흘려 보내면 머릿속에서 금방 사라져 버리고 맙니다. 오늘 하루, 지금 떠오르는 생각을 간단히 기록해 보세요. 특별한 도구가 필요한 건 아니에요. 우리가 매일 사용하는 SNS 앱으로도 충분히 할 수 있답니다. 그럼 평소 제가 어떤 앱으로 그날의 일들을 정리하는지 함께 알아볼까요?

⭐ **04-1** 시간별로 일상 기록하기 — 구글 캘린더
⭐ **04-2** 글과 사진으로 일기 쓰기 — 다음 카페, 인스타그램

04-1
시간별로 일상 기록하기
ㅡ 구글 캘린더

📌 시간 일기 최적화 앱, 구글 캘린더

'구글 캘린더'는 구글에서 제공하는 캘린더 서비스입니다. 개인 일정을 예약하거나 관리할 수 있고, 공유 캘린더를 이용하면 다른 사람들과 일정을 공유할 수도 있습니다. 간단히 조작할 수 있고 모바일, 태블릿, PC 등 어떤 환경에서도 잘 연동된다는 장점이 있어서 추천합니다.

구글 캘린더

▶ 구글 캘린더를 사용하려면 구글 계정이 필요합니다. 구글 가입 방법은 이 책에서 따로 다루지 않습니다.

저는 구글 캘린더를 활용해 '시간 일기'를 작성하고 있습니다. 시간 일기란 하루를 시간 단위로 나누어, 어떤 일을 했는지부터 쉬는 시간, 먹은 음식, 심지어 그때의 기분이나 생각까지 기록하는 것입니다. 저는 큰 카테고리를 색상별로 나눠 기록하고 있는데, 이렇게 하면 내가 시간을 어떻게 보냈는지 한눈에 파악할 수 있어요. 게다가 언제든 검색을 통해 지난 시간을 돌아볼 수도 있답니다.

시간을 이렇게 쌓아가다 보면 흐릿해지는 기억 속에서도 내가 매 순간을 잘 채워 왔음을 깨닫게 되고, 시간에 대한 기억이 점점 확장되는 기분이 듭니다. 긴 줄글 일기를 쓰지 않아도 이 기록만으로 충분하죠.

저는 행복했던 순간마다 하트 이모티콘을 추가해 두는데, 이렇게 하면 지나온 행복한 시간들도 쉽게 떠올릴 수 있어 좋답니다.

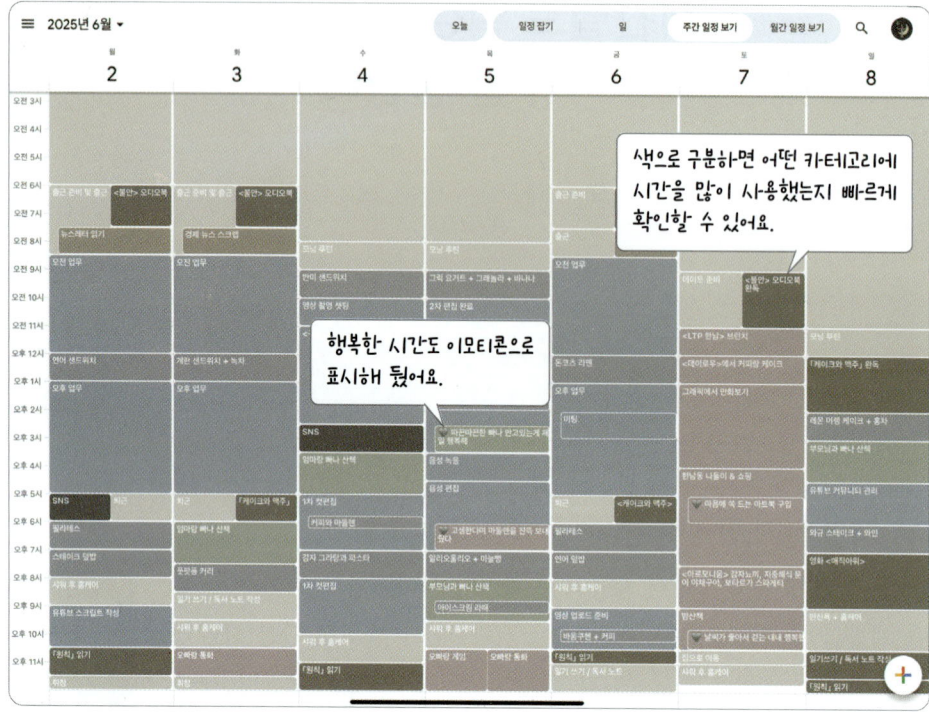

캘린더에 작성한 시간 일기

이제 캘린더를 추가하는 방법부터 차근차근 배워 보겠습니다.

하면 된다!} 캘린더 추가하고 색으로 카테고리 구분하기

구글 캘린더에선 '캘린더'를 여러 개 만들 수 있습니다. 캘린더는 '달력에 표시할 카테고리'라고 이해하면 쉬운데요. 캘린더를 여러 개 만들어 두면 일정을 카테고리별로 모아 볼 수 있어서 편리합니다. 저는 다음과 같이 카테고리를 나누고 색상을 지정해 주었는데요. 이번 실습에선 필요한 카테고리를 추가하고 색으로 구분해 보겠습니다.

▶ 각자 개성 있는 색도 좋지만, 주간 일정 페이지에서 볼 때 통일감이 느껴지도록 비슷한 톤의 색을 고르는 걸 추천해요.

01 캘린더 추가하기

캘린더 추가하기는 구글 캘린더 앱에서 할 수 없습니다. 그래서 이번 실습은 웹 버전 구글 캘린더에 접속해서 진행해야 합니다. 먼저 앱 보관함에서 [사파리 🧭] 앱을 찾아 열어 봅시다.

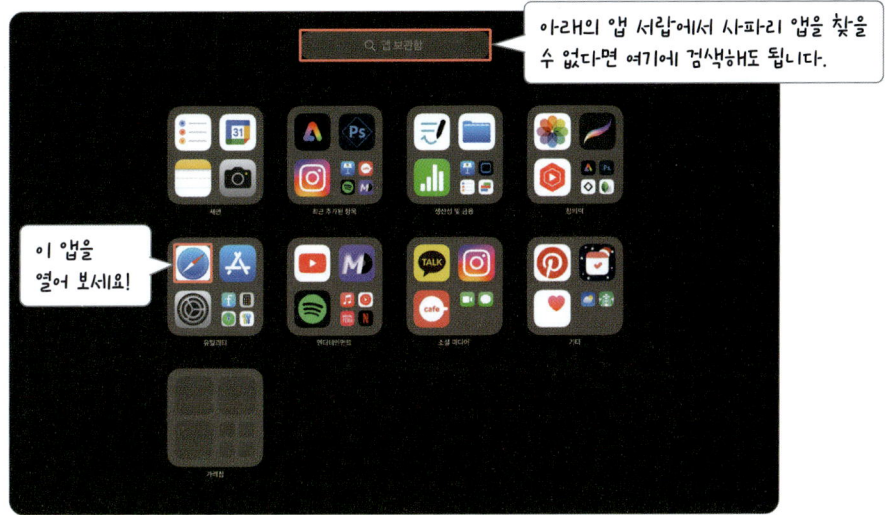

02 ① 구글 홈 화면에서 [로그인]을 탭합니다. ② 구글 계정이 있다면 로그인하고, 없다면 [계정 만들기]를 선택해 계정을 만들어 주세요.

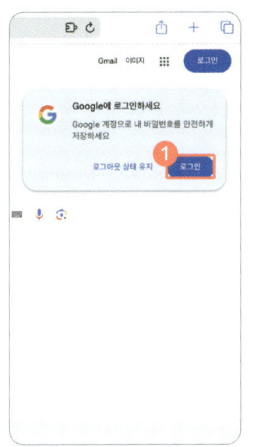
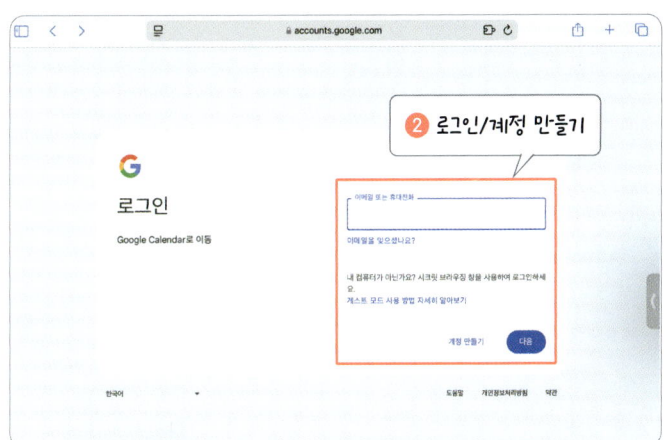

04 ★ 특별한 하루를 오래 기억하는 일기 작성법

03 ❶ 구글 캘린더(calendar.google.com)에 접속합니다. ❷ 오른쪽 상단에서 [설정 ⚙]을 탭하고 ❸ [설정]을 선택합니다.

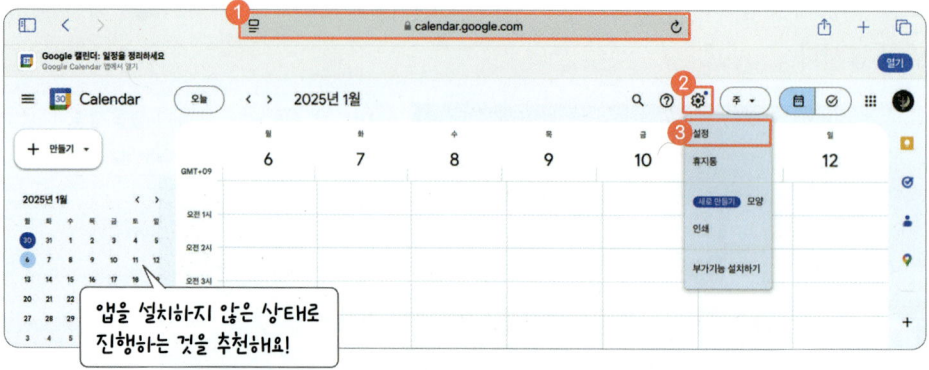

04 **주간 계획 캘린더 만들기**

❶ [캘린더 추가]를 탭하고 ❷ [새 캘린더 만들기]를 선택합니다. 오른쪽 [새 캘린더 만들기]에서 ❸ [이름]에 **주간 계획**을 입력하고 ❹ [캘린더 만들기]를 탭해 '주간 계획' 캘린더를 만듭니다.

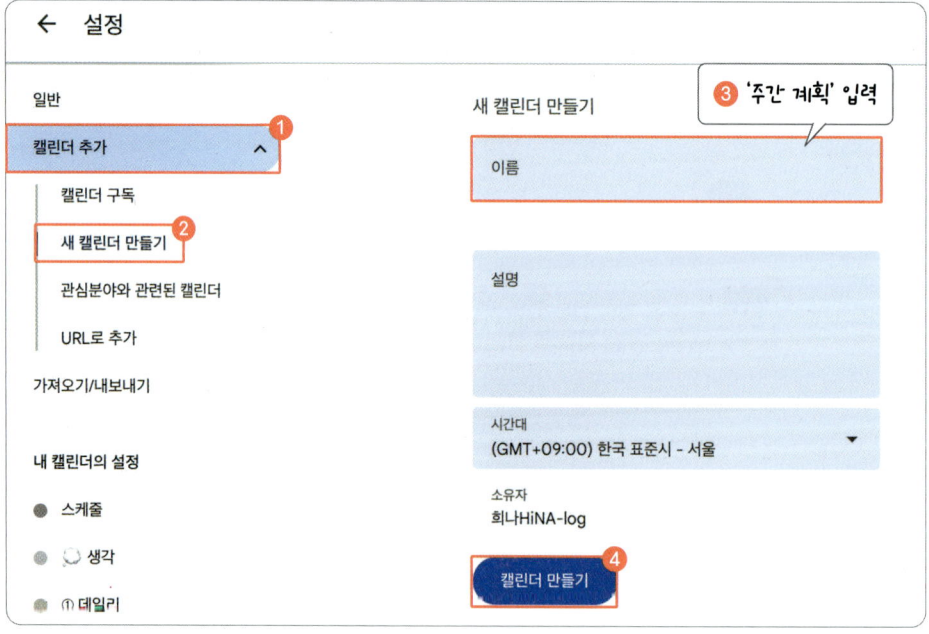

05 설정 창의 왼쪽 상단에서 ① ← 를 탭해 빠져나옵니다. 다시 구글 캘린더 화면이 나오면 ② ≡ 를 탭해 숨은 메뉴를 엽니다.

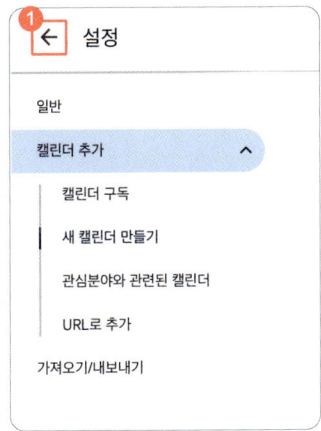
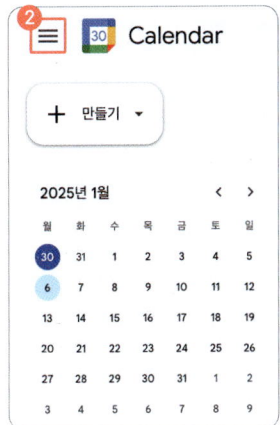

06 왼쪽의 [내 캘린더]에서 조금 전 만든 ① [주간 계획]을 탭합니다. ② [주간 계획] 오른쪽에서 [더보기 ⋮]를 탭하고 ③ [색상 추가 ⊕]를 선택해서 ④ 16진수 입력 칸에 a49696을 입력합니다. ⑤ 마지막으로 [저장]을 탭합니다.

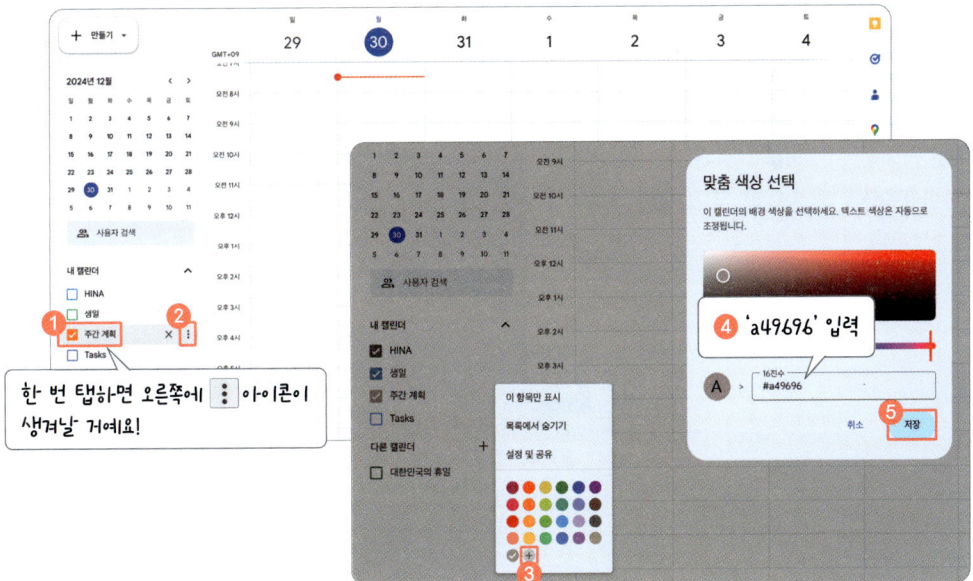

07 [주간 계획] 캘린더 설정이 끝났습니다. 이렇게 필요한 캘린더를 몇 개 더 추가해 보세요. 저는 문화 생활, 자기계발 등의 카테고리를 만들어 두었습니다.

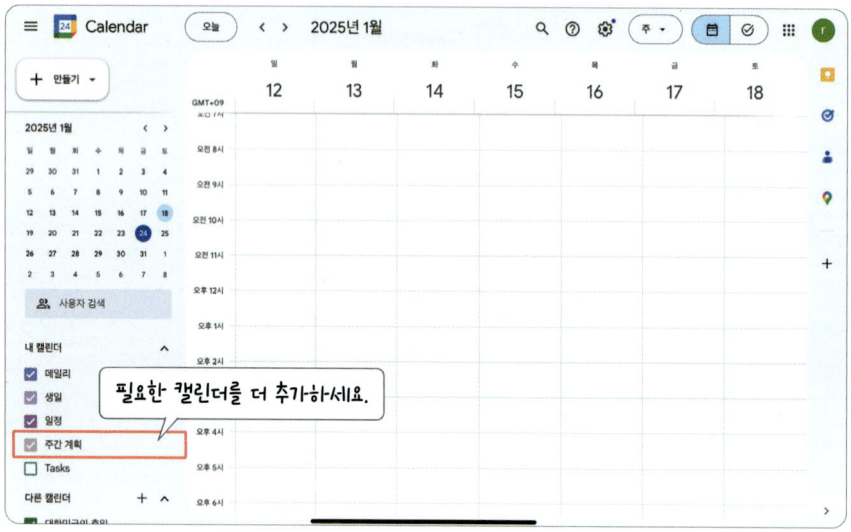

하면 된다!} 시간 일기 작성하기

이제 직접 시간 일기를 작성해 보겠습니다. 이 실습부터는 구글 캘린더 앱으로 진행해요. 앱스토어에 접속하고 [구글 캘린더] 앱을 아이패드에 설치해 주세요.

01 [구글 캘린더] 앱을 실행하고 하단의 [로그인]을 탭하고 앞선 실습에서 캘린더를 만들었던 계정으로 로그인합니다.

02 캘린더가 [주간 일정 보기]로 설정되어 나타날 거예요. 이 상태 그대로 ❶ 원하는 날짜의 시작 시간부터 마무리 시간까지 드래그합니다. 일정을 입력할 수 있는 창이 나타나면 제목으로 ❷ 일정 관리를 입력합니다. ❸ 캘린더를 [주간 계획]으로 설정하고 ❹ [저장]을 탭합니다.

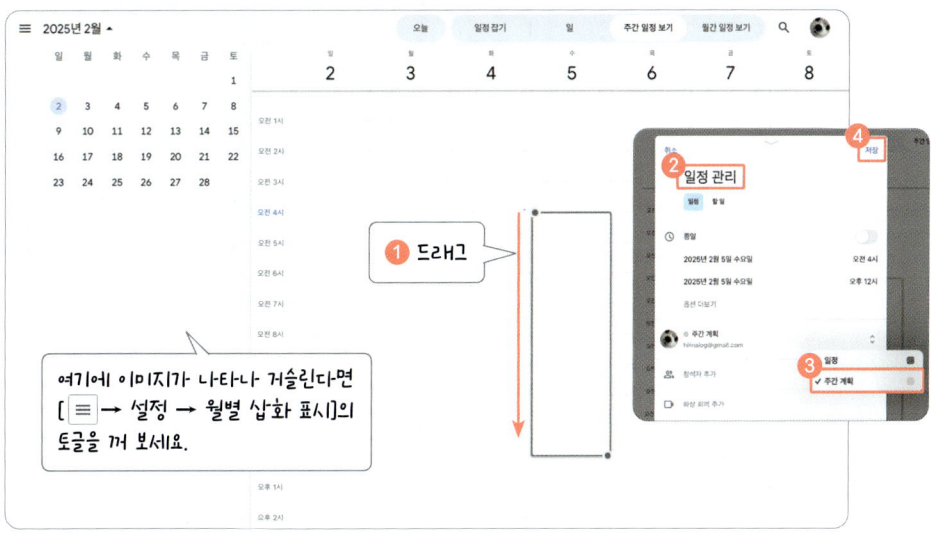

03 일정이 추가됩니다. 이렇게 시간별로 일기를 작성해 보세요.

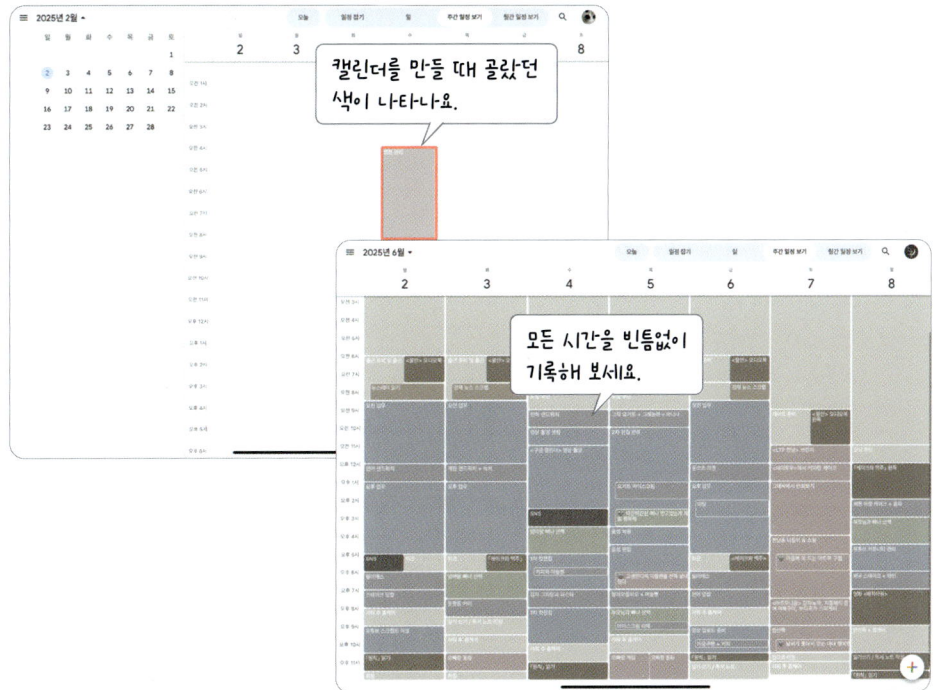

04 ★ 특별한 하루를 오래 기억하는 일기 작성법

희나의 꿀팁 | 시간 일기를 더 가치 있게 쓰는 4가지 방법

제가 생각한 시간 일기의 핵심을 알려 드릴게요. 이 내용을 읽어 본 후 여러분만의 시간 일기를 작성해 보세요.

1. 일정, 이벤트뿐만 아니라 작은 것도 기록하기
카테고리별로 작성하는 시간 일기에는 일정, 이벤트, 방문한 곳뿐만 아니라 어떤 것을 먹었는지, 어떤 일을 했는지도 적습니다. 그때그때 느꼈던 감정이나 기억하고 싶은 내용까지 적으면 단순한 일정 캘린더와 달리 그 순간을 생생하게 기억할 수 있습니다.

2. 중요하지 않은 순간도 기록하기
SNS만 한 시간, 아무것도 하지 않은 시간 등도 전부 기록해 보세요. 또 '누워서 TV 시청하기'보다 '다큐멘터리 보면서 부모님과 대화하기'처럼 좀 더 상세하게 설명을 붙여 보세요. 이름을 어떻게 붙이느냐에 따라 기억이 확장되고, 시간의 의미가 달라진답니다.

3. 시간에 이름 붙이기
매일 한 시간씩 반복하는 출근 시간은 1년이면 900시간이 넘는데, 우리 뇌는 이 시간을 단순히 '출근 시간'으로 압축해 버립니다. 이제 이 시간들을 '오디오 북 듣기', '뉴스레터 보기', '다큐멘터리 보기' 등으로 기록해 보세요. 내 인생에서 '낭비되었던 출근 시간'이 아닌 '내 인생의 발전을 도와준 출근 시간'으로 새롭게 이름 붙일 수 있을 거예요.

4. 작은 행복 기록하기
행복은 크기보다 빈도가 중요하다고 해요. 하지만 소소한 행복은 쉽게 잊히죠. 행복했던 순간에 좋아하는 이모티콘을 붙여 보세요. 해당 이모티콘을 검색했을 때 나오는 작은 행복들이 모여 큰 행복이 될 거예요!

하면 된다!} 캘린더 동기화하고 위젯 추가하기

이제 홈 화면에 캘린더 위젯을 추가해 보겠습니다. 구글 캘린더 위젯도 있지만, 저는 아이패드의 기본 캘린더 위젯에 구글 캘린더를 동기화해서 쓰는 걸 더 좋아하는데요. 구글 캘린더 위젯보다 조금 더 자세히 일정을 살펴볼 수 있기 때문이에요.

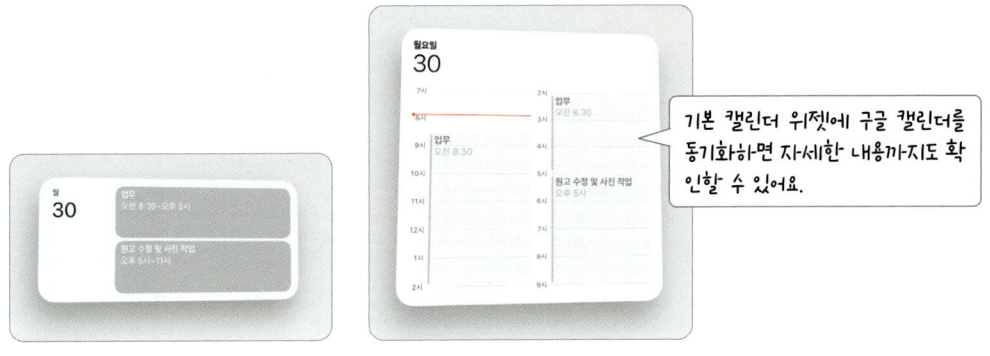

구글 캘린더 위젯   기본 캘린더 위젯에 구글 캘린더를 동기화한 모습

아이패드 홈 화면에 [캘린더] 위젯을 설치하면 다양한 옵션이 나타납니다. 그중 3×3 위젯을 설치하면 시간 계획을 홈 화면에서도 확인할 수 있습니다. 현재 시간을 의미하는 빨간 선이 있어 이전과 이후의 시간 계획도 보기 쉽답니다. 아이패드뿐만 아니라 스마트폰에도 위젯을 설치해 시간 계획을 실시간으로 확인해 보세요. 이 실습은 구글 계정을 기본 캘린더에 연결하고, 위젯을 불러오는 순서로 진행해 보겠습니다.

01 구글 캘린더를 애플의 기본 캘린더 위젯에서 사용하려면 먼저 계정을 연결해 주어야 합니다. [설정 ⚙️] 앱을 열고 [앱 → 캘린더]를 탭합니다.

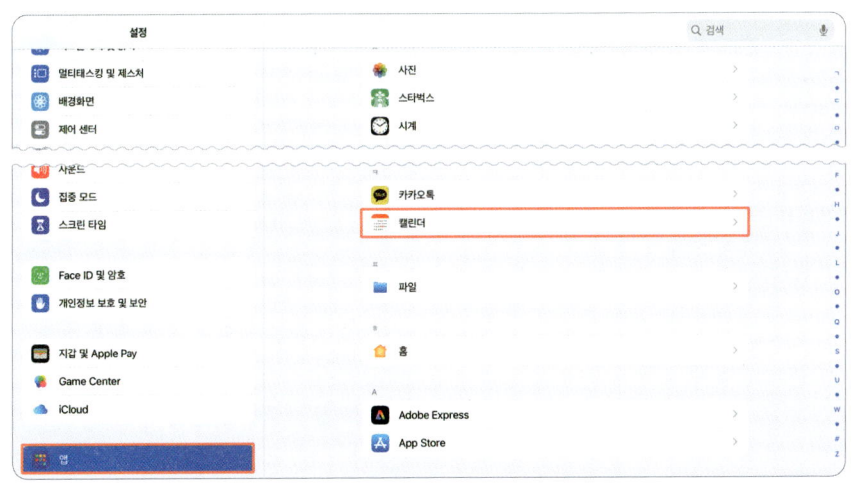

02 ❶ [캘린더 계정]을 탭하고 ❷ [계정 추가]를 선택합니다.

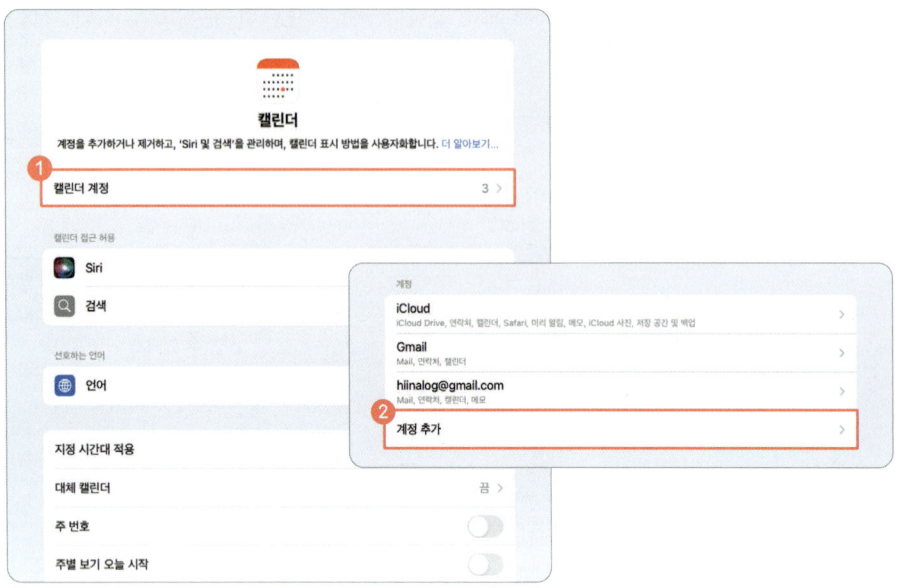

03 ❶ [계정 추가] 창이 나타나면 [Google]을 선택한 뒤 ❷ 아이디와 비밀번호를 입력하고 ❸ 다시 [다음]을 탭합니다.

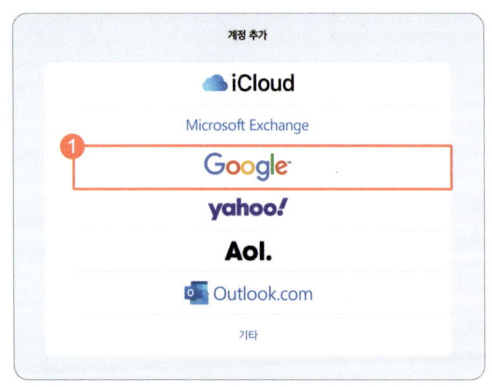

04 [iOS 서비스로 로그인] 창이 뜨면 [계속]을 탭합니다.

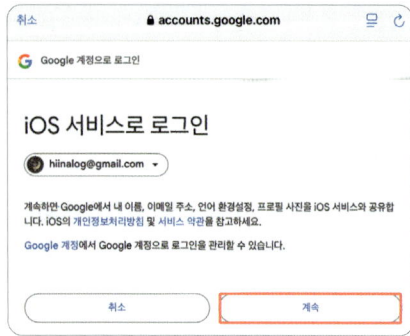

05 [iOS에서 Google 계정에 대한 액세스를 요청합니다.] 창이 나타나면 ❶ [모두 선택]을 탭해 액세스 항목을 선택합니다. ❷ 하단의 [계속]을 탭합니다.

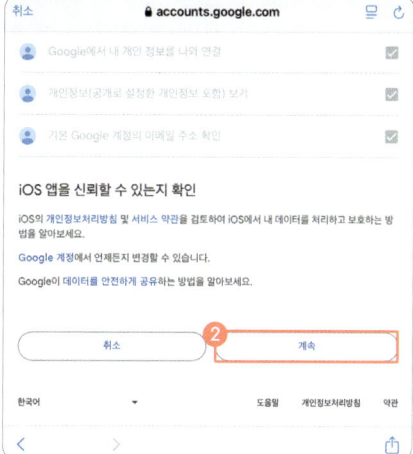

06 [Gmail] 창으로 돌아옵니다. [저장]을 탭하면 연동이 완료됩니다.

07 ❶ 홈 화면을 길게 탭하고 ❷ 왼쪽 상단에서 편집 을 탭합니다. ❸ [위젯 추가]를 선택해 위젯 창을 열어 보세요.

08 ❶ 캘린더 위젯을 찾아 ❷ [위젯 추가]를 선택합니다.

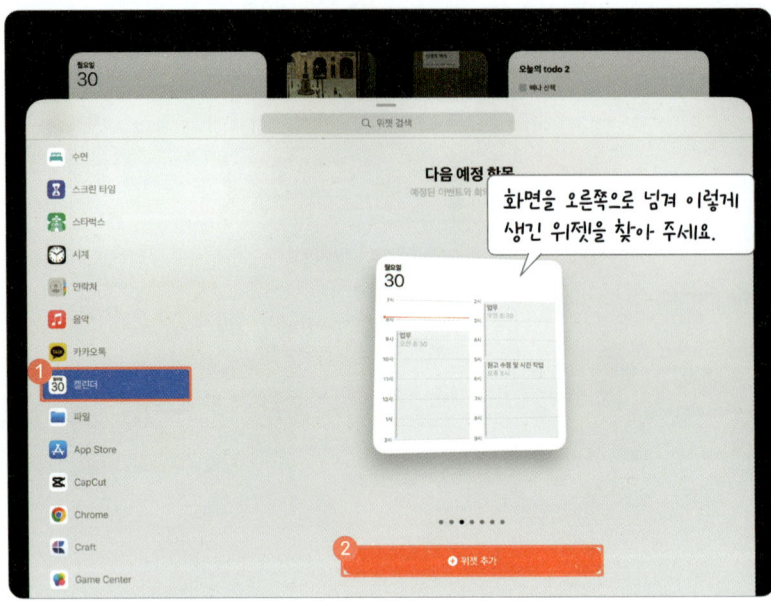

09 캘린더 위젯을 추가하여 홈 화면에 나타났습니다.

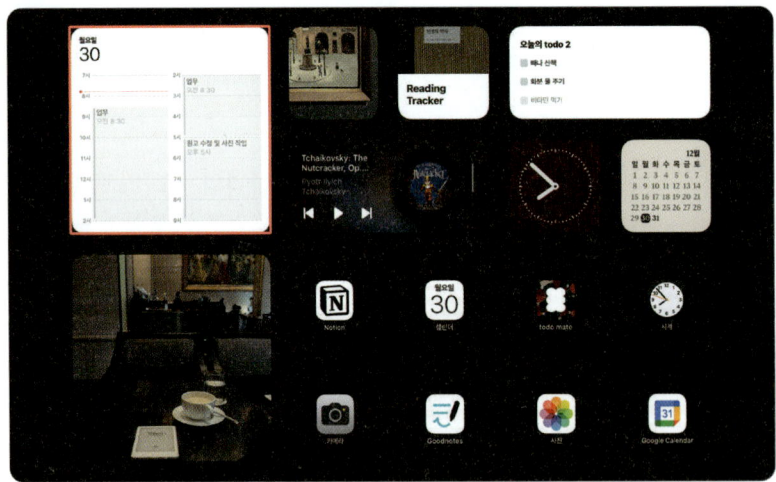

▶ 바로 동기화가 되지 않으면 조금 더 기다려 보세요. 그래도 안 된다면 실습 02번으로 돌아가 계정이 잘 추가됐는지 확인해야 합니다.

🖍️ 희나의 꿀팁 | 편리한 월별 일정 관리 앱, 타임블록스

타임블록스(TimeBlocks)는 일정을 블록 모양으로 정리한 일정 관리 앱입니다. 시간별 일정을 정리하기 편리한 구글 캘린더와 달리, 타임블록스는 간단한 동작만으로 월별 일정을 관리할 수 있어요. 블록을 드래그해서 옮기기만 하면 되므로 일정을 직관적으로 관리할 수 있습니다. 사용자가 지정할 수 있는 색상 테마도 다양해서 나만의 캘린더로 만들기 좋고 모바일과 아이패드 위젯도 지원해 줍니다. 2교대, 3교대 등 스케줄이 자주 바뀌는 근무자나 프리랜서, 학생들에게 추천했을 때 만족도가 높은 앱이랍니다. 이 앱도 앱스토어 에서 내려받을 수 있습니다.

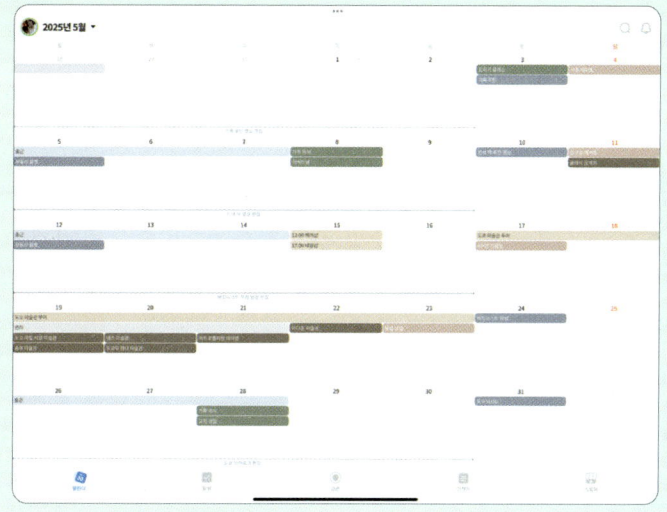

타임블록스에 일정을 등록한 모습

04-2
글과 사진으로 일기 쓰기
─ 다음 카페, 인스타그램

📌 나만의 비밀 일기장, 다음 카페

다음 카페는 원래 같은 취미를 가진 사람들이 모여 의견을 공유할 수 있는 공간이에요. 하지만 저는 10년째 다음 카페를 일기장으로 사용하고 있습니다. 그동안 다양한 일기 앱을 사용해 봤지만, 종종 앱 자체가 서비스 종료로 사라지는 경우가 생기면서 안정적인 플랫폼의 중요성을 느끼게 되었어요. 그래서 앞으로도 계속 사용할 수 있는 확실한 선택지로 다음 카페를 선택했습니다.

다음 카페 앱

다음 카페를 비공개로 개설하면 혼자만 사용할 수 있는 비밀 일기장이 됩니다. 한 번에 최대 100장의 사진과 5개의 영상을 업로드할 수 있어서 갤러리에 있는 추억들을 안전하게 저장할 수 있답니다. 무엇보다 형식에 얽매이지 않고 자유롭게 기록할 수 있는 것이 큰 장점이에요. 어떤 날은 사진만 올리고, 또 어떤 날은 긴 줄글로 생각을 정리하기도 하죠. 덕분에 기록을 더 편하게, 제 방식대로 남길 수 있어요.

다음 카페에 일기를 쓰는 이유

▶ 이 책에서 다음 계정을 만드는 방법은 따로 다루지 않습니다.

저는 저만의 비공개 카페를 개설한 후 매년 해당 연도의 카테고리를 만들고 그 안에 일기, 해외 여행, 필름 카메라 같은 게시판을 생성해서 기록을 정리합니다. 이렇게 해 두면 게시물을 찾기가 정말 편리해요. 특히 검색 기능을 활용하면 원하는 키워드만 입력해도 몇 년 치의 게시물 중 내가 원하는 내용을 한 번에 찾아볼 수 있습니다. 그럼 다음 카페에 나만의 비공개 일기장을 개설해 볼까요?

다음 카페에 일기를 작성하는 모습

하면 된다!} 나만 보는 다음 카페 개설하기

01 [다음 카페] 앱을 열고 오른쪽 상단의 [로그인]을 탭해 로그인합니다.

02 ❶ 하단의 [내카페 👤] 아이콘을 탭한 후 ❷ 왼쪽 상단의 [카페 만들기 ☕] 아이콘을 탭합니다.

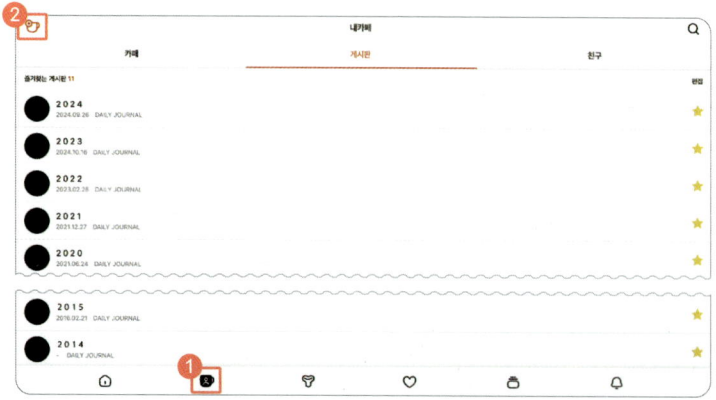

03 [카페 만들기] 창이 나타납니다. ❶ 카페 이름과 주소를 마음대로 입력한 후, ❷ [운영진 승인]을 선택합니다. ❸ [카페 만들기]를 탭하면 카페가 개설됩니다.

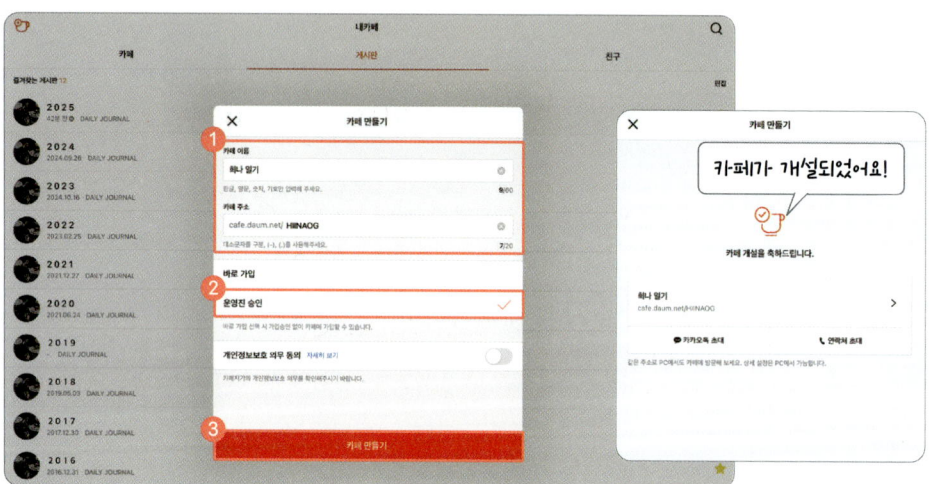

04 [카페]를 탭해 들어오면 방금 개설한 카페 아이콘이 있습니다. 탭해서 카페에 들어옵니다.

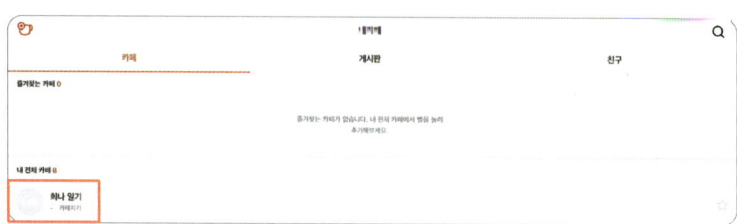

05 오른쪽 상단의 [카메라 📷]를 탭하면 카페의 로고와 배경 사진을 변경할 수 있습니다. 좋아하는 사진을 넣어 나의 일기장을 꾸며 보세요.

하면 된다!} 카페 비공개 설정하고 카테고리 분류하기

카테고리를 수정하는 것은 다음 카페 앱에서 할 수 없습니다. PC 버전의 웹 사이트에서 수정해야 하는데요. [사파리 🧭] 앱에서 다음 카페에 접속한 후 실습을 진행하면 됩니다.

01 [사파리 🧭] 앱에서 다음 카페(top.cafe.daum.net)에 접속해 보세요. 로그인한 후 프로필 왼쪽의 [관리]를 탭합니다.

02 ❶ [기본정보]를 탭하고 [카페 공개 설정]을 ❷ [비공개]로 변경합니다. ❸ [확인]을 탭하면 카페가 비공개 상태로 바뀝니다. ❹ 다음 설정을 위해 [메뉴 관리]를 탭합니다.

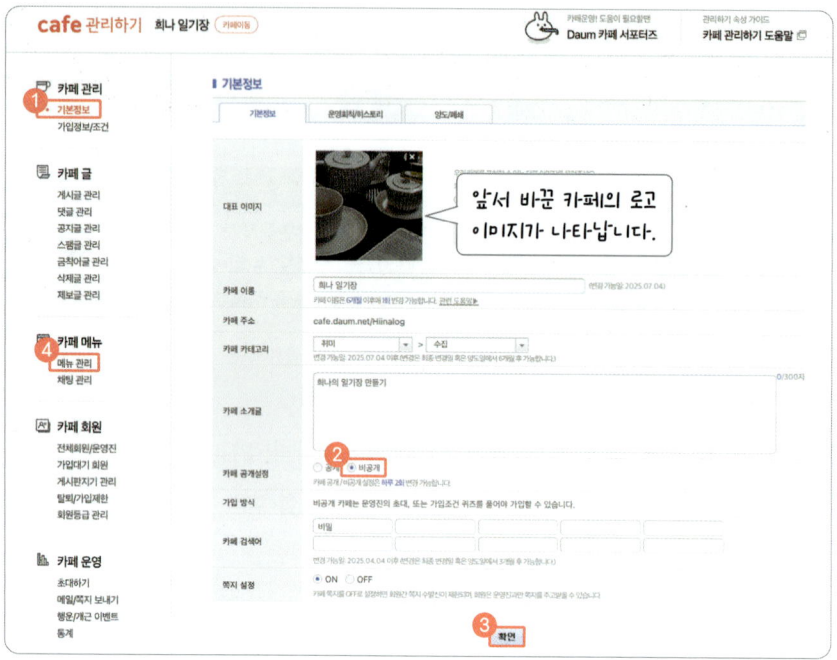

03 처음 개설한 카페에는 [인기글 보기], [한 줄 수다] 등 일기장에 필요 없는 카테고리들이 있어서 정리해야 합니다. ❶ [메뉴 그룹]을 선택한 후 [+추가]를 탭하면, 해당 게시판들이 메뉴 그룹 안으로 모입니다. ❷ [이름]은 그룹접기로 입력한 뒤 ❸ [설정] 오른쪽의 [그룹접기]에 체크하고 ❹ [적용]을 탭합니다. 이제 ❺ [그룹접기] 오른쪽의 [접기 ▼]를 탭하면 더 이상 필요 없는 카테고리들이 보이지 않습니다.

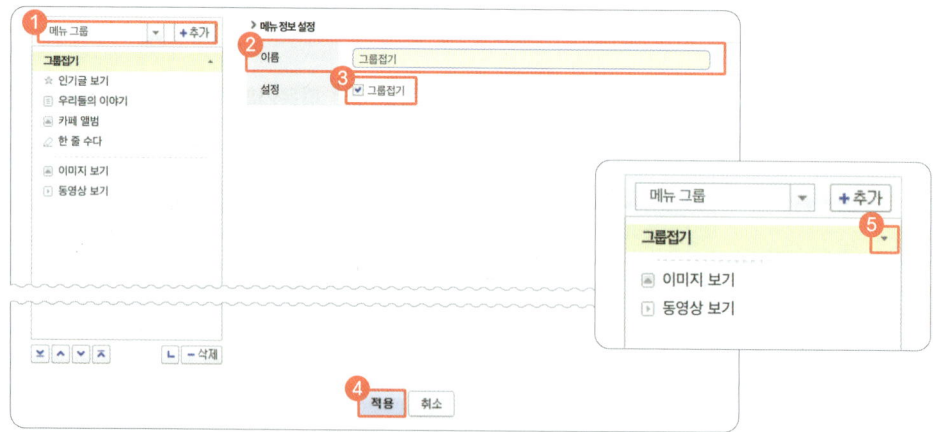

04 저는 연도별로 일기장을 만든다고 소개했죠? 이제 2025년 카테고리를 만들어 보겠습니다. 이번엔 올해의 메뉴 그룹을 만들어 볼게요. ❶ [메뉴 그룹]이 선택되어 있는 상태에서 [추가]를 탭하고, ❷ [이름]에 연도를 입력해 보세요. ❸ [적용]을 탭하면 왼쪽에 [2025] 그룹 탭이 나타납니다.

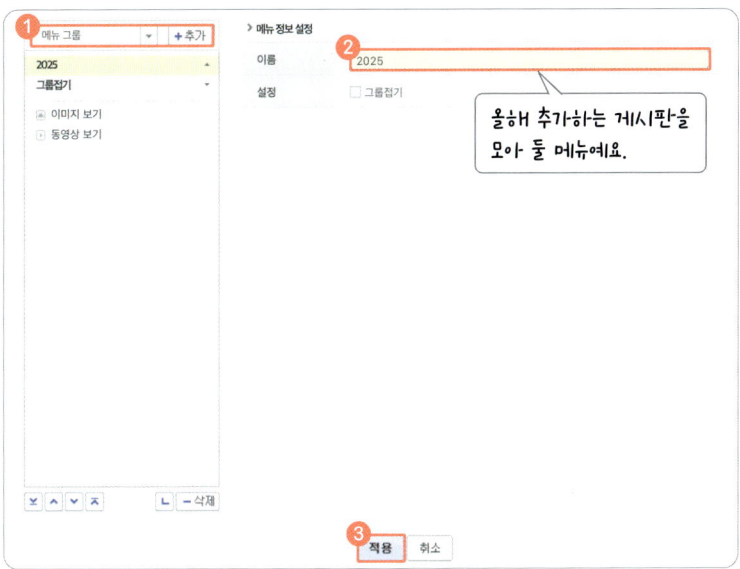

05 일기를 쓸 [일반 게시판]도 추가해 볼게요. ❶ [일반 게시판]을 선택한 다음 ❷ [추가]를 탭합니다. ❸ [이름]에 연도를 입력해 주세요. ❹ [적용]을 탭합니다.

06 이번엔 사진이 많은 여행 일기를 쓰거나, 필름 사진을 정리할 때 적합한 [앨범] 게시판을 선택해서 추가해 볼게요. ❶ [앨범]을 선택한 다음 ❷ [추가]를 탭합니다. ❸ 오른쪽의 [메뉴 정보 설정]에서 [이름]에 필름 모음을 입력해 주세요. ❹ [적용]을 탭합니다.

07 게시판을 생성하느라 조금 전 만들어 두었던 [2025] 메뉴 그룹이 아래로 밀려났네요. 밀려난 항목을 위로 올리고 싶을 땐, 하단의 [위로 ▲]를 탭해 순서를 변경해 주세요.

▶ 순서를 바꾸고 나면 꼭 [적용]을 탭해 저장하세요.

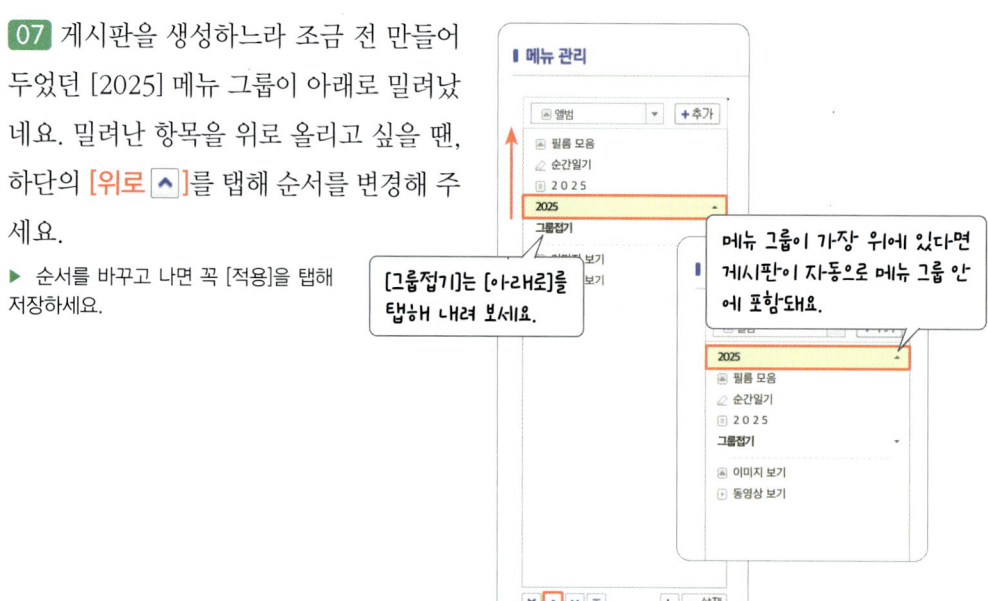

08 연도별로 [2026] 메뉴 그룹을 따로 만들고, 해당 연도의 날짜별 게시판에 일기를 작성해 보세요. 각 연도별로 여행, 음악, 영화 등 다양한 게시판을 추가하면 주제별로 추억을 모아 볼 수 있습니다.

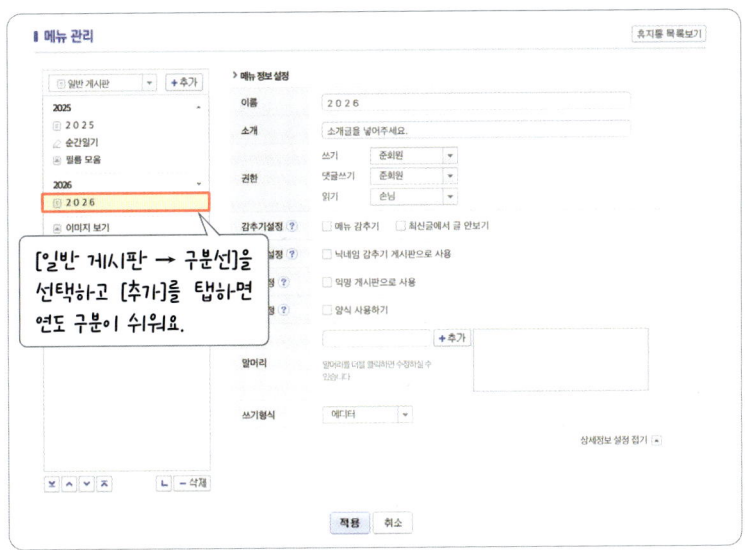

하면 된다!} 다음 카페에 글 작성하기

이제 카페 앱으로 돌아와 앞서 만든 2025년 카테고리에 글을 작성해 보겠습니다.

01 오른쪽의 ❶ [메뉴 ☰]를 탭하고 ❷ 카테고리를 선택합니다. ❸ 가운데에 나타나는 [글쓰기]를 탭합니다.

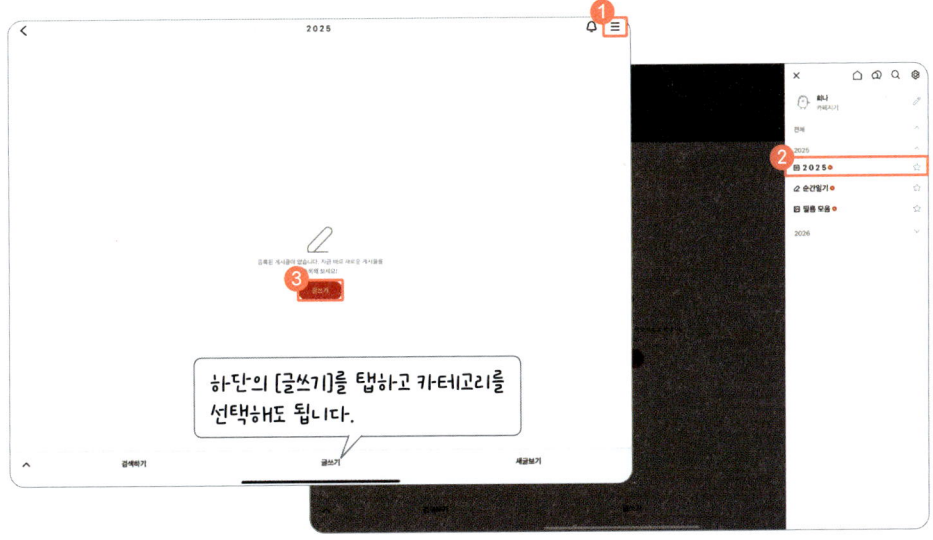

02 ❶ 제목을 입력하고 간단히 내용을 채웁니다. ❷ 입력한 내용을 두 번 탭해 선택한 채로 하단의 [글꼴 T]을 탭하면 글꼴을 바꿀 수 있습니다.

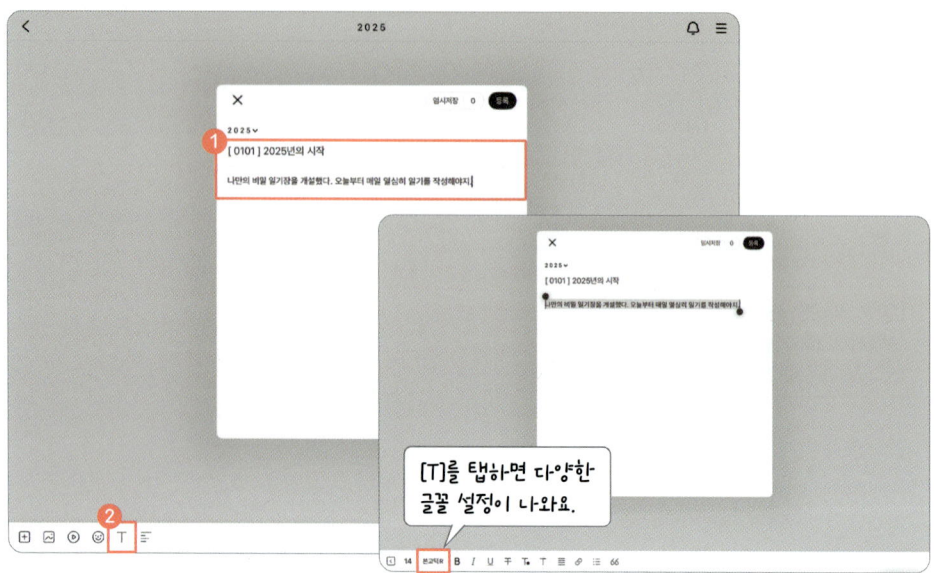

[T]를 탭하면 다양한 글꼴 설정이 나와요.

03 문단 정렬도 바꿔 봅시다. [정렬 ☰]을 탭하면 왼쪽 정렬, 가운데 정렬, 오른쪽 정렬 중에서 선택할 수 있습니다. 가운데 정렬로 바꿔 보세요.

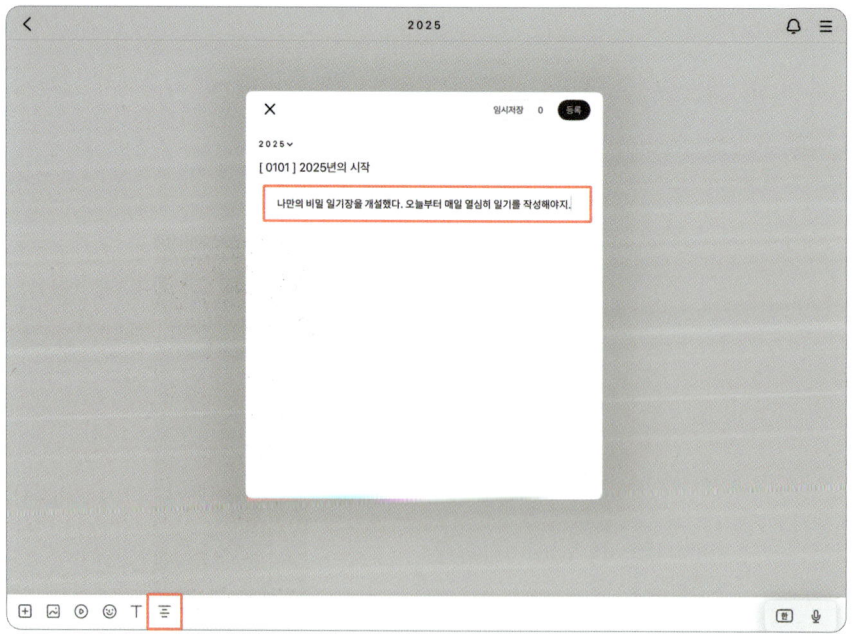

04 이제 사진도 불러와 보겠습니다. ❶ 하단의 [사진 🖼]을 탭하면 사진을 선택할 수 있는 창이 나타납니다. ❷ 사진을 선택한 뒤 ❸ [첨부]를 탭해 보세요.

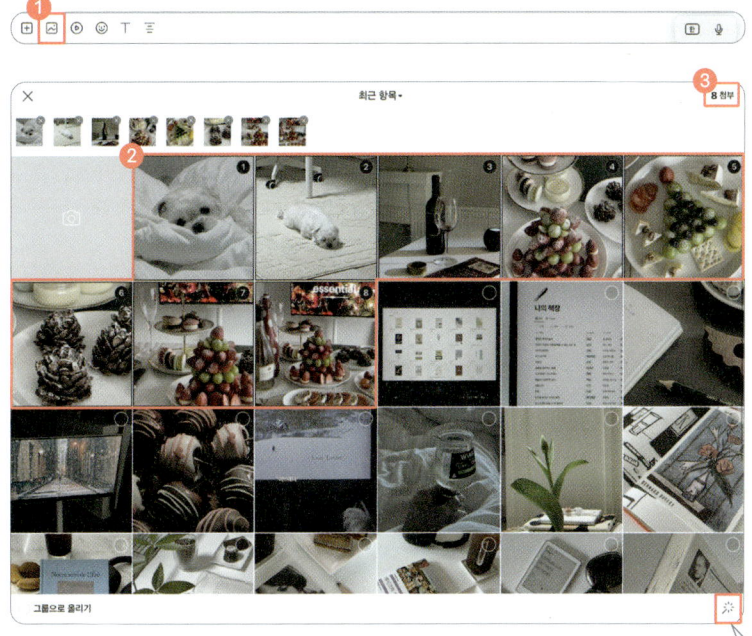

크기 조절, 효과 등 간단한 편집도 할 수 있어요.

05 작성하던 글에 사진이 첨부됐습니다. [등록]을 탭해 저장합니다.

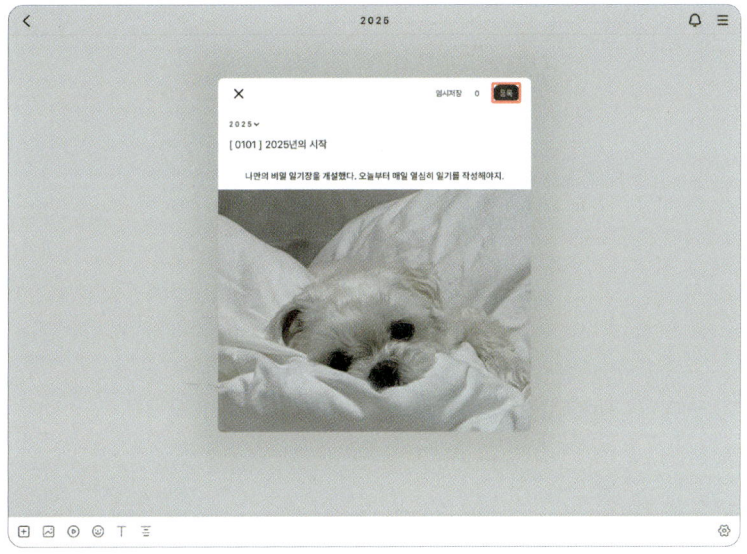

🖊️ 희나의 꿀팁 | 다음 카페 잠금 설정은 이렇게 해요!

카페를 비공개로 설정하는 것 이외에 앱 자체에도 비밀번호를 설정하고 싶다면 카페 앱 메인 화면에서 오른쪽 상단의 [설정 ⚙️]을 탭해 보세요. 다음으로 [잠금 설정]을 탭합니다.

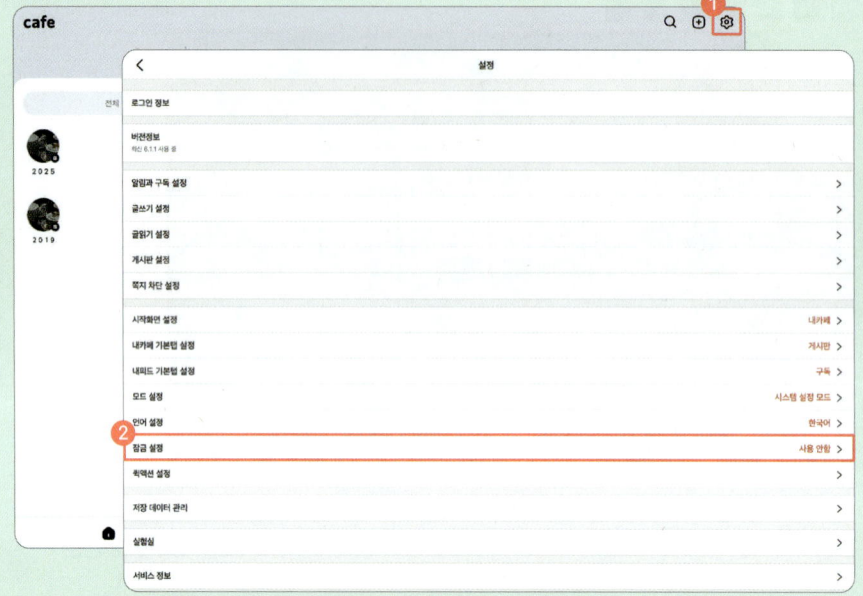

[암호 잠금] 오른쪽의 토글을 활성화한 후, [잠금 설정]을 탭해 원하는 비밀번호를 설정하세요. 이제부터 앱에 접속할 때 [암호 입력] 창이 나타납니다.

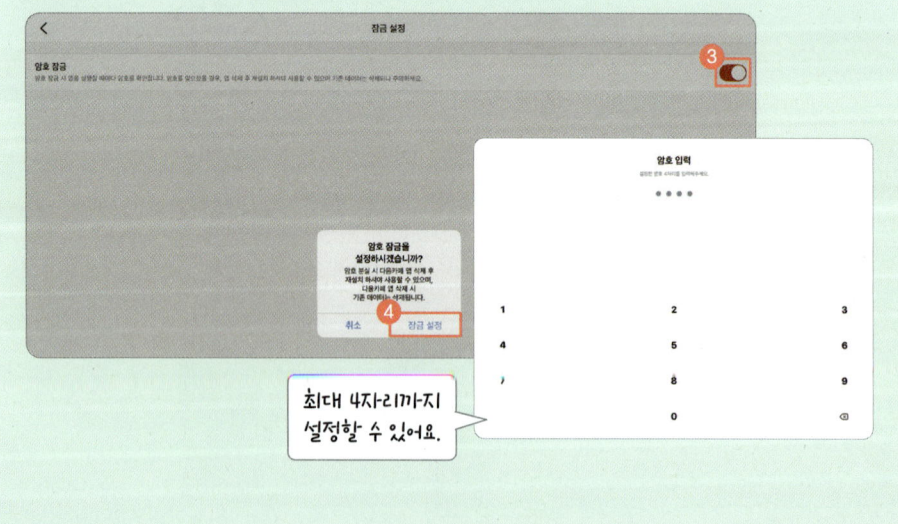

최대 4자리까지 설정할 수 있어요.

📌 일상과 순간을 담는 기록 앱, 인스타그램

인스타그램은 사진을 기반으로 한 대표 SNS 앱이에요. SNS를 많이 한다고 하면 부정적으로 보는 사람도 있지만, 잘 활용하면 오히려 기록을 통해 더 멋진 나로 성장할 수 있습니다. SNS에 업로드할 거리를 찾기 위해 무언가를 더욱 열심히 해서 성과를 낼 수도 있고, 매일 운동을 하러 가거나 자주 독서를 할 수도 있으니까요.

인스타그램 앱

저는 본계정 외에도 여러 개의 부계정을 가지고 있습니다. 본계정에는 일상을 올려 순간순간을 기록하고, 부계정인 전시 및 독서 계정에는 문화 생활을 기록하는데요. 관련된 기업이나 관심사가 같은 사람들을 팔로우하고 문화 생활을 기록하다 보면 대화가 잘 통하는 친구도 만날 수 있답니다. 글이 쌓이다 보면 작가가 되거나 다양한 기업과 협업하는 즐거운 일들도 생겨요.

특히 인스타그램은 게시글을 올리는 '피드'와 시간이 지나면 사라지는 '스토리'를 동시에 활용할 수 있다는 점이 장점인데요. 인스타그램의 스토리는 팔로워들에게 24시간 동안 노출되고, 그 이후에는 비공개로 전환되어 [보관된 스토리]에서 확인할 수 있어요. [설정 및 활동 ≡]을 탭하고 [보관]을 선택하면 그동안 올렸던 스토리가 모여 있습니다. 글 작성하기, 꾸미기 등 다양한 요소를 추가해서 스토리를 만들고 저장하면 나만의 사진 일기처럼 모아 둘 수 있답니다.

▶ 인스타그램은 아이패드의 화면 비율을 지원하지 않아 양옆의 빈 부분이 검게 보일 수 있어요.

문화 생활을 기록하는 부계정 피드

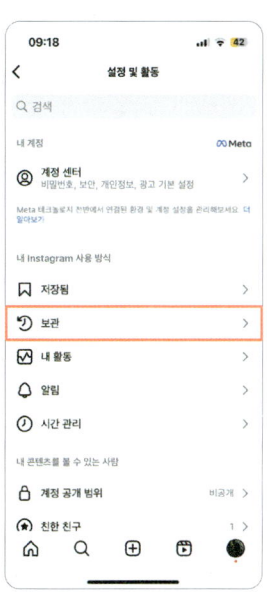

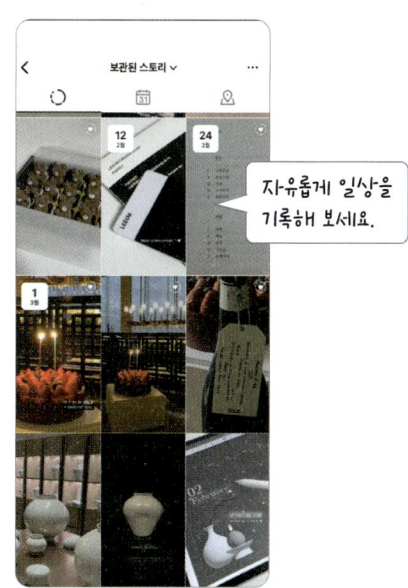

보관된 스토리

자유롭게 일상을 기록해 보세요.

📌 인스타그램 스토리로 하루 기록하기

인스타그램 스토리로 간단하지만 아름답게 사진을 꾸밀 수 있습니다. 정성스럽게 꾸민 인스타그램 스토리는 팔로워들이 나의 인스타그램을 보는 재미를 높여 주죠. 스토리 만들기 창을 열면 생각보다 많은 기능에 놀랄 텐데요. 사실 한 번 익혀 두면 두고두고 활용할 수 있습니다. 다음의 이미지를 함께 만들며 인스타그램 스토리의 기능들을 배워 볼게요. 어렵지 않으니 천천히 따라오세요!

 스토리를 꾸미는 다양한 방법

▶ 스토리를 꾸미는 건 다양한 방법이 있어요. 더 많은 예시를 보고 싶다면 오른쪽의 QR코드를 인식해 보세요!

갈색 글상자를 만들어 내용을 입력하고, 동그란 모양의 이미지를 하나 더 추가했어요.

인스타그램 스토리의 기능으로 꾸며 본 이미지

하면 된다!} 인스타그램 스토리 꾸미기

텍스트 상자를 꾸밈 요소로 사용해 인스타그램 스토리를 만들어 볼게요.

`01` [인스타그램 ⓘ] 앱을 실행하고 ❶ 하단의 [추가 ⊕]를 탭한 후 ❷ [스토리]를 선택합니다. ❸ 왼쪽의 [Aa]를 탭합니다.

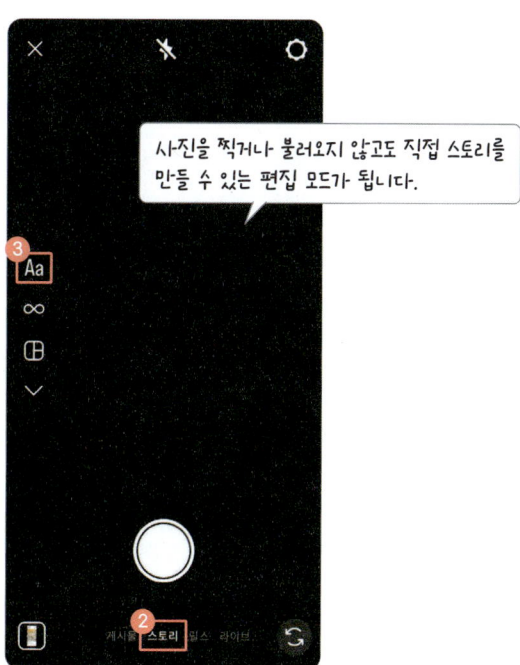

02 ❶ 상단의 [도구 ]를 탭하면 스토리에 추가할 수 있는 요소들이 나타납니다.
❷ [사진]을 탭합니다.

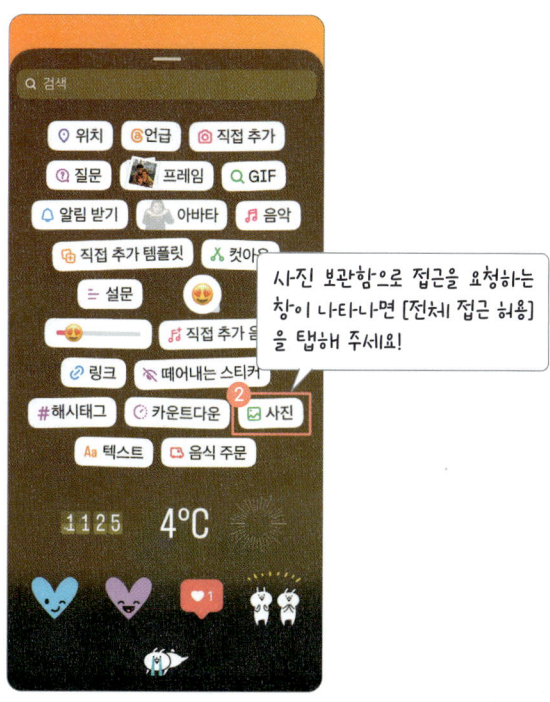

04 ★ 특별한 하루를 오래 기억하는 일기 작성법   **133**

03 배경으로 사용할 사진을 불러온 후, 두 손가락으로 사진을 잡고 바깥으로 벌려서 사진을 확대합니다.

가로와 세로에 나타나는 선은 수직·수평을 맞춰주는 선이에요.

04 갈색 글상자를 만들어 보겠습니다. ❶ [Aa]를 탭해 ❷ 온점(.)을 입력한 뒤 스페이스를 길게 쳐 주고 다시 온점을 입력합니다. 아래의 스타일 중 ❸ [Editor]를 선택합니다.

 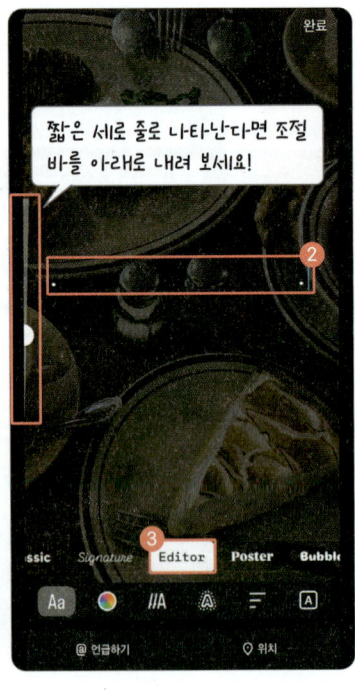

짧은 세로 줄로 나타난다면 조절 바를 아래로 내려 보세요!

05 ❶ A를 탭하면 온점을 둘러싼 글상자가 생깁니다. A를 한 번 더 탭해 글상자를 흰색으로 만들어 주세요. ❷ [색상 🎨] 아이콘을 선택합니다.

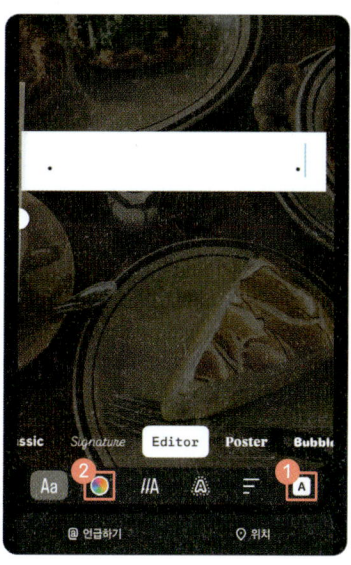

06 ❶ [스포이드 🖋]를 탭해 사진 속에서 색상을 추출해 주세요. ❷ 모두 수정했다면 [완료]를 탭합니다.

07 텍스트 상자를 두 손가락으로 잡고 회전하면서 늘리면 넓은 색상 상자를 만들 수 있습니다.

08 ❶ [도구 → 사진]을 탭하고 원하는 사진을 선택합니다. 점선 부분을 탭하면 원하는 모양으로 조각 이미지를 만들 수 있습니다. ❷ 위치를 잘 맞춘 뒤 [완료]를 탭해 저장합니다. ❸ [Aa]를 탭해 텍스트도 추가해 줍니다. ❹ ➡를 탭해 스토리를 발행합니다.

🖍 희나의 꿀팁 | 스토리 보관함을 다른 사람들에게도 보여주고 싶어요!

예쁘게 꾸민 스토리를 계속 공유하고 싶다면 나만의 공개 앨범을 만들어 보세요. [≡ → 보관]을 탭한 다음 [스토리 보관함]에서 스토리를 선택합니다. 하단의 [하이라이트]를 탭하면 프로필 아래에 올린 스토리들을 카테고리별로 모아 보여주는 하이라이트를 만들 수 있습니다. 연도별로 정리하거나, 카페 사진, 여행 사진, 반려동물 사진 등 원하는 카테고리로 정리해서 관리할 수 있어요.

원하는 스토리만 분류해 여러 개의 하이라이트를 만들 수도 있어요!

04장에선 내 일상을 조금 더 세밀하게 기록할 수 있도록 도와주는 여러 앱을 활용해 봤어요. 이제 내 삶을 어떻게 기록해야 할지 조금 감이 잡히지 않나요? 05장에선 독서, 여행, 자산관리에 딱 맞는 기록 앱을 배워 보겠습니다.

05

취미부터 자산 관리까지 완벽하게 돕는 3가지 앱

'기록'하면 일기 다음으로 떠오르는 것! 바로 독서 감상 정리, 여행 사진 스크랩, 가계부죠. 이번 장에서는 독서, 여행, 가계부 관리별 테마에 맞는 앱을 추천해 드릴게요. 이 3가지 앱 중 원하는 것만 사용해도 좋습니다. 분명 상상했던 느낌의 기록을 완성할 수 있을 거예요!

⭐ 05-1 내 손 안의 책장에 독서 기록하기 — 노션
⭐ 05-2 여행 스크랩북 만들기 — 페이퍼
⭐ 05-3 자산, 주식을 관리하는 가계부 정리하기 — 넘버스

05-1
내 손 안의 책장에 독서 기록하기
― 노션

📌 관리·협업 최강자, 노션

노션은 메모, 노트, 스크랩, 프로젝트 관리, 데이터베이스 관리, 공개 웹 사이트 기능이 통합된 도구입니다. 일정이나 습관 관리, 메모, 강의 및 업무 노트, 심지어 웹 포트폴리오까지 만들 수 있어요. 혼자서도 사용할 수 있고 여러 명과 공유해서 협업도 할 수 있어 업무용으로도 많이 쓰입니다. 또한 나만의 템플릿을 만들어 사용할 수도 있고, 다른 사람들이 제작한 템플릿을 불러와 사용할 수도 있답니다.

노션 앱

▶ 이 책에서 노션 가입 방법은 따로 다루지 않습니다. 04-1절에서 사용했던 구글 아이디를 이용해 가입해 보세요.

저는 노션을 독서 노트를 만드는 데 사용하고 있습니다. 노션을 이용하면 내가 사용할 옵션, 원하는 옵션을 직접 설정해서 자유롭게 독서 기록장을 만들 수 있습니다. 표로 읽은 양을 확인하고, 달력 모드로 독서 일정을 확인할 수 있게 정리하면 좋아요. 갤러리에 읽은 책의 표지를 모아 놓으면 나중에 찾아보기에도 편리하고, 나의 생각 혹은 문장을 한 줄씩 모아볼 수도 있습니다.

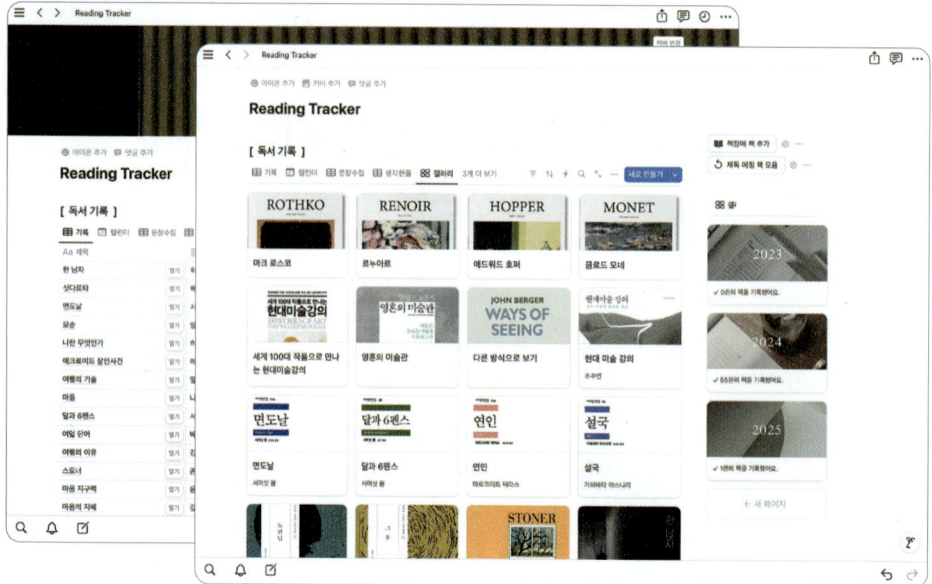

직접 만든 독서 노트 템플릿

처음부터 템플릿을 만들어 사용하기는 어려우니, 우선 제가 만든 템플릿에 내용을 입력하고 수정하는 것부터 함께 해보세요.

하면 된다!} 독서 노트 템플릿 저장하기

01 노션 로그인하기

독서 노트 템플릿을 저장하려면 먼저 노션 아이디가 있어야 해요. 앱스토어 에 접속하고 [노션] 앱을 아이패드에 설치해 주세요. 앱을 열고 [Google 계정으로 계속하기]를 탭해 아이디를 만듭니다.

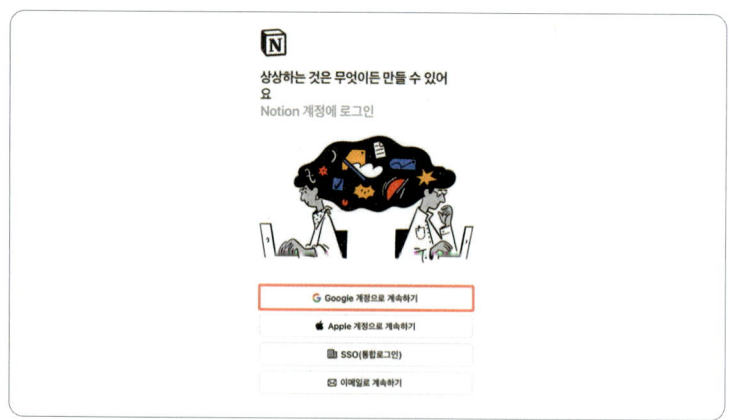

140 된다! 하루 5분 아이패드 기록 생활

02 템플릿 복제하기

로그인을 마치면 오른쪽의 QR코드를 스캔해 독서 노트 템플릿 링크로 들어갑니다. 이 링크는 제 노션 화면을 보여주는 것이어서 템플릿을 수정해 사용하려면 자신의 노션으로 가져가야 해요. 화면의 오른쪽 상단에 있는 [☰ → 복제]를 탭합니다.

▶ 노션 템플릿 복제하기

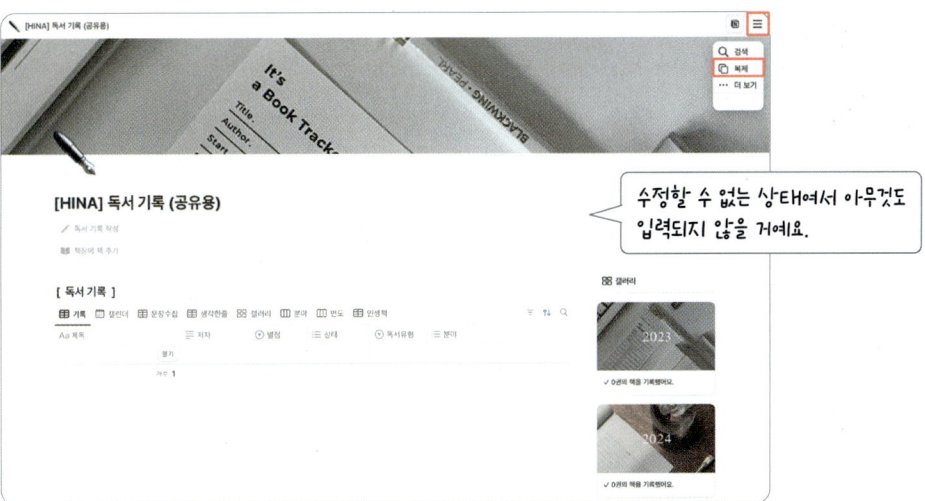

수정할 수 없는 상태여서 아무것도 입력되지 않을 거예요.

03 노션에 페이지가 복제됐습니다. 이제 마음대로 내용을 입력하고 수정할 수 있어요.

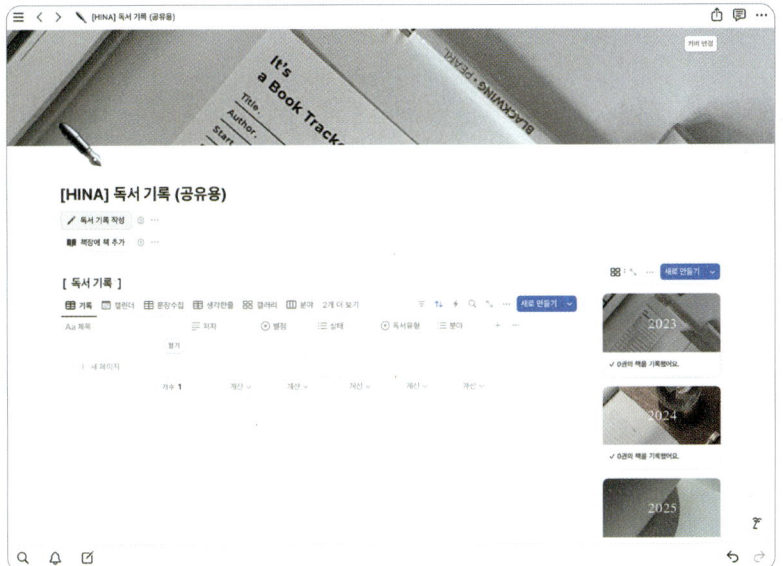

04 템플릿 수정하기

아이콘과 제목을 바꿔 볼게요. 먼저 ① 만년필 아이콘을 탭합니다. ② [페이지 아이콘] 창이 나타나면 아래의 전구 모양 💡 아이콘을 선택합니다. ③ 마음에 드는 책 아이콘을 탭합니다.

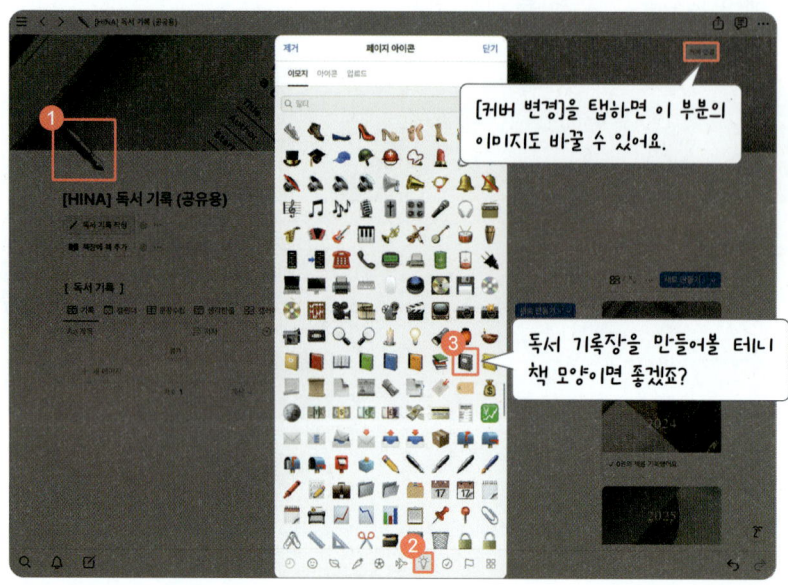

05 아이콘이 바뀌었습니다. 다음으로 제목 부분을 탭해 제목의 (공유용) 글자를 지워 봅시다. 아무 곳이나 탭하면 수정이 반영됩니다.

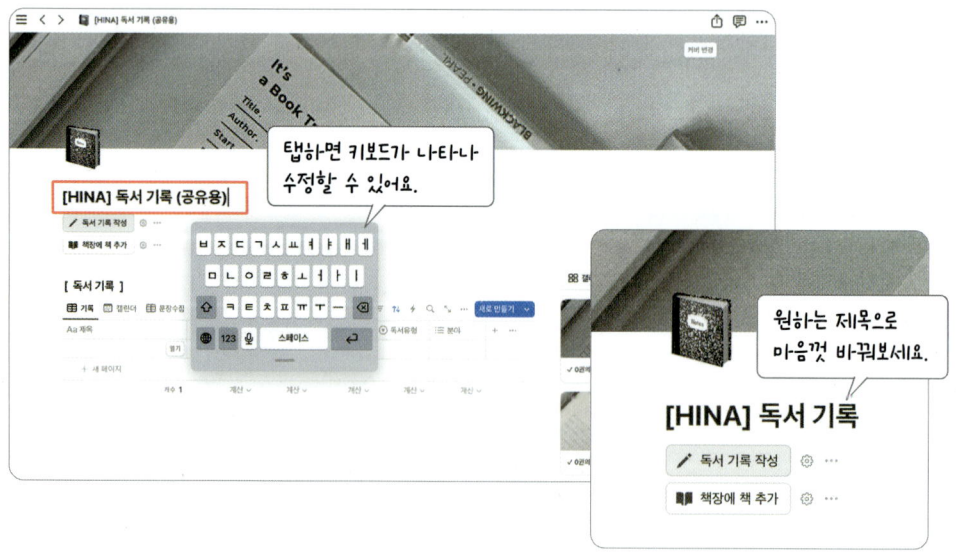

하면 된다!} 책장에 책 추가하기

독서 노트를 작성하기 전 먼저 책장에 내가 가진 책들을 차곡차곡 채워 볼게요.

▶ 노션 템플릿 수정하기

01 ❶ 상단의 [책장에 책 추가]를 탭합니다.

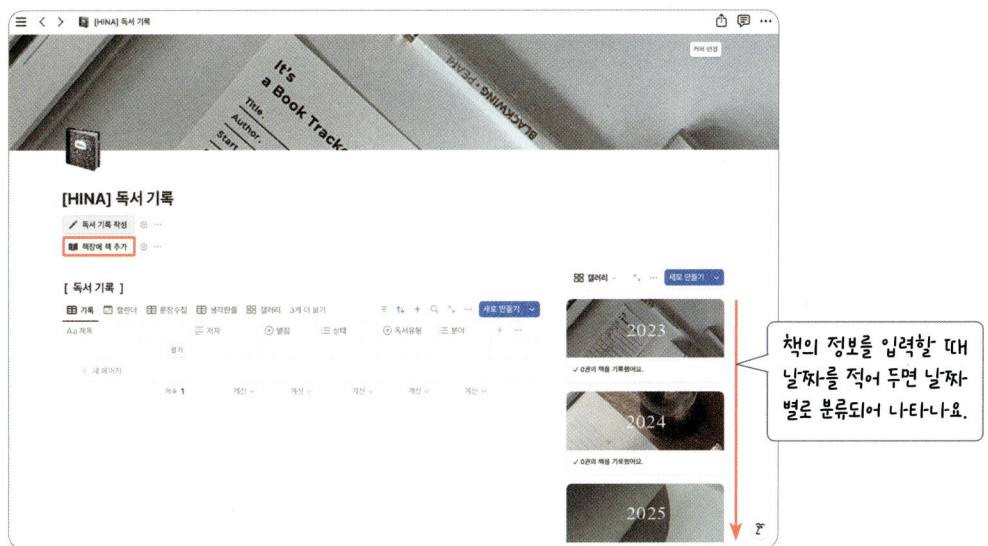

책의 정보를 입력할 때 날짜를 적어 두면 날짜 별로 분류되어 나타나요.

02 책의 정보를 입력할 수 있는 창이 나타납니다. 다음의 이미지처럼 내용을 채워 주세요.

❶ **분야/독서유형**: 탭하면 옵션을 고를 수 있어요.

❷ **상태**: 구입책장 표에 나타나게 하고 싶다면 [소장]을, 구입예정 표에 나타나게 하고 싶다면 [구입 전] 옵션을 추가하세요.

❸ **진행상황**: [progress]에는 아래 입력한 내용에 따라 상태 바가 자동으로 채워져요.

❹ **전체 페이지/읽은 페이지**: [total page]에는 전체 페이지를, [page read]에는 지금까지 읽은 페이지를 입력해 보세요.

03 ❶ [뒤로 가기 <]를 탭합니다. ❷ [나의 책장] 아래의 표에 입력한 내용이 나타납니다. [열기]를 탭하면 언제든 다시 수정할 수 있습니다.

하면 된다!} 서점 웹 사이트에서 책 표지 이미지 노션에 불러오기

교보문고 웹 사이트에 접속하면 표지 이미지도 간단히 불러올 수 있습니다.

01 먼저 노션 페이지를 연 뒤 상단의 […]를 탭하고 [Split View]를 선택합니다.

02 화면이 둘로 나누어지고 노션 페이지가 한쪽으로 밀려나면 ① 앱 보관함에서 [사파리 🧭] 앱을 탭합니다. ② 교보문고 웹 사이트(kyobobook.co.kr)를 엽니다.

03 ① 오른쪽의 교보문고 웹 사이트에서 원하는 책을 선택하고, ② 노션 템플릿의 독서 기록과 책장 페이지에서 [cover] 오른쪽의 [비어 있음]을 선택합니다.

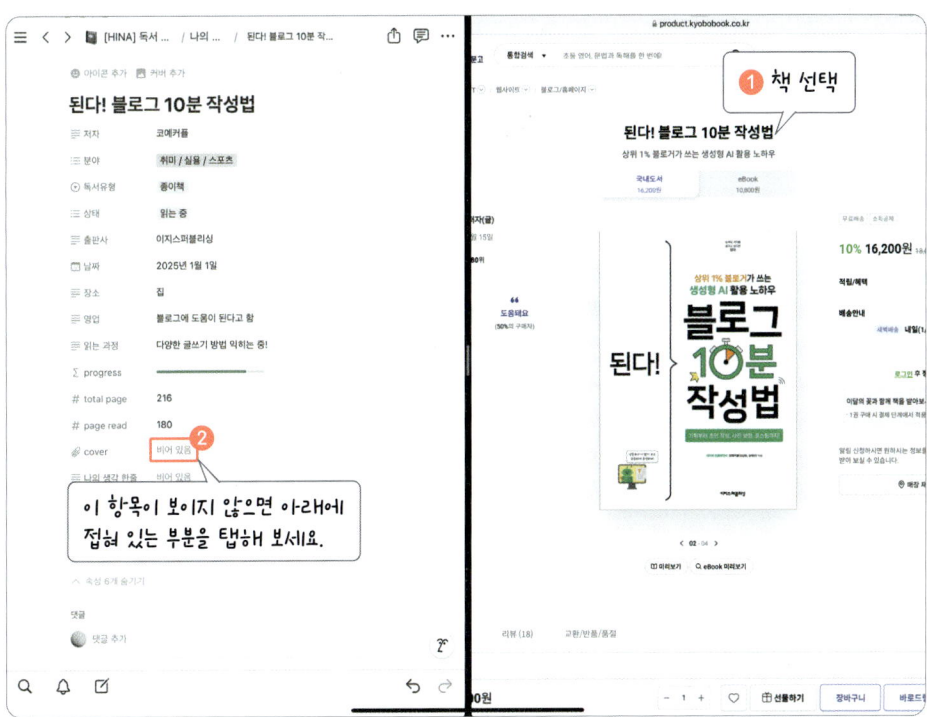

04 교보문고 웹 사이트에서 ❶ 책의 표지 부분을 길게 탭한 뒤 [복사하기]를 선택합니다. ❷ [링크 임베드]를 탭하고 ❸ 아래의 빈칸에 복사한 이미지의 링크를 붙여넣어 줍니다. ❹ [링크]를 탭하면 이미지로 불러와집니다.

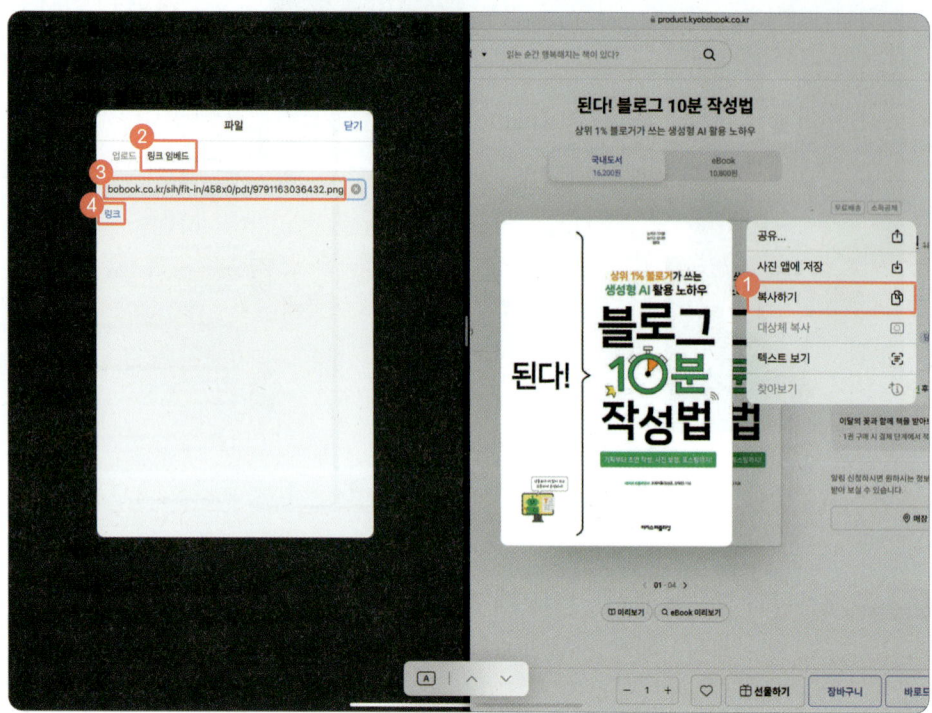

▶ 교보문고 이외의 온라인 서점에서는 표지 복사가 잘 되지 않을 수도 있어요.

05 [나의 책장]에서 [갤러리]를 탭해 보세요. 방금 추가한 표지들을 모아볼 수 있어요.

희나의 꿀팁 | 스플릿 뷰와 슬라이드 오버

아이패드에서는 한 화면에 앱 2개를 띄워 놓고 작업할 수 있는데, 그 방법이 바로 스플릿 뷰(Split View)와 슬라이드 오버(Slide Over)입니다. 스플릿 뷰는 왼쪽과 오른쪽 화면을 오가며 동시 작업할 때 유용하고, 슬라이드 오버는 작은 창을 잠시 접어 둘 수 있어 메신저 앱을 사용할 때 편리해요. 굿노트, 사파리 등 특정 앱은 같은 앱을 스플릿 뷰나 슬라이드 오버로 동시에 실행할 수도 있습니다. 화면 상단에서 ••• 를 탭해 스플릿 뷰와 슬라이드 오버를 활용해 보세요.

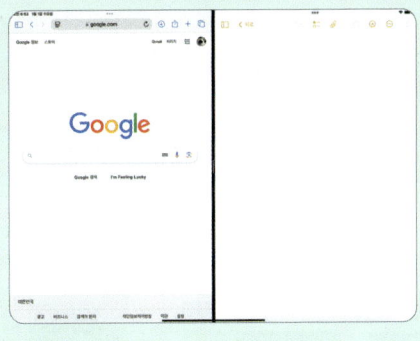

스플릿 뷰

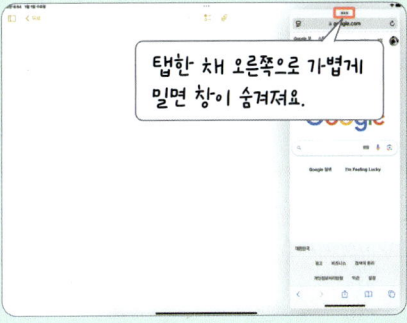

탭한 채 오른쪽으로 가볍게 밀면 창이 숨겨져요.

슬라이드 오버

스플릿 뷰와 슬라이드 오버를 실행하는 또 다른 방법

앱을 실행한 상태에서 아이패드의 하단 부분을 쓸어 올리면 독이 나타나는데, 이 독에서 앱을 길게 탭하고 화면 오른쪽 또는 왼쪽 가장자리로 드래그하면 스플릿 뷰를 사용할 수 있습니다. 또, 앱을 길게 탭하고 빠르게 위로 쓸어 올리면 슬라이드 오버를 실행할 수 있습니다.

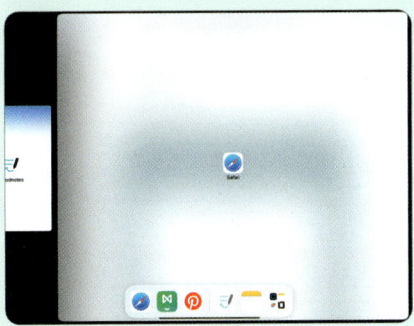

스플릿 뷰

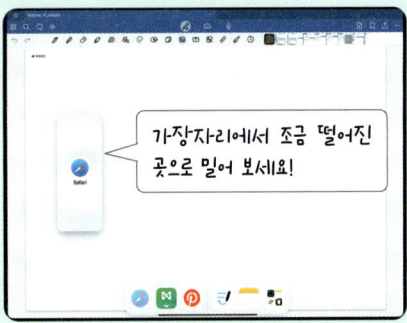

가장자리에서 조금 떨어진 곳으로 밀어 보세요!

슬라이드 오버

하면 된다!} 독서 기록 작성하기

이제 독서 기록을 작성해 봅시다. 앞서 내가 무슨 책을 가지고 있는지 살펴보는 용도로 책장을 채웠다면, 독서 기록은 본격적인 독후감을 작성해 보는 거라고 생각하면 됩니다.

01 제가 제공한 템플릿에서 독서 기록을 만드는 방식은 2가지예요. 우선 기존에 작업했던 책장의 데이터를 끌어와 기록을 해 볼게요. ❶ [나의 책장]에 저장된 책 제목을 길게 탭한 후 ❷ [독서 기록]으로 드래그해 주세요.

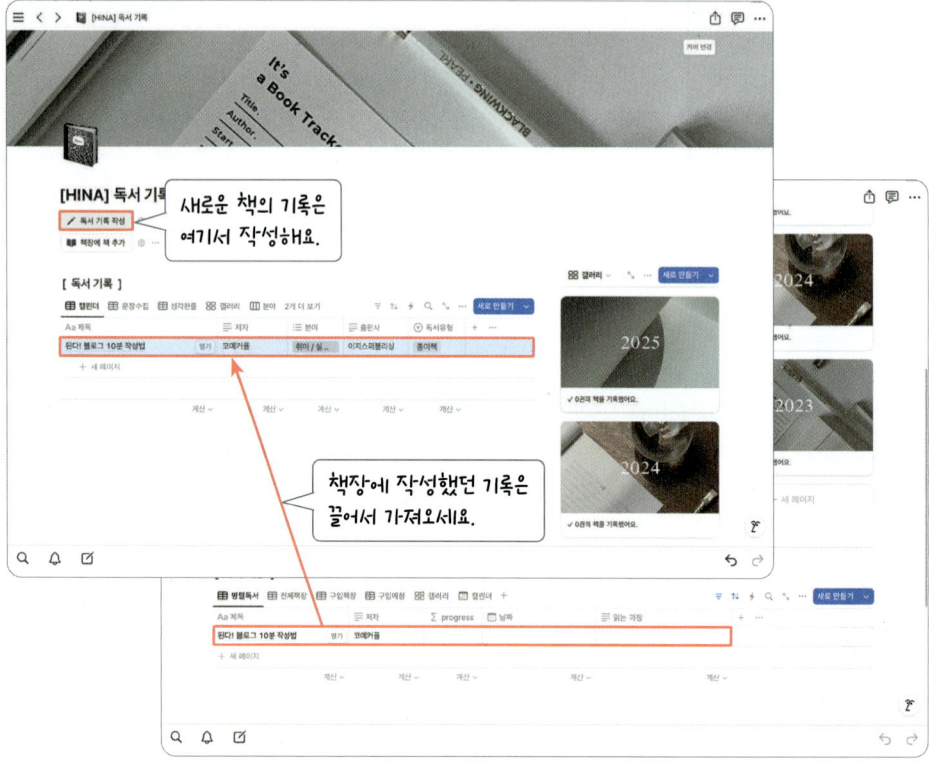

02 책장에서 가져온 책이라면 기존에 입력했던 내용 사이에 완독 후 채울 수 있는 옵션들이 새로 생깁니다.

03 ❶ [별점] 오른쪽의 [비어 있음]을 탭해 별점을 매기고, ❷ [연도]를 탭한 다음 해당 책을 읽은 연도 옆의 [+]를 눌러 주세요. ❸ [이 책의 한 줄]에는 책에서 가장 좋았던 문장을 한 줄로 적어 봅니다. ❹ [나의 생각 한줄]에는 이 책에 대한 나의 생각을 한 문장으로 정리하면 됩니다.

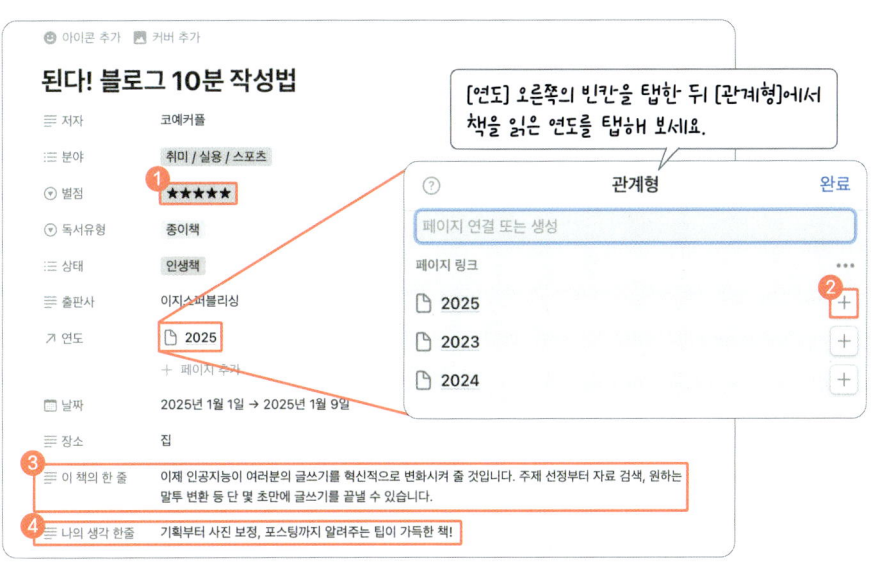

04 ❶ [날짜] 탭을 선택하고 ❷ [종료일] 오른쪽의 토글을 활성화합니다. ❸ 읽기 시작한 날짜와 완독 날짜를 클릭하면, 날짜가 막대 형식으로 나타납니다. ❹ [완료]를 탭해 저장합니다.

05 ❶ [뒤로 가기 <]를 탭합니다. ❷ [독서 기록] 표에 입력한 내용이 나타납니다. ❸ [열기]를 탭하면 독서 기록을 언제든 다시 수정할 수 있습니다.

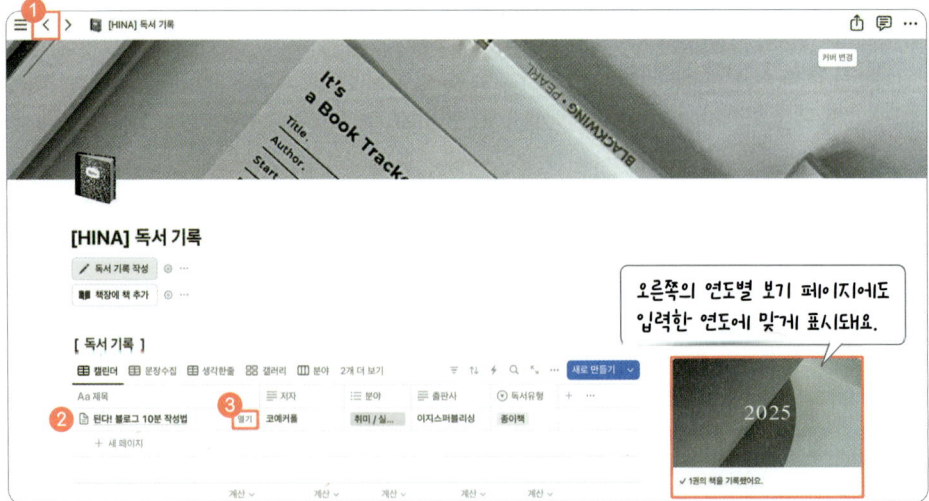

06 [캘린더]를 탭하면 내가 책을 읽은 날을 한 눈에 확인할 수 있어요.

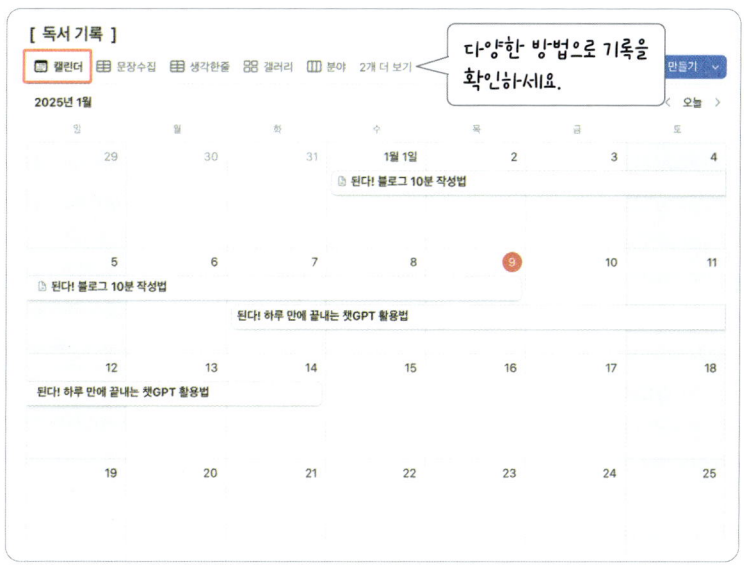

하면 된다!} 독서 노트를 함께 쓸 친구 초대하기

노션의 '공유' 기능을 활용하면 친구와 함께 독서 기록을 남기고 댓글도 달 수 있습니다.

01 ❶ 공유하고 싶은 페이지에서 오른쪽 상단의 [공유 ⬆]를 탭하세요. ❷ [이메일이나 사용자 추가]에 친구의 노션 아이디(이메일 주소)를 입력한 후, ❸ [사용자 권한 수준]을 [전체 허용]으로 설정합니다. ❹ [초대]를 탭합니다.

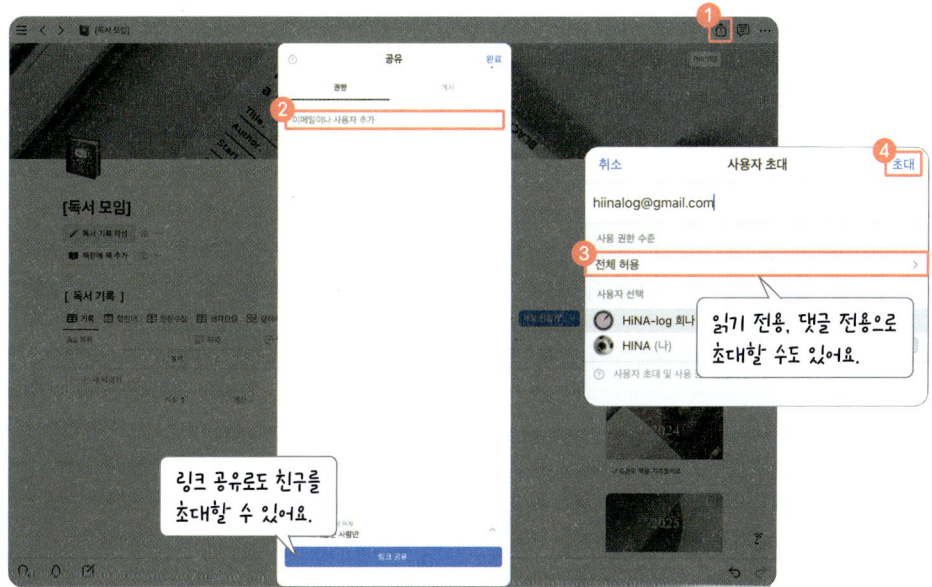

02 친구에게는 팝업 알림이 뜹니다. 알림을 받지 못했다면 노션 앱의 [수신함]에서 초대를 확인할 수 있습니다.

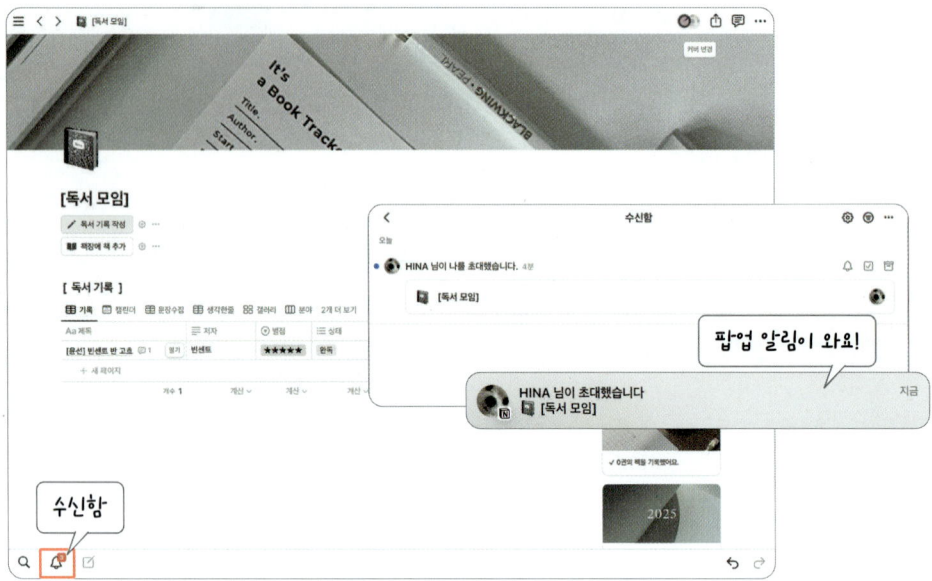

03 독서 노트를 함께 사용하며 글을 작성하고, 댓글을 달아 보세요.

04 본문에서도 특정 문장을 지정한 후 [댓글]을 탭하면 댓글을 남길 수 있습니다.

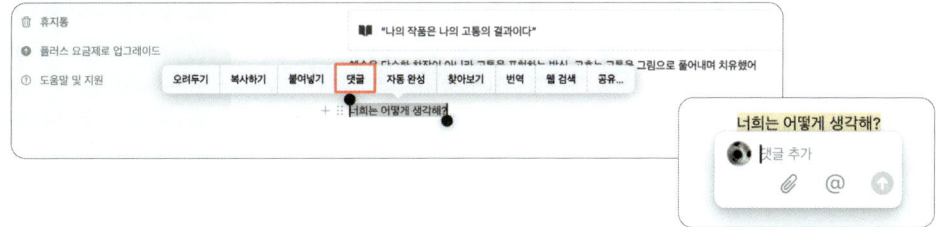

희나의 꿀팁 | 영화/책을 기록하는 또 다른 앱, 왓챠피디아

가끔 이 영화나 책을 봤는지 가물가물할 때가 있죠. 길게 평가를 남기고 싶지는 않지만, 어떤 작품을 봤는지 정도는 기록하고 싶은 분들에게 **왓챠피디아**를 추천합니다. 영화나 책에 별점을 남기면 취향을 분석해서 나에게 맞는 작품들을 추천해 준답니다. [컬렉션] 기능으로 본 영화나 책의 목록을 만들 수 있어 나중에 찾아보는 재미도 있습니다.

왓챠피디아 앱

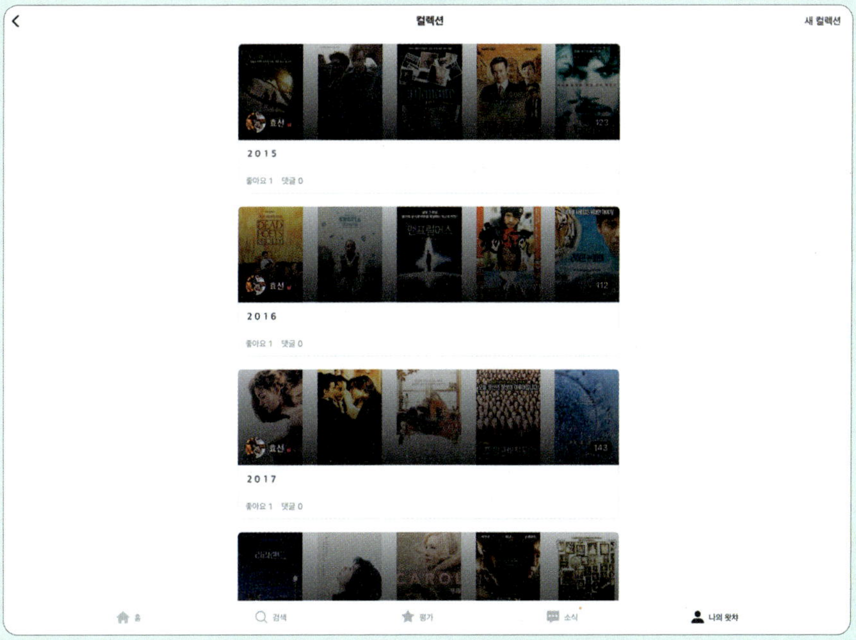

[컬렉션] 기능으로 정리한 연도별 시청 영화 목록

05-2
여행 스크랩북 만들기
— 페이퍼

📌 자유롭게 만드는 나만의 스크랩북, 페이퍼(Paper)

페이퍼는 마치 종이 위에 필기를 한 후 종이 노트를 한 장씩 넘기는 듯한 느낌을 주는 노트 앱입니다. 노트 필기, 스케치 등 다양한 작업을 할 수 있어 많은 사람이 이용한답니다.

페이퍼 앱

저는 주로 스크랩북을 만들 때 페이퍼 앱을 사용하고 있어요. 여행 사진을 모아 '여행 스크랩북'으로, 옷 사진을 모아 '코디북'으로, 미술 전시회에서 찍어 온 사진과 티켓을 모아 '전시 스크랩북'으로 만들어 보관하고 있답니다.

저자의 페이퍼 스크랩북

하면 된다!} 여행 스크랩북 만들기

스크랩북 만들기

01 스크랩북에 넣을 티켓, 표, 팜플렛 등을 카메라로 찍고 아이패드 [사진] 앱의 [자르기]를 이용해 반듯하게 잘라줍니다.

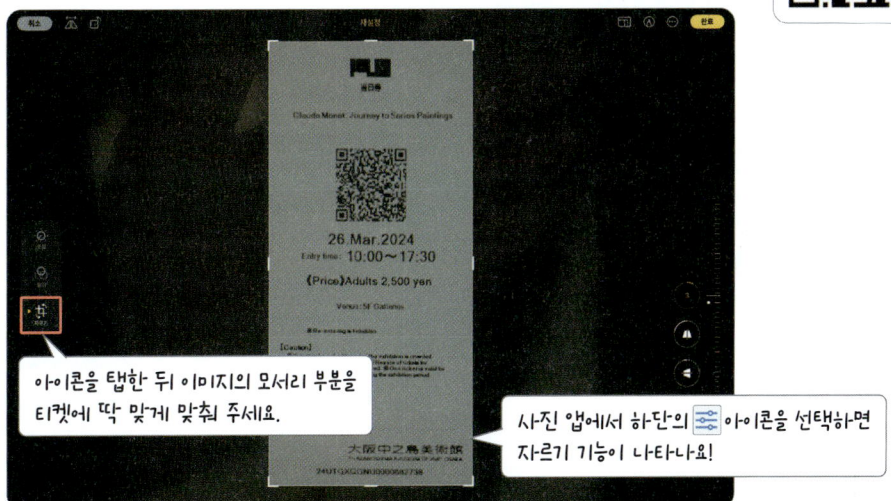

아이콘을 탭한 뒤 이미지의 모서리 부분을 티켓에 딱 맞게 맞춰 주세요.

사진 앱에서 하단의 아이콘을 선택하면 자르기 기능이 나타나요!

02 여행지에서의 음식, 물체, 기념품 등은 ❶ 갤러리에서 물체를 길게 탭해 배경을 잘라낸 후 ❷ [공유 → 이미지 저장]을 선택해 갤러리에 저장하세요.

❶ 물체 길게 탭

물체를 길게 탭하기만 해도 아이패드에서 자동으로 물체 이외의 배경을 잘라 줘요!

03 [페이퍼] 앱을 실행한 후 노트 아래의 ⊕를 탭해 새로운 노트를 추가합니다. 노트를 한 번 탭하면 노트 속의 페이지를 살펴볼 수 있고, 페이지를 탭하면 각 페이지의 편집 창이 나타납니다.

04 [이미지 → 사진]을 탭해서 앞의 단계에서 준비한 사진을 불러옵니다. 한 손가락으로 이미지를 탭하면 이동할 수 있고, 두 손가락을 펼치거나 오므려 이미지의 크기를 조절할 수 있습니다.

▶ 유료 결제를 하지 않으면 한 페이지에 하나의 사진만 추가할 수 있어요.

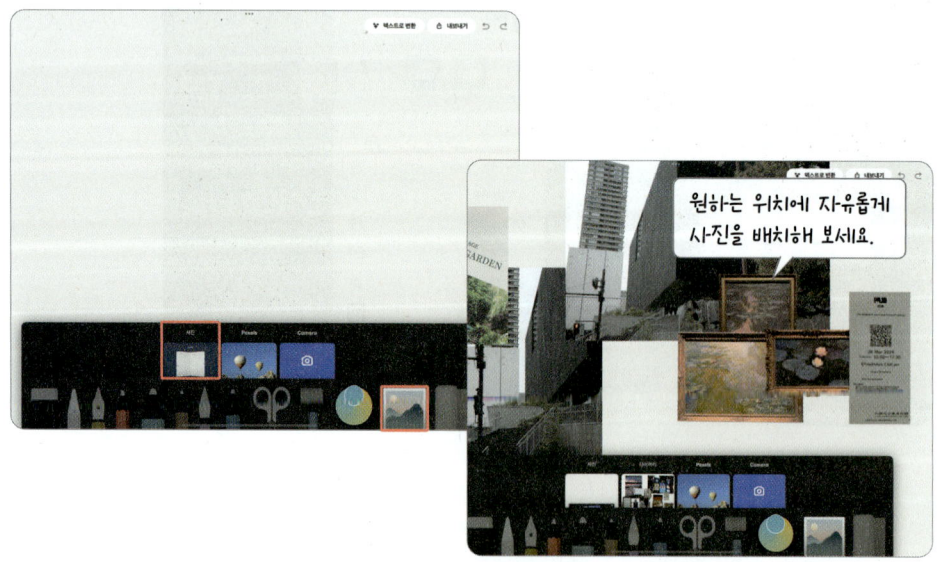

05 다양한 모양의 펜을 활용해 여행에 관한 감상을 입력하고, 스크랩북을 꾸며 보세요.

06 페이지를 넘겨 다양한 주제로 스크랩북을 만들어 보세요.

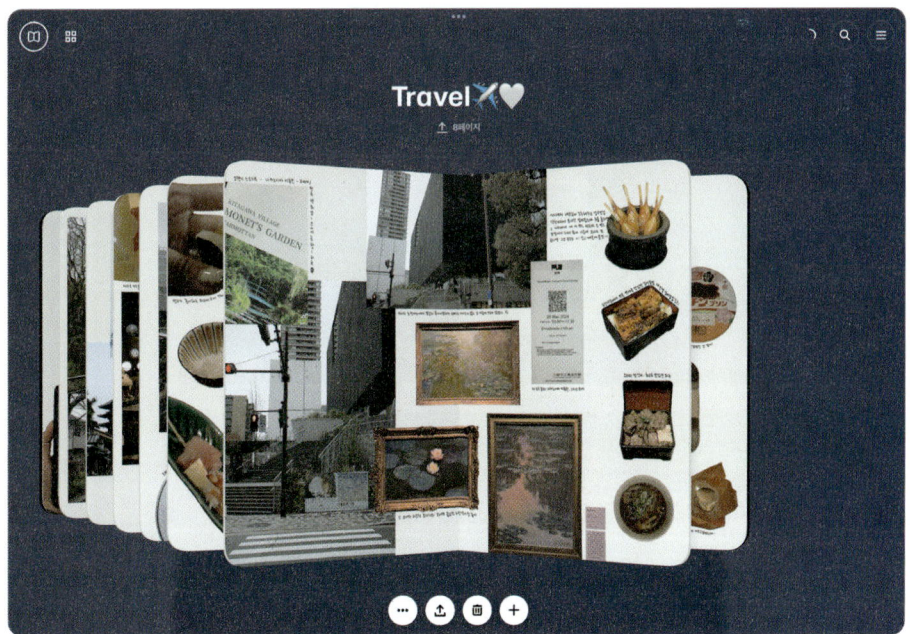

하면 된다!} 스크랩북의 이름과 표지 수정하기

01 스크랩북의 이름 수정하기

다음과 같이 스크랩북이 닫혀 있는 상태에서 스크랩북의 이름 부분을 탭하면 이름을 수정할 수 있습니다. 이름을 수정한 다음에는 바깥의 빈 부분을 탭해 저장합니다.

02 스크랩북의 표지 수정하기

다음으로 표지도 수정해 봅시다. 유료 요금제를 사용하지 않는다면 커버 이미지만 변경할 수 있어요. [커버 이미지]를 탭해 보겠습니다.

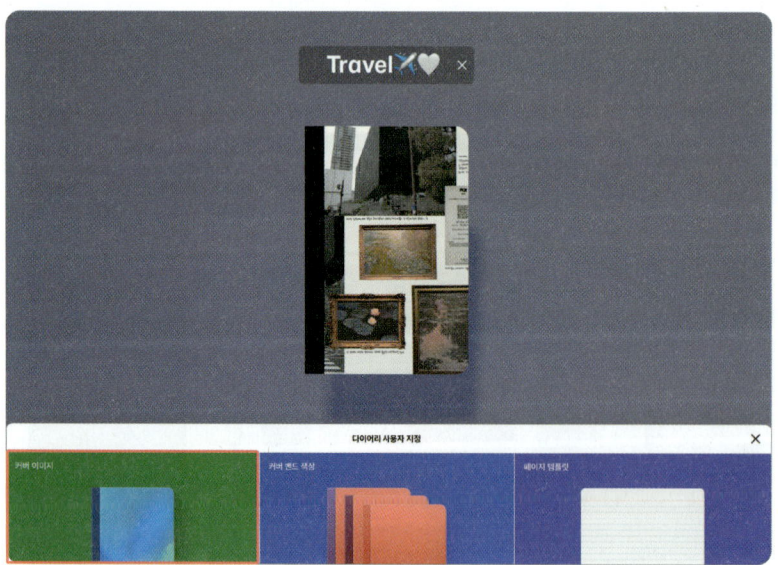

03 [커버 이미지]를 탭하면 다양한 기본 커버를 사용할 수 있고, [사용자 지정]을 탭하면 갤러리에서 이미지를 가져오거나 내가 꾸며 놓은 페이지를 커버 이미지로 설정할 수 있습니다.

04 표지 이미지 수정이 끝났다면 바깥의 빈 부분을 탭해 저장합니다.

05-3
자산, 주식을 관리하는 가계부 정리하기
— 넘버스

📌 아이패드의 스프레드시트, 넘버스

가계부 앱은 계산할 때 편리하지만 필요 없는 기능이 많아 관리하기 어렵고, 수기 가계부는 손으로 직접 작성하고 자신이 어떤 지출을 했는지 정확히 파악할 수 있지만 다양한 자산을 관리하기엔 불편하죠. 저는 넘버스를 이용해 수기 가계부와 앱 가계부의 장점만 살린 가계부를 만들어서 사용하는데요. 직접 만든 가계부에서는 이런 단점을 찾아볼 수 없답니다. 넘버스는 iOS 환경에서 사용하는 스프레드시트 앱입니다. 빈 페이지 위에 셀을 추가해 꾸밀 수 있어서 활용도가 높습니다. 내가 어디에 비용을 지출했는지 적어 두면 나중에 일상을 정리할 때에도 도움이 되어서 추천해요.

넘버스 앱

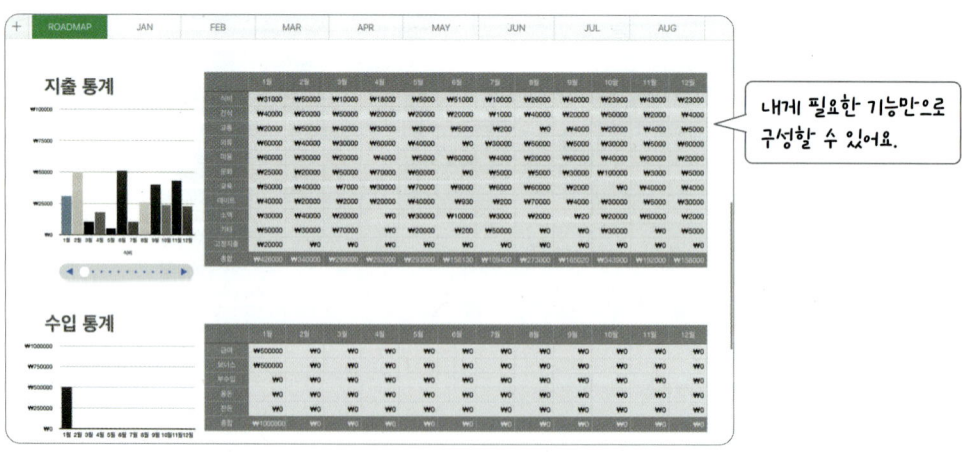

내게 필요한 기능만으로 구성할 수 있어요.

넘버스로 만든 가계부

하면 된다!} 가계부 파일 내려받고 실행하기

가계부 템플릿 내려받기

가계부를 직접 만들어도 되지만, 하나씩 만들려고 하면 막막할 거예요. 그래서 제가 만든 가계부를 공유합니다. 적당히 수정해서 활용하면 됩니다. 먼저 가계부 파일을 내려받아 보겠습니다.

01 파일 내려받기

먼저 ① [카메라 📷] 앱으로 오른쪽의 QR코드를 스캔합니다. ② 하단에 나타난 [blog.naver.com]을 탭합니다.

02 사파리 앱이 켜지며 파일을 내려받을 수 있는 블로그 주소로 이동합니다. 스크롤을 내려 ① [다운로드 ⬇]를 탭하고 ② [내 컴퓨터 저장]을 선택합니다.

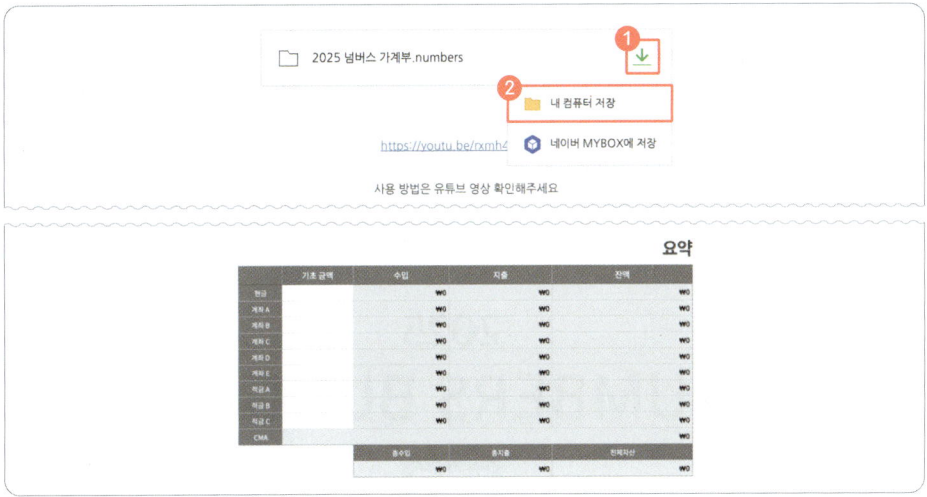

03 내려받을지 묻는 창이 나타나면 [다운로드]를 탭합니다.

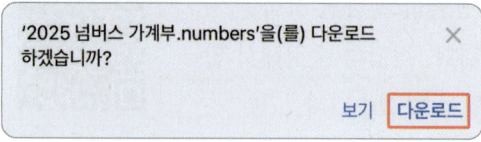

04 파일 불러오기

상단의 [다운로드 ⬇]를 탭하고 [다운로드 항목]의 넘버스 가계부를 선택해 파일을 불러옵니다. 하단의 바를 아래로 살짝 밀어 홈 화면으로 돌아간 뒤, 앱 보관함에서 [넘버스 📊] 앱을 찾아 탭합니다. [최근 항목]에 나타난 [2025 넘버스 가계부] 파일을 선택합니다.

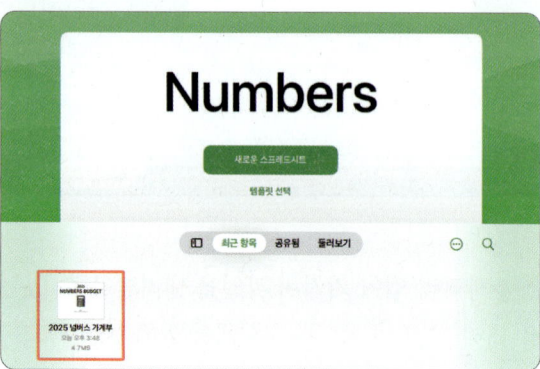

05 오른쪽 상단의 [편집]을 탭하면 양식을 수정할 준비가 끝납니다.

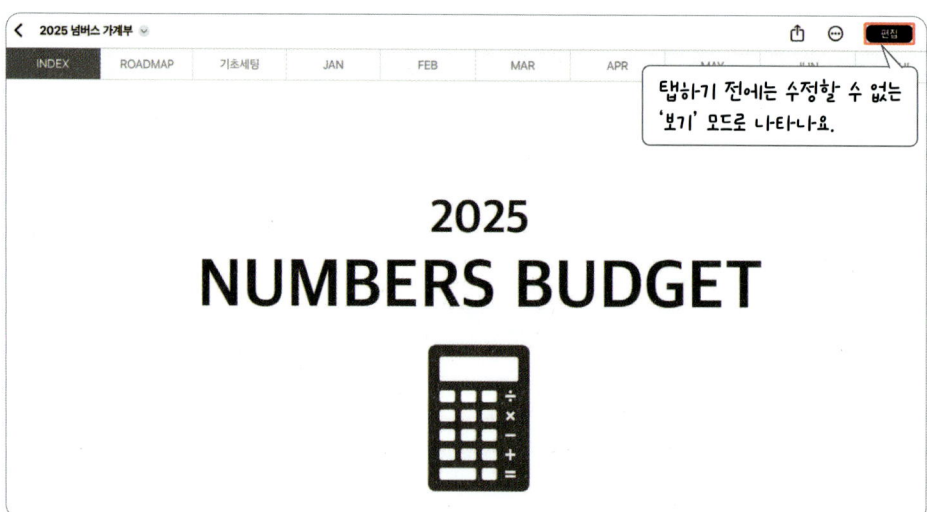

탭하기 전에는 수정할 수 없는 '보기' 모드로 나타나요.

하면 된다! } 나만의 가계부로 만드는 기초 설정하기

▶ 넘버스 기초 설정하기

넘버스 가계부를 사용하기 전에 수입과 계좌 등의 정보를 개인에 맞게 입력하는 기초 설정을 해야 합니다. 각 달의 시트에 내용을 직접 적용해야 하는 만큼 처음에는 조금 번거로울 수 있지만, 한 번만 설정해 두면 1년 내내 간단히 사용할 수 있어요. 혹시 작업이 어렵게 느껴진다면, QR코드를 통해 영상을 참고하며 천천히 따라 해보세요!

01 카테고리 기초 설정하기

[기초세팅] 시트를 선택합니다. 이번 실습에서는 기본으로 설정된 계좌 A, B, C, D와 적금 A, B, C 항목들을 자신의 계좌에 맞게 수정할 거예요.

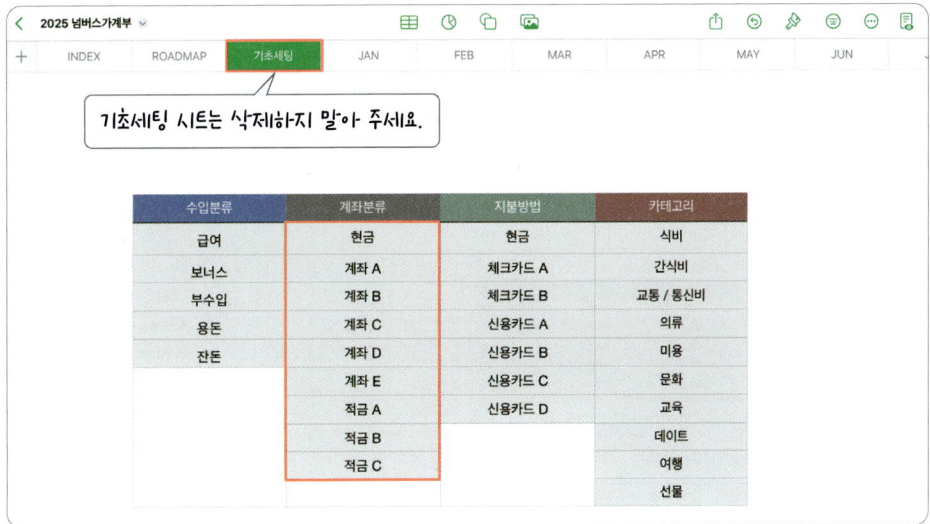

02 [계좌분류]의 내용부터 변경해 볼게요. ❶ [계좌분류]의 [현금]을 두 번 탭해 칸을 선택한 후 ❷ [꾸미기 🖌]를 탭합니다. ❸ [포맷]을 선택하고 ❹ 팝업 메뉴 오른쪽의 ⓘ를 탭해 주세요.

03 팝업 메뉴에서 각 칸을 하나씩 탭하며 여러분의 실제 계좌 이름으로 수정해 주세요.

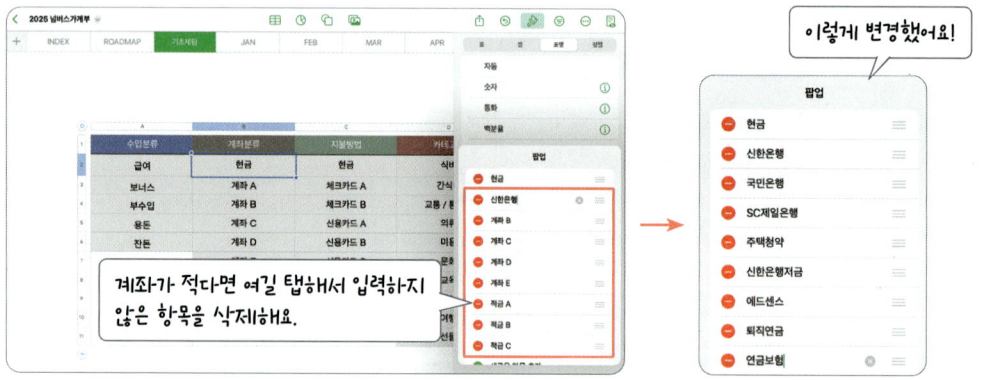

04 입력이 끝났다면 ① 바깥의 빈 부분을 탭해 [꾸미기 🖌] 창을 끈 후, ② 다시 [현금] 칸을 탭해 보세요. 입력한 대로 계좌 정보가 수정되어 있을 거예요.

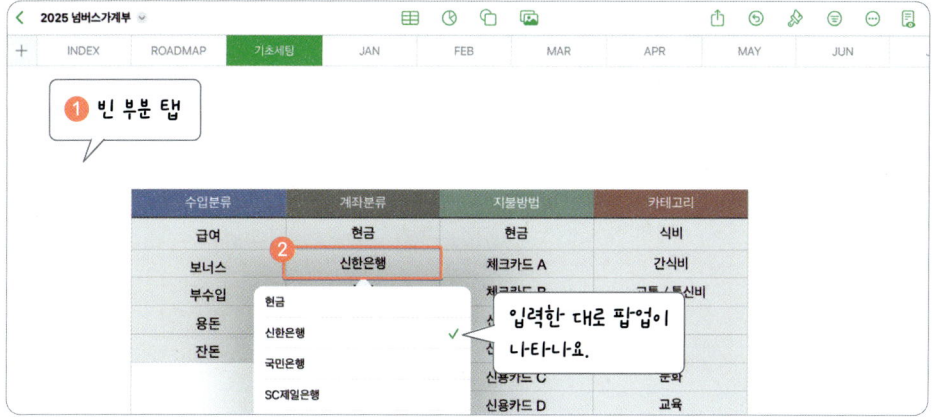

05 ① [현금] 창을 한 번 더 탭하면 선택 모드가 됩니다. ② 하단의 ⚡셀을 탭하고 ③ [셀 자동 채우기]를 선택합니다.

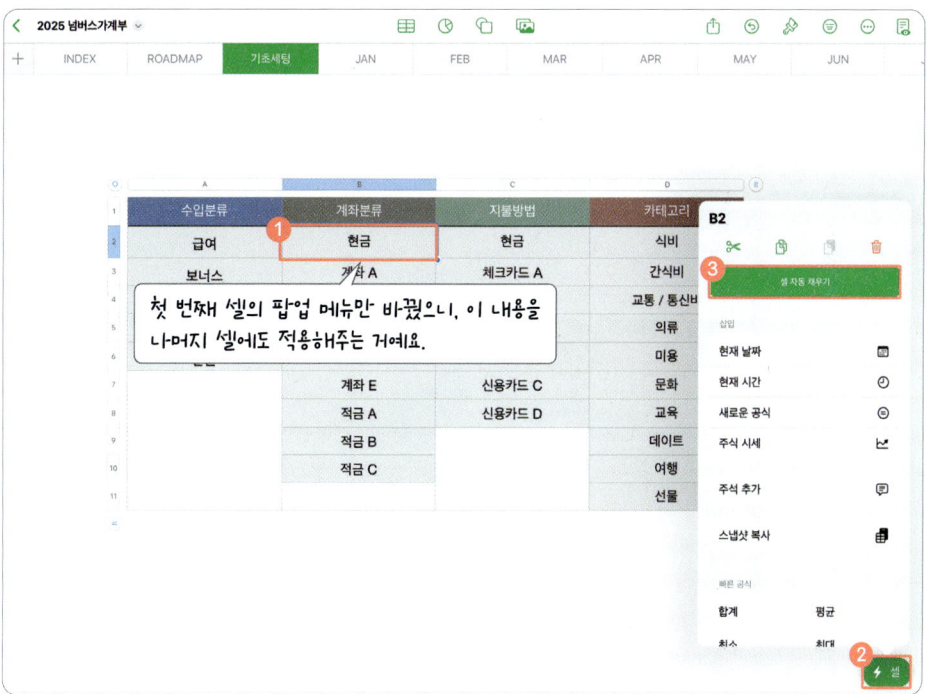

05 ★ 취미부터 자산 관리까지 완벽하게 돕는 3가지 앱 **165**

06 ❶ 셀 테두리에 주황색 바가 나타날 거예요. 아래 부분의 ▬ 를 잡고 맨 아래까지 끌어내립니다. ❷ 모든 항목이 [현금]으로 바뀌어 나타납니다.

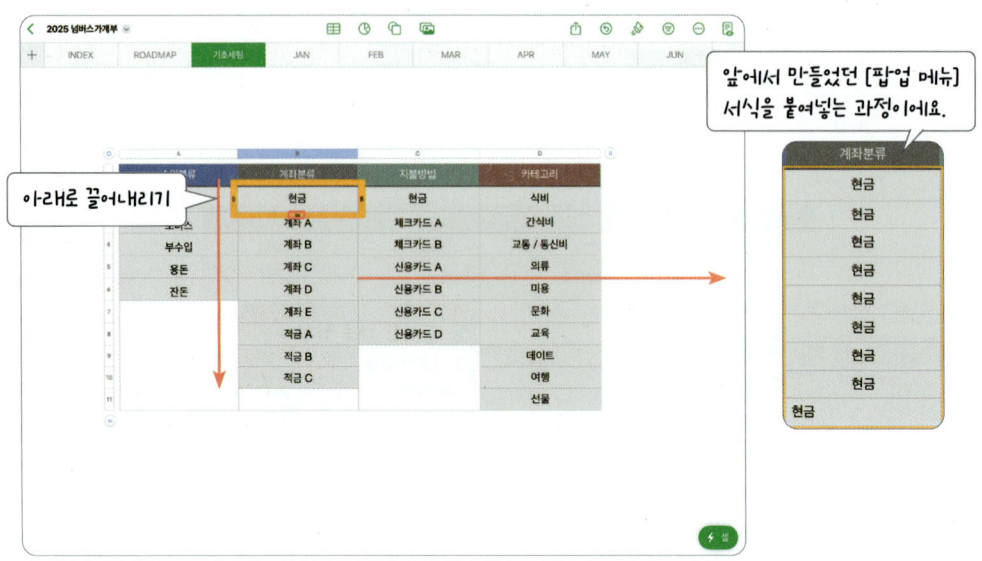

07 ❶ 바깥의 빈 부분을 탭해 선택 창을 꺼 줍니다. 두 번째 칸을 탭하고 ❷ 팝업 창이 나타나면 [신한은행]을 선택합니다. ❸ 각 칸에 항목이 하나씩 지정될 수 있도록 바꿔 주세요.

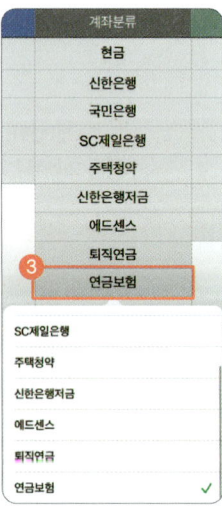

08 [수입분류], [지불방법], [카테고리]의 항목도 같은 방법으로 수정해 주세요.

잘 모르겠다면 163쪽에 있는 QR코드의 영상을 보며 따라 해보세요!

하면 된다!} 시트에 기초 설정 붙여넣기

설정해 둔 내용은 각 달의 시트에도 붙여 넣어야 합니다. 한 번만 잘 해두면 되는 작업이니 끝까지 따라 해보세요!

01 ❶ [C2] 셀의 [현금]을 두 번 탭해 선택 모드가 되었을 때 ❷ [복사하기]를 탭합니다.

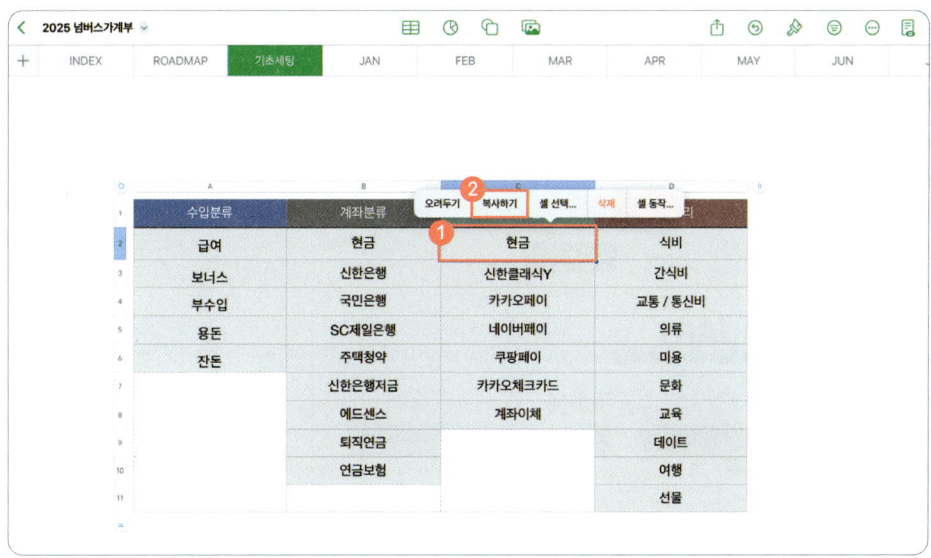

02 ❶ [JAN] 시트를 탭합니다. ❷ [지불 방법] 스티커 왼쪽의 [현금]을 두 번 탭합니다. ❸ [붙여넣기]를 선택합니다.

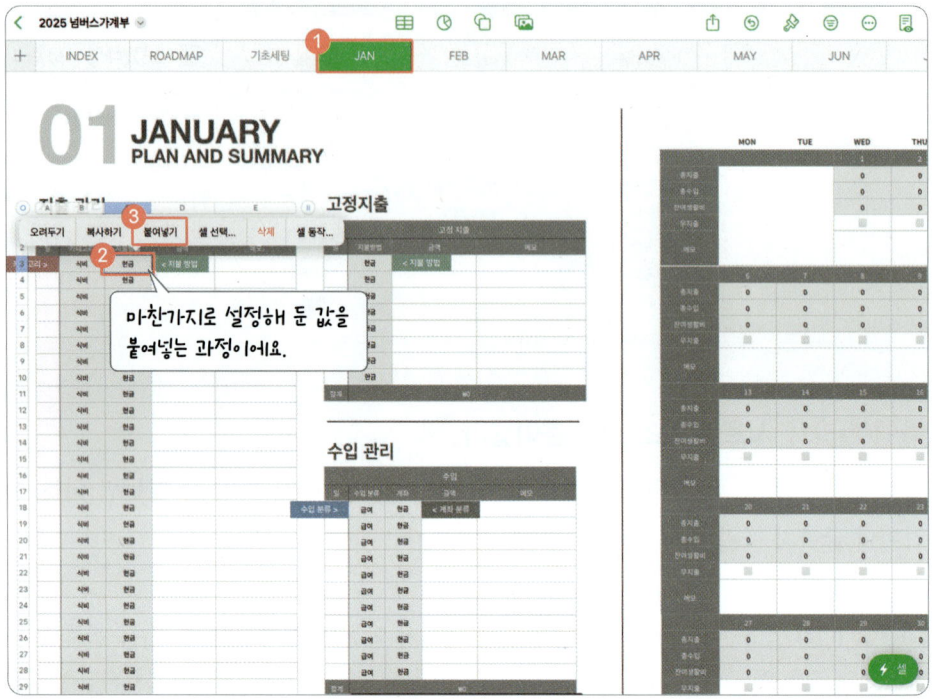

03 ❶ [현금]을 두 번 탭해 선택 모드로 변경해준 후, ❷ [꾸미기]를 열어 줍니다. ❸ [포맷]을 선택한 다음 ❹ 팝업 메뉴 오른쪽의 를 탭합니다.

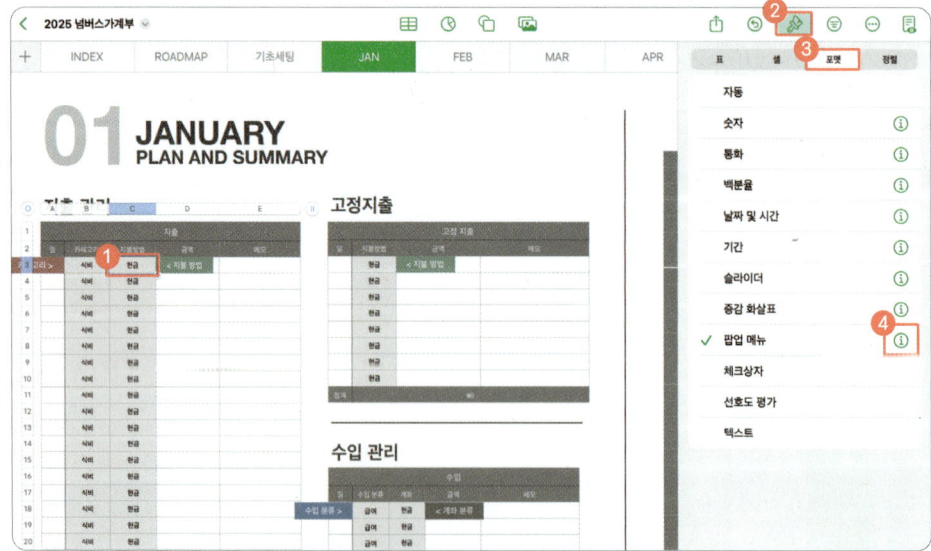

04 [팝업] 메뉴 창을 쓸어 올려 ① 맨 아래의 [빈 페이지]를 탭합니다. 바깥의 빈 부분을 탭해 [꾸미기 🖌] 창을 끈 후, 팝업창을 다시 탭해 보면 [없음] 항목이 생겨 있어요. ② [없음]을 선택하고 두 번 탭해 보세요.

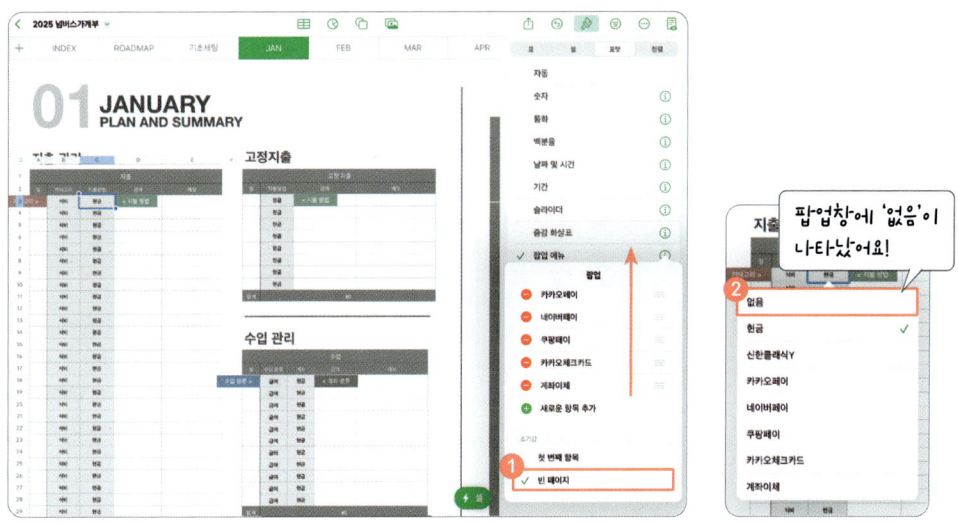

05 선택 모드가 되면 ① ⚡셀을 탭합니다. ② [셀 자동 채우기]를 선택합니다.

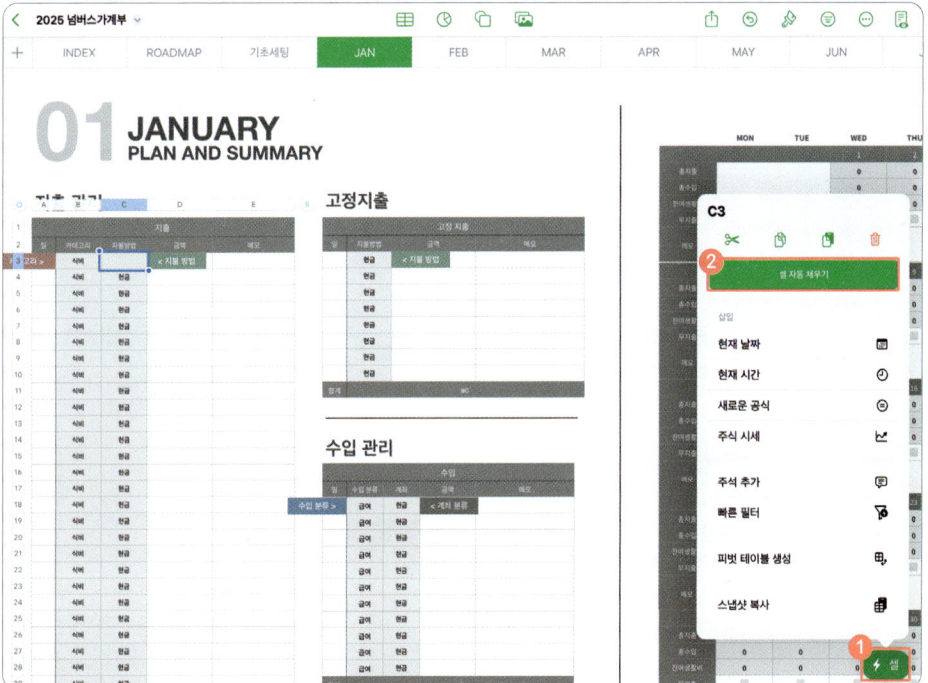

05 ★ 취미부터 자산 관리까지 완벽하게 돕는 3가지 앱

06 아래 부분의 ≡를 잡고 셀의 하단까지 채워 줍니다.

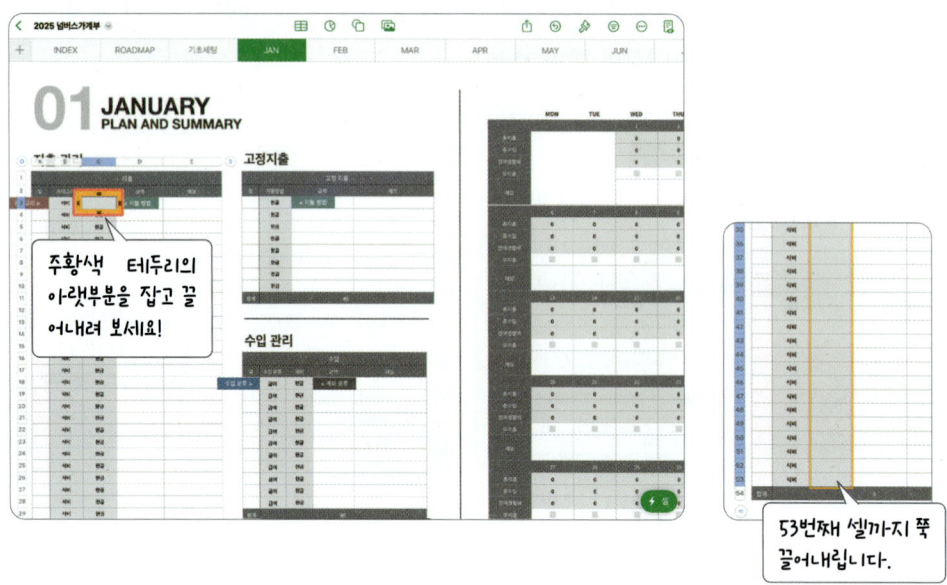

07 채운 데이터를 다른 곳으로도 복사해 보겠습니다. ❶ 길게 선택된 칸을 한번 더 탭해 메뉴 창을 띄운 후 ❷ [복사하기]를 선택해 줍니다.

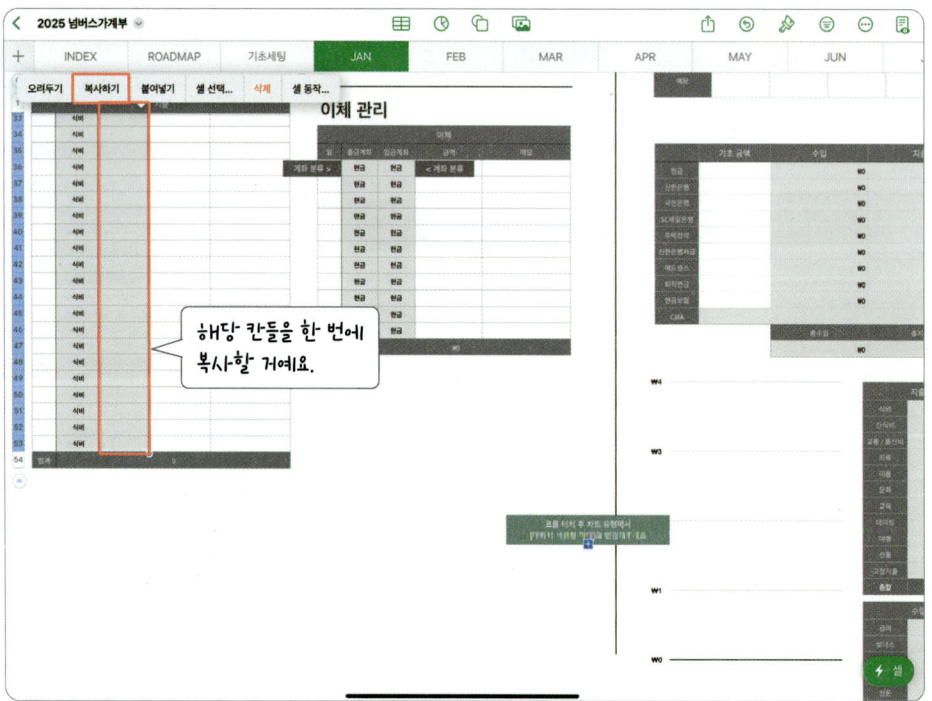

08 복사한 칸은 오른쪽의 [고정지출]에 붙여넣어야 하는데, 이 부분에 있는 칸보다 더 길게 복사되어 있어서 먼저 영역을 직접 지정해 주겠습니다. ❶ 첫 번째 칸을 두 번 탭해 선택한 뒤 모서리를 잡고 대각선으로 쓸어내려 모두 선택합니다. 해당 칸을 선택하고 ❷ [붙여넣기]를 탭합니다.

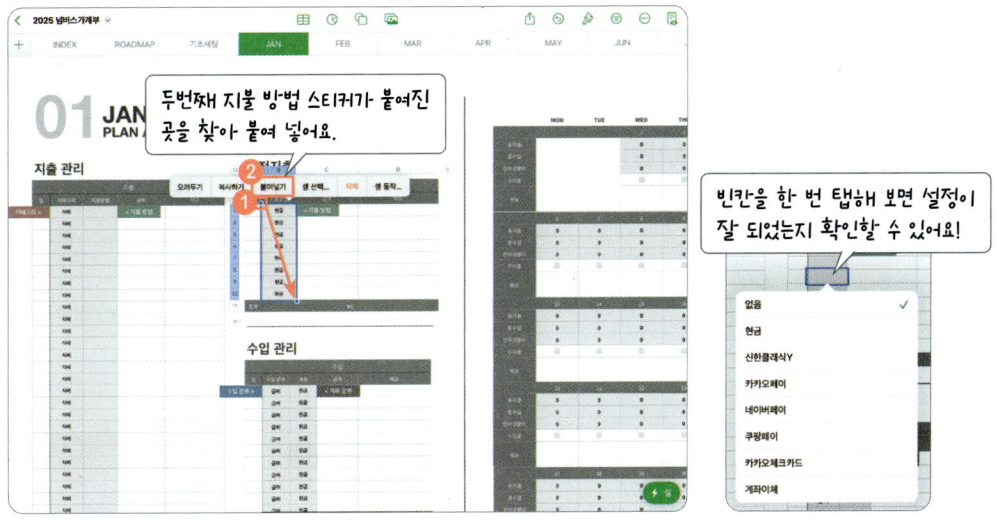

09 2월 시트에도 내용을 적용해 보겠습니다. ❶ [FEB] 시트로 넘어가 보세요. ❷ [지불 방법] 스티커 왼쪽의 [현금]을 탭하고, ❸ [붙여넣기]를 선택합니다. 앞에서 설정했던 것들이 2월 시트에도 복사됩니다. 같은 방법으로 [지출 관리]와 [고정지출] 시트를 모두 복사해 보세요!

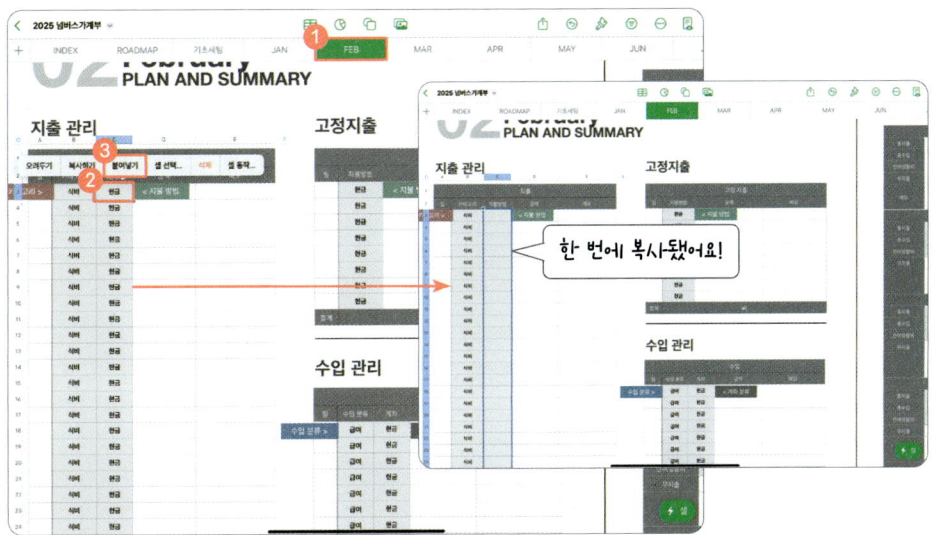

10 [기초세팅] 시트에서 바꿔 두었던 [수입분류], [지불방법], [카테고리] 설정도 같은 방법으로 복사하고 적용해 주세요. 모든 설정이 완료되면 스티커는 삭제해도 좋습니다.

▶ 잘 모르겠다면 164쪽으로 돌아가 보세요. 같은 과정을 항목만 바꿔 따라하면 돼요.

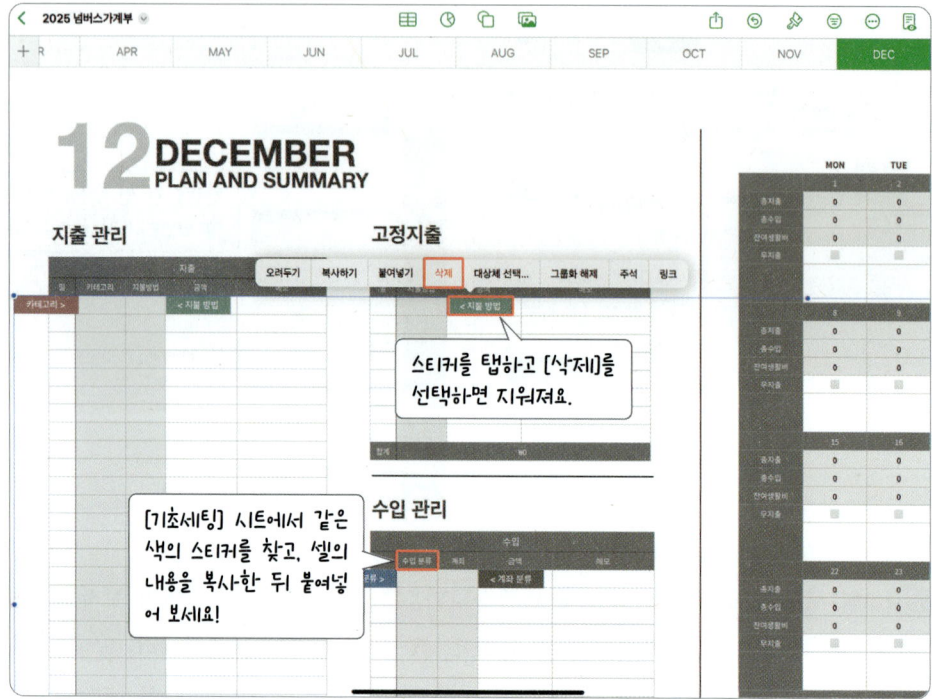

기초 세팅을 마친 후에는 가계부 사용이 훨씬 간편해질 거예요. 이제 1년 동안 나만의 가계부로 편리하게 활용해 보세요! 우선 간단한 내용을 함께 채우면서 가계부의 여러 기능들을 체험해 봐요.

하면 된다!} 지출 내역 정리하기

이제 본격적으로 넘버스 가계부의 내용을 채워 볼게요.

01 고정 지출 계획 세우기

[JAN] 시트에서 [월간 계획] 아래의 [고정 지출 계획]을 찾아 교통비, 통신비, 보험비, 대출이자 등 고정적으로 지출하는 항목들을 작성해 보세요.

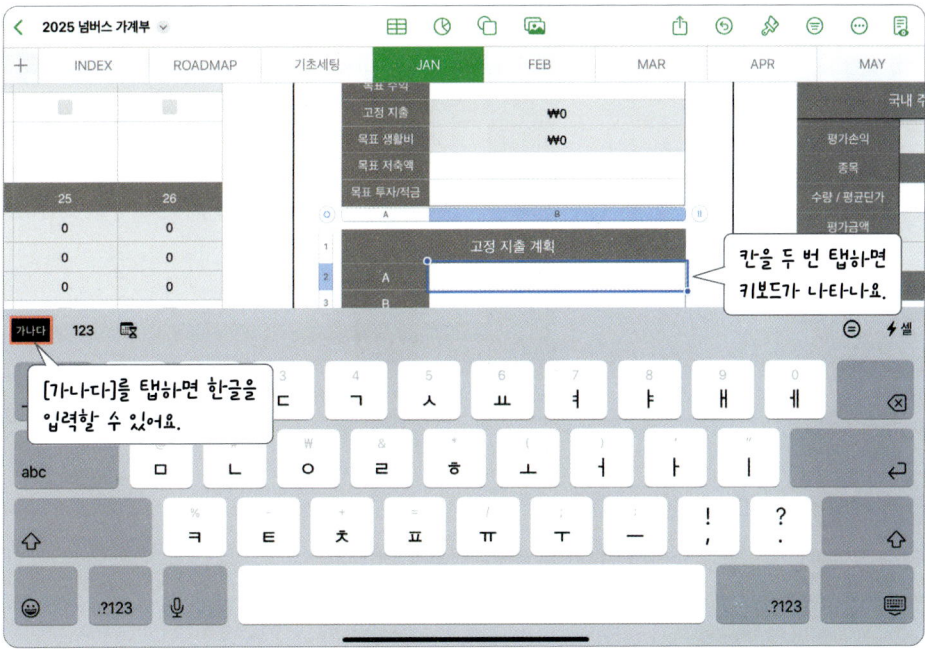

02 ❶ [A]부터 [G]에는 고정 지출 항목의 이름을 적고, ❷ 오른쪽 칸에는 해당 항목에 얼마를 지출하는지 작성해 줍니다.

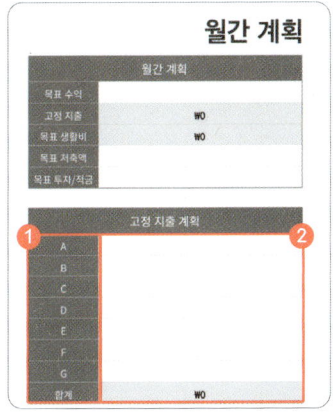 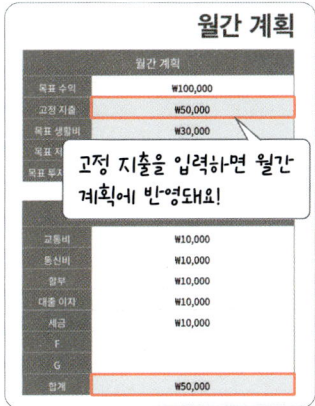

03 이달의 목표 수익과 목표 저축액, 그리고 목표 투자 및 적금액도 입력해 보세요. 목표 수익에서 저축액과 투자/적금액을 뺀 금액이 [목표 생활비]에 반영되고, [목표 생활비]는 [생활비 캘린더]에 반영됩니다.

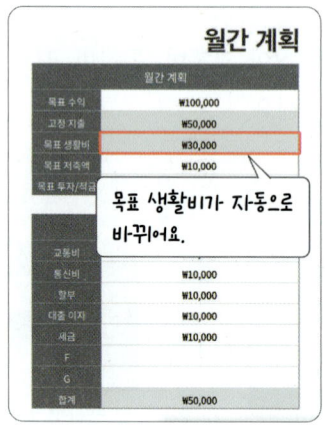
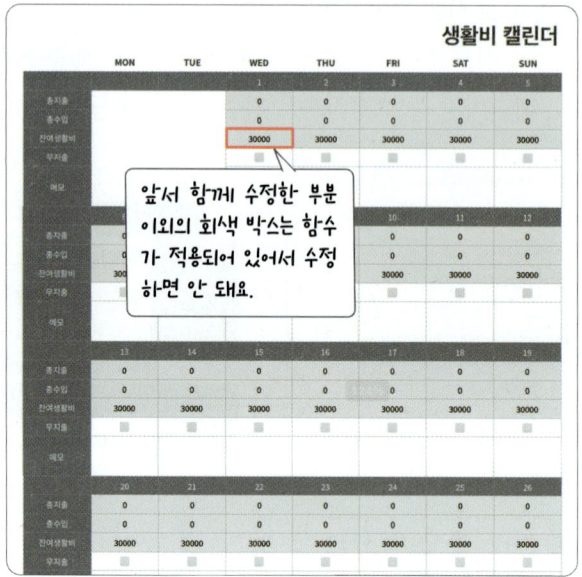

04 생활비 캘린더 살펴보기

지출 및 수입 내역을 작성하면 지출 관리 오른쪽의 [생활비 캘린더]에 오늘의 수입과 지출 내역이 업데이트됩니다. 그리고 [월간 계획]에서 세웠던 목표 생활비에서는 고정 지출 외의 지출만 빠져나갑니다. 생활비 캘린더를 이용해 무지출 챌린지에 도전해 보고, 메모에는 오늘 하루의 반성 등을 적어 보세요.

05 지출 내역 입력하기

[지출 관리] 표를 찾아 이동합니다. 왼쪽의 ❶ [일]에 지출한 일자 1을 적어 보세요. ❷ [카테고리]를 탭하면 선택할 수 있는 항목이 나타납니다. 이 중 [의류]를 선택합니다. ❸ [지불방법]에는 현금을, ❹ [금액]에는 10000을 입력합니다. ❺ [메모]에는 목도리를 입력해 봅시다.

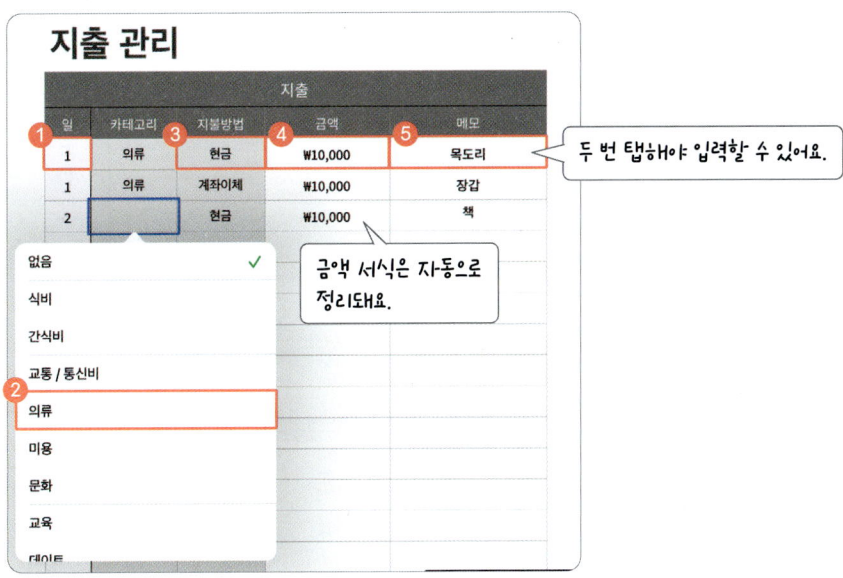

06 일반 지출과 고정 지출은 별도로 구분되어 있고, 고정 지출 칸에 작성한 금액은 생활비 캘린더에 잡히지 않습니다. 월간 계획에서 세웠던 교통비, 통신비 등 고정 지출을 입력해 주세요.

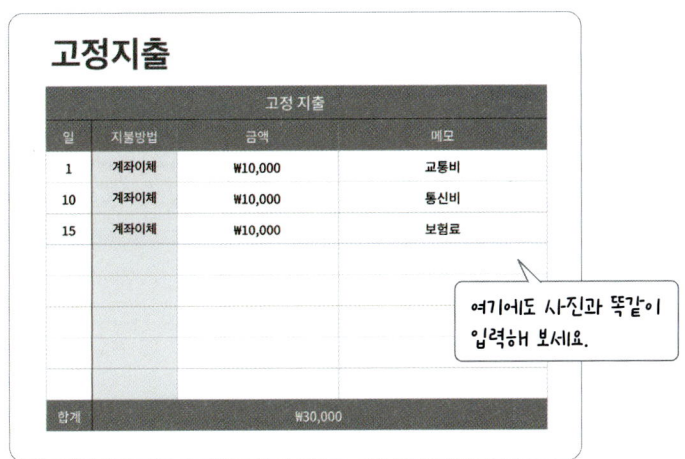

07 작성한 내역은 캘린더 아래쪽에 있는 [요약]에 자동으로 정리되어 계좌별로 이번 달의 수입과 지출 내역을 한눈에 확인할 수 있습니다.

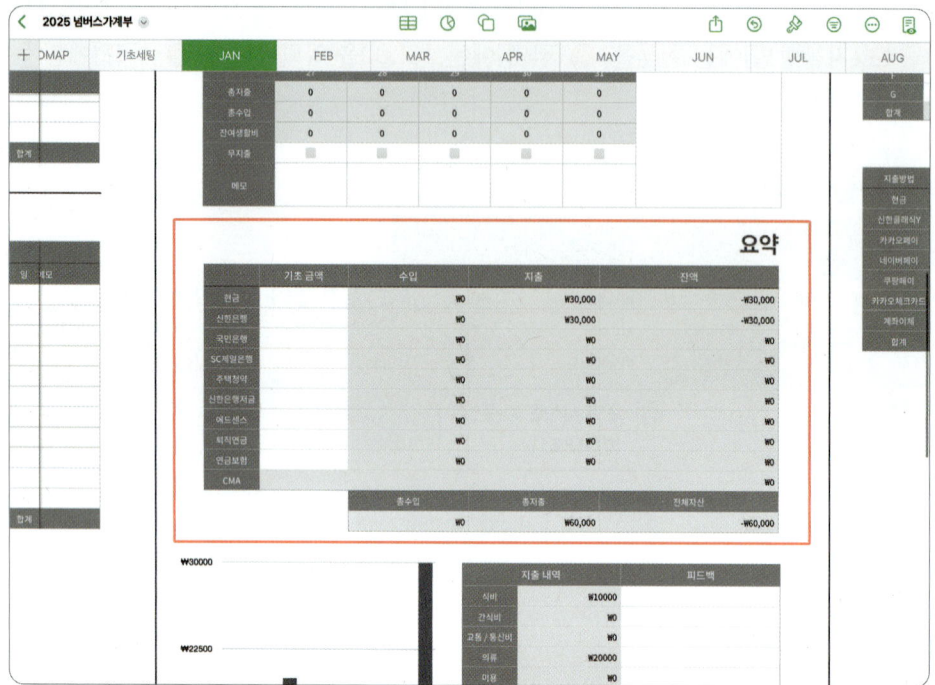

08 [ROADMAP] 시트로 이동해 보세요. 월별 지출과 수입 내역이 자동으로 반영되어 1년 동안 어떤 카테고리에 얼마를 사용했는지 한눈에 확인할 수 있습니다.

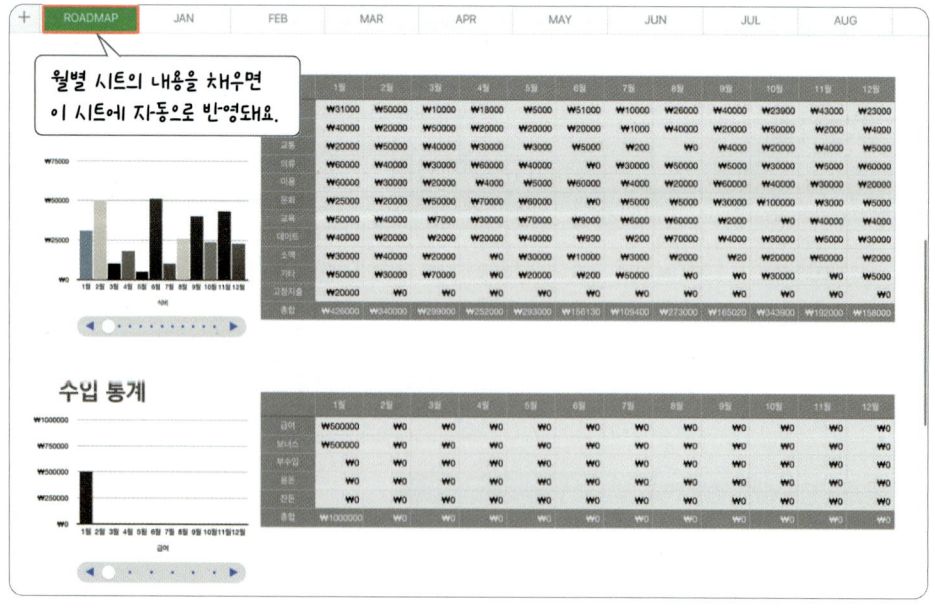

09 [LIFE / YEARLY PLAN] 오른쪽의 표에 주요 이벤트 등을 정리한 뒤, 올해부터 향후 10년 간의 목표를 설정해 보세요.

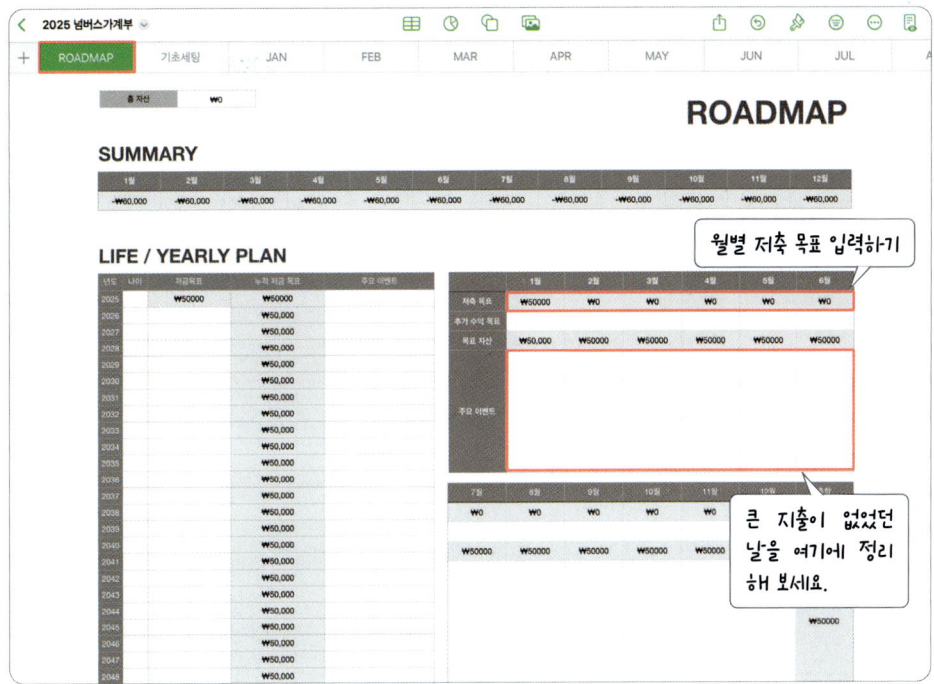

올해의 계획을 세우다 보면 매년 얼마나 저축할 수 있을지 감이 잡힐 거예요. 연도별로 지출과 월급 상승, 투자 수익 등을 고려해 앞으로의 계획을 세워 보세요.

희나의 꿀팁 | 넘버스 가계부로 주식 자산 관리도 할 수 있다던데요?

제가 제공하는 가계부에서는 계좌에 반영하고 싶은 주식 자산을 관리할 수 있습니다. [종목] 오른쪽의 셀을 탭한 뒤 하단의 [셀 → 주식 시세]를 선택합니다. 주식 시세 창이 나타나면 자신의 주식 자산 이름을 입력합니다. 다음으로 수량과 평균 단가를 입력해 보세요. 해외 주식 자산도 그날의 환율을 반영해 평가 금액에 나타납니다.

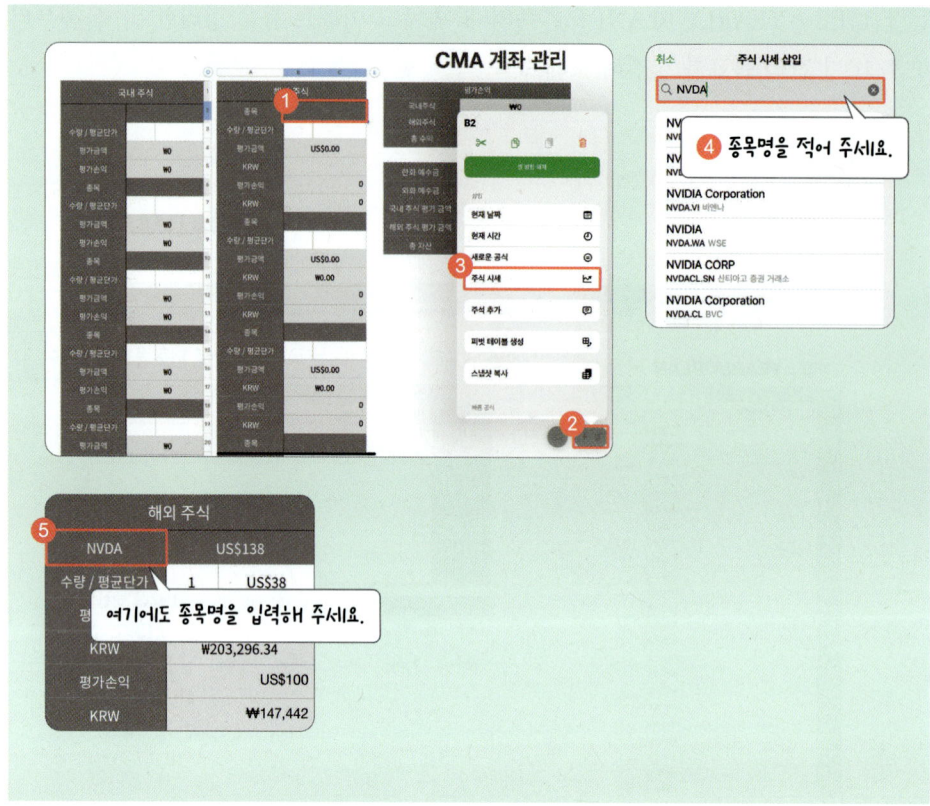

06

굿노트 다이어리로 완성하는 아이패드 기록

굿노트는 생산성을 높일 수 있는 아이패드의 대표 필기 앱입니다. 노트 필기뿐 아니라 다이어리를 사진과 스티커로 아기자기하게 꾸밀 수도 있고, 시간이나 일정도 관리할 수 있습니다. 학생이라면 강의를 들을 때 녹음을 하면서 필기하거나 스터디 세트를 이용해 학습을 할 수도 있죠. 굿노트로 내 삶을 기록하는 무궁무진한 방법을 소개해 볼게요.

⭐ 06-1 다이어리는 단연 굿노트!
⭐ 06-2 원하는 글꼴 설치해서 사용하기
⭐ 06-3 완벽한 내일을 계획하는 방법 2가지 — 시간 매트릭스, 만다라트
⭐ 06-4 하루, 일 년을 계획하고 기록하는 법
⭐ 06-5 사진, 스티커로 아기자기하게 꾸미기
⭐ 스페셜 03 프로크리에이트로 픽셀 아트 스티커 만들기

06-1
다이어리는 단연 굿노트!

📌 만능 노트 앱, 굿노트

알록달록 예쁘게 꾸며진 다이어리, 일정이 보기 좋게 정리된 플래너, 정갈하게 정리된 노트 필기를 보고, '나도 저렇게 활용해야지!' 하며 아이패드를 구입한 분들이 많을 것 같아요. 이렇게 다이어리를 꾸미거나 노트 필기 등을 할 수 있는 앱이 바로 노트 앱인데요. 수많은 노트 앱을 사용해 봤지만 필기감이 좋고 글씨가 가장 예쁘게 써지며, 기능이 다양하고 업데이트도 잘 되는 건 바로 '굿노트'였어요.

굿노트 앱

간단한 메모, 노트 필기, 다이어리까지 모두 하나의 앱으로 할 수 있어 활용도가 높다는 것도 장점입니다. 기본 노트 페이지로 나만의 필기 노트를 만들고, 사람들이 만들어 공유하는 다이어리 파일과 스티커를 이용하면 직접 디자인하지 않아도 예쁘게 다이어리를 꾸밀 수 있습니다. 앱스토어 🅰 에서 굿노트 앱을 내려받아 보세요.

▶ 굿노트는 매월 비용을 지불해야 하는 유료 앱이에요. 굿노트를 사용하지 않는다면 다음 장으로 넘어가 보세요.

저는 다이어리 템플릿과 스티커 팩을 직접 만들어 사용하고 있어요. 굿노트의 기능을 활용해서 각 페이지를 연결해 원하는 곳으로 바로 이동할 수 있게 해두었고, 인생 계획 페이지, 취미 기록, 프로젝트 노트 등 필요한 페이지도 꼼꼼히 만들어 두었답니다. 기록하고 싶은 내용을 바로 메모하고, 원하는 만큼 꾸밀 수도 있어 편리해요. 각종 형광펜이나 스티커, 사진으로 장식하는 재미도 쏠쏠합니다.

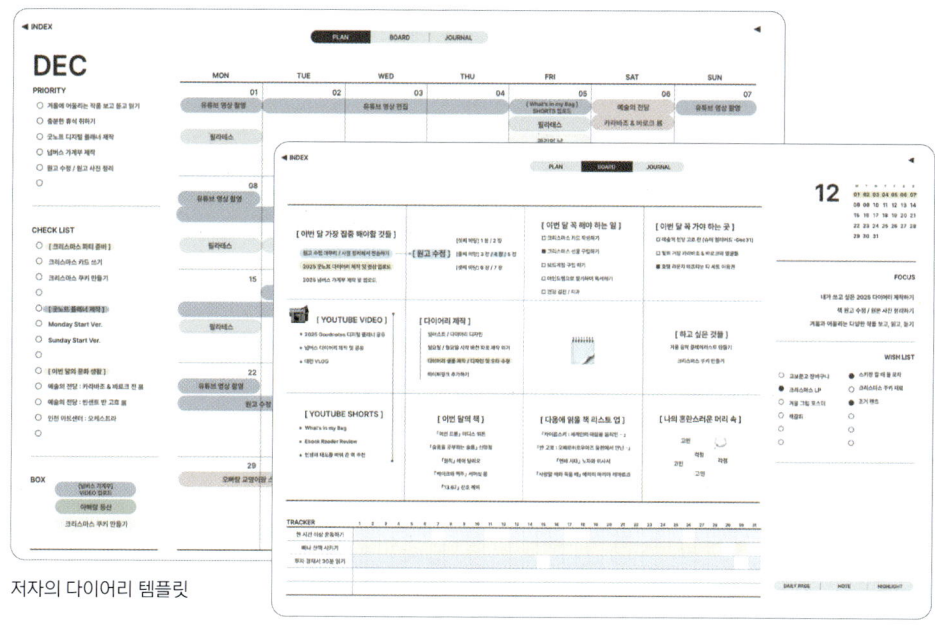

저자의 다이어리 템플릿

📌 다이어리를 쓸 때 알아 둬야 할 8가지 필수 기능

먼저 굿노트의 기본적인 작동법부터 알아볼게요. [굿노트 🖊] 앱에서 [신규 → 노트북]을 탭하면 새로운 노트를 만들 수 있습니다.

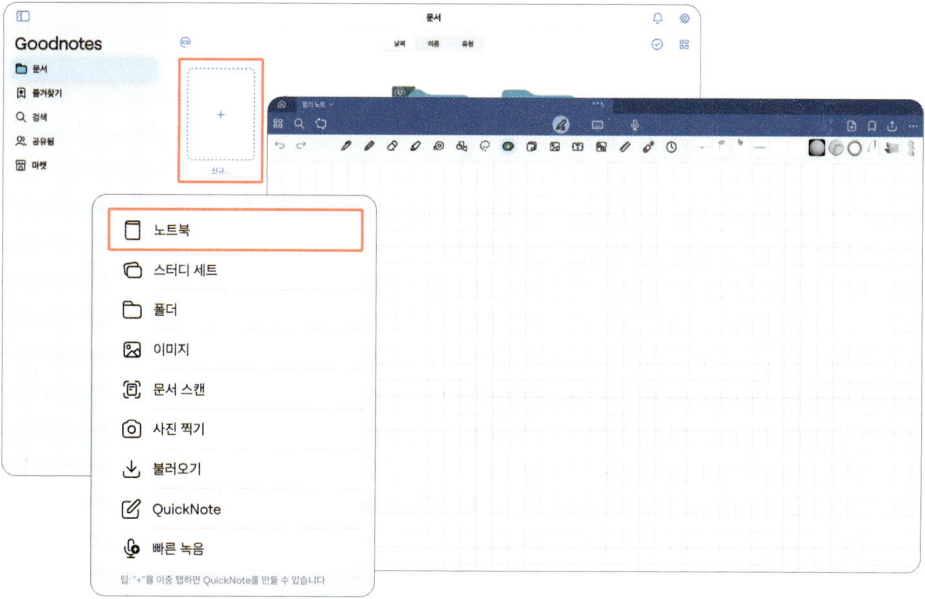

다이어리를 쓸 때 꼭 필요한 도구 몇 가지를 기능별로 묶어서 살펴보겠습니다. 각 도구의 특징을 알면 그 다음 단계는 쉬워요. 먼저 굿노트의 '모드 바'에 있는 기능부터 알아볼까요?

굿노트의 모드 바

모드 변경

[애플 펜슬 모드]는 애플 펜슬을 이용해 편집할 수 있는 모드입니다. 펜을 이용해 그림을 그리고, 사진을 편집하는 등 자유롭게 화면을 구성할 수 있습니다.

[타이핑 모드]는 노트의 줄에 맞춰서 글자를 타이핑할 수 있는 모드입니다. 굿노트에서 기본으로 제공하는 노트에 사용하면 더욱 잘 맞는 기능이에요. 애플 펜슬로 손글씨를 입력하면 타이핑 글자로 자동 변환됩니다. 키보드를 사용하는 것도 좋습니다.

[녹음 모드]는 음성 녹음을 할 수 있는 모드입니다. 강의를 듣거나 회의를 할 때 별도의 녹음 앱 없이 사용할 수 있어 편리합니다. 파일을 재생하면 이 부분을 녹음할 때 어떤 작업을 하고 있었는지 쉽게 알아볼 수 있습니다.

모드 바에서 내용을 입력하는 모드를 3가지 중 선택할 수 있었다면, '도구 바'에서는 다양한 도구 종류를 선택하고 이미지, 스티커 등 다른 요소를 추가할 수 있어요.

굿노트의 도구 바

그리기

❶ [펜], ❷ [표준 연필], ❸ [지우개], ❹ [하이라이터], [모양 도구]를 먼저 살펴보겠습니다.

[펜]에는 만년필, 볼펜, 화필 세 가지 종류가 있습니다. 펜 아이콘을 두 번 탭하면 펜 종류를 변경할 수 있어요. 펜의 종류에 따라 필압의 영향을 받는 정도가 다르며, 펜끝 선명도와 압력 민감도를 조절할 수 있습니다.

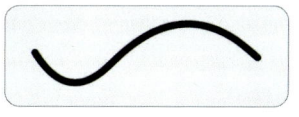

볼펜　　　　　　　　만년필　　　　　　　　화필

도구 바의 오른쪽에서는 펜의 두께와 색상을 선택할 수 있습니다. 펜 두께는 0.1mm부터 2mm까지 설정할 수 있고, 도구 바의 [획 설정 −]을 탭하면 단색, 파선, 점선 중에서 획의 모양을 선택할 수 있습니다.

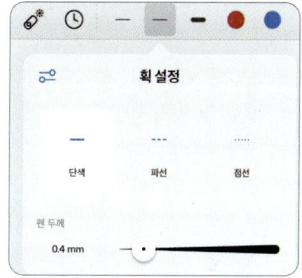

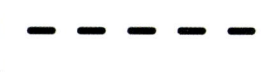

단색　　　　　　　　파선　　　　　　　　점선

 [표준 연필]은 거친 질감의 종이 위에 연필로 필기를 하는 듯한 느낌을 주는 도구입니다. 펜과 마찬가지로 도구 바의 오른쪽에서 두께와 색상을 설정할 수 있습니다.

▶ 획의 모양은 고를 수 없어요.

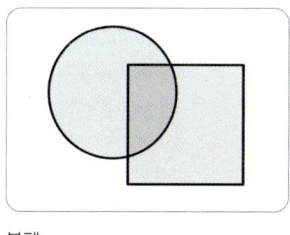
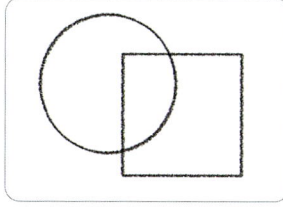

볼펜　　　　　　　　연필

🖍 희나의 꿀팁 | 지우개 모드로 변경 없이 빠르게 지우고 싶어요!

[펜]을 탭하고 [펜 설정 → 펜 제스처 → 문질러 지우기]를 활성화해 보세요. 펜으로 필기를 하다 지우고 싶은 내용이 생겼을 때 그 위를 낙서하듯 문지르면 해당 부분이 지워집니다. 단, 표준 연필을 사용할 때는 이 기능이 작동하지 않습니다.

문질러 지우기로 내용을 지우는 모습

애플 펜슬의 제스처를 조금 더 다양하게 배워보고 싶다면 [설정 → Apple Pencil]의 [손글씨 입력 쓰기]를 탭해 보세요. 굿노트에서도 작동하는 여러 기능을 따라해볼 수 있습니다.

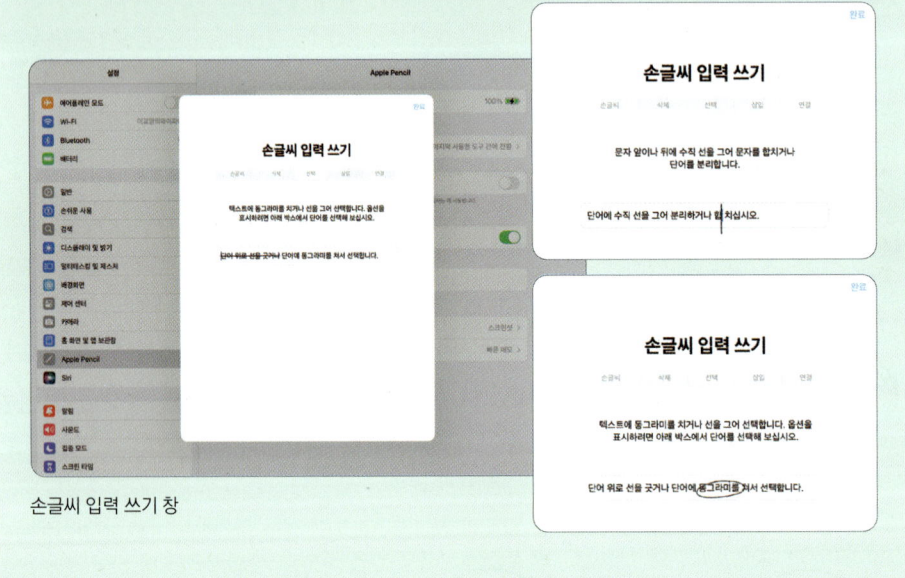

손글씨 입력 쓰기 창

지우기

[지우개]는 선이나 하이라이터를 지울 때 사용합니다. 버튼을 한 번 더 탭하면 세 가지 지우개 중에서 선택해서 사용할 수 있습니다. 지울 부분을 터치했을 때 터치된 부분만 지울 것인지(정밀 지우개), 그 주변부까지 지울 것인지(일반 지우개), 그리고 터치한 획을 통째로 지울 것인지(획 지우개)에 따라 선택하면 됩니다.

정밀 지우개

일반 지우개

획 지우개

옵션에서 [하이라이터만 지우기]를 활성화하면 펜은 남기고 필기 위에 그린 하이라이터만 깔끔하게 지울 수 있습니다. [페이지 지우기]는 페이지의 필기를 전부 지워 줍니다. 지우개는 기본 설정된 세 가지 크기로만 이용할 수 있습니다.

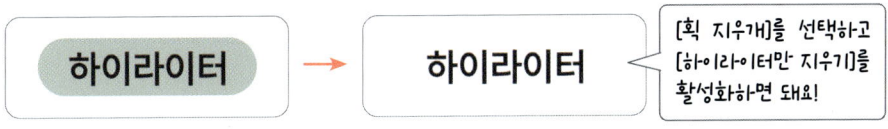
하이라이터만 말끔히 지워진 모습

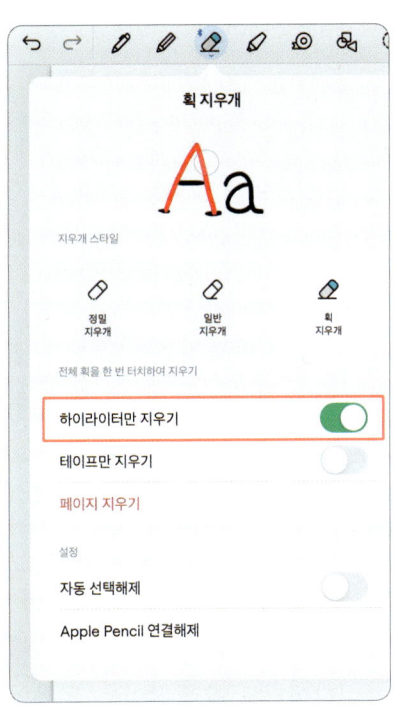
하이라이터만 지우기 기능을 활성화한 모습

> **희나의 꿀팁** | 펜을 쓰다 지우개로 빠르게 전환하는 방법은 없나요?
>
> 애플 펜슬의 아무 곳이나 두 번 탭하면 지우개로 전환됩니다. 이중 탭 기능은 아이패드의 [설정 ⚙️] 앱에서 [Apple Pencil → 두 번 탭]을 선택해 변경할 수 있습니다. [현재 도구 및 지우개 간에 전환]을 선택하면 펜으로 사용하던 애플 펜슬을 두 번 탭하는 것만으로 지우개로 전환할 수 있고, [현재 도구 및 마지막 사용한 도구 간에 전환]을 선택하면 마지막으로 이용한 도구로 전환됩니다. [색상 팔레트 보기], [잉크 속성 보기]로도 변경할 수 있고, 기능을 아예 꺼버릴 수도 있답니다.
>
>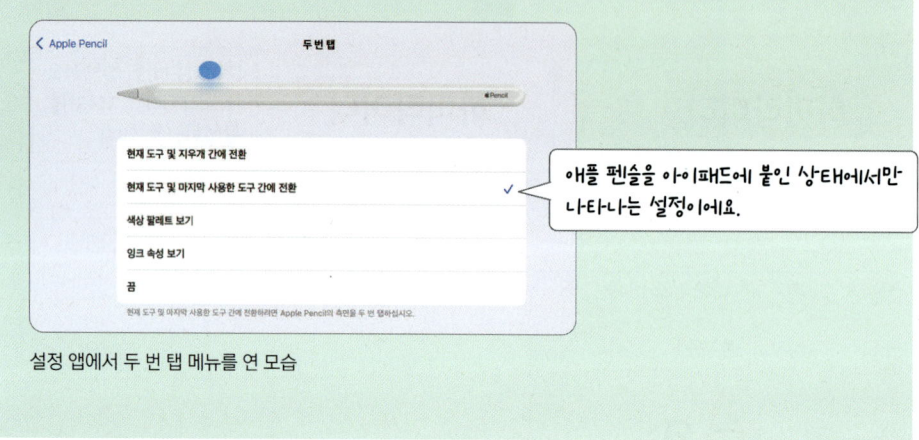
>
> 설정 앱에서 두 번 탭 메뉴를 연 모습

형광펜 칠하기/모양 만들기

[하이라이터]는 반투명한 형광펜 같아서 글이나 필기 위에 강조를 할 때 유용합니다. 저는 주로 일정 박스를 만들 때 가장 많이 사용하는데요. [직선으로 그리기]를 활성화하면 실제로 반듯하게 선을 긋지 못해도 직선으로 선이 그어집니다.

이 기능을 비활성화해도 하이라이터를 그은 후 펜을 떼지 않고 2초 정도 기다리면 선이 반듯하게 변합니다. 마찬가지로 사각형을 그리고 2초를 기다리면 좀 더 두꺼운 하이라이터 박스를 만들 수 있는데, 펜을 떼지 않으면 하이라이터 박스의 크기도 조절할 수 있어요. 하이라이터도 펜과 같이 도구 바의 오른쪽에서 색상 필레드를 지정할 수 있습니다.

일반 하이라이터

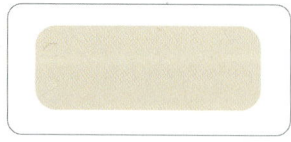

하이라이터 박스

[모양 도구]를 이용하면 그리고자 하는 도형을 반듯하게 그릴 수 있습니다. 저는 10분 단위 플래너에서 시간 범위를 그릴 때 유용하게 사용합니다.

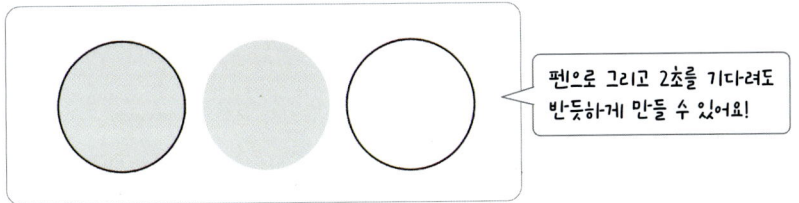

모양 도구로 원을 그린 모습

요소 선택하기

 [올가미]는 영역을 지정해서 해당 부분의 요소를 이동하거나 삭제 및 수정을 할 수 있는 도구입니다. 버튼을 한 번 더 탭하면 옵션이 나오는데, [펜]과 [하이라이터]로 그린 [필기]나 [이미지], [텍스트 상자], [테이프] 등의 7개 항목 중에서 수정하고 싶은 항목만 활성화해 주세요. 사진 위를 펜과 하이라이터로 꾸몄을 때 사진은 그대로 두고 펜과 하이라이터만 수정하고 싶다면, 이미지는 비활성화하고 필기만 활성화하면 됩니다. 지정하는 모양은 도구 바의 오른쪽에서 [자유형 ◯], [사각형 ▢]으로 변경할 수 있습니다.

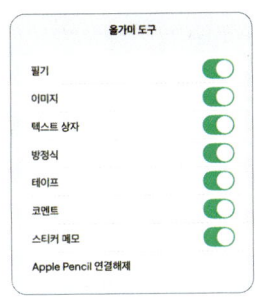

사각형 올가미 도구

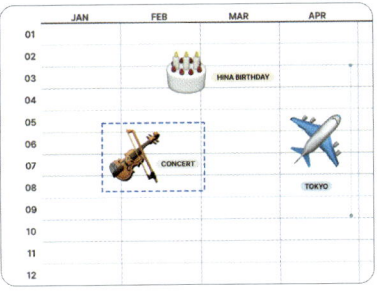

올가미로 원하는 영역을 선택한 후 해당 영역을 길게 탭하면 [색상 변경 ◉], [크기 조정 ▢], [오려두기 ✂], [복사하기 ▢], [복제하기 ▢], [삭제 🗑]를 할 수 있습니다.

올가미 도구의 기능

뿐만 아니라 [◉ → 스크린샷 촬영]을 탭하면 해당 영역만 스크린샷으로 찍을 수 있어 원하는 곳에 붙여넣기만 하면 됩니다. [→ 그래픽 추가]를 누르면 선택한 부분이 그래픽 목록에 추가됩니다. [+ 버튼(새로운 컬렉션)]을 탭해 자주 사용하는 이미지나 필기, 하이라이터 등을 모아 보세요.

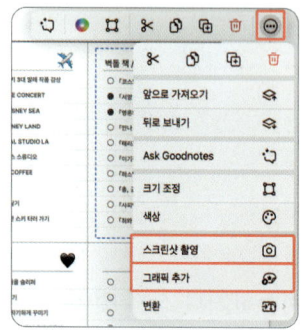 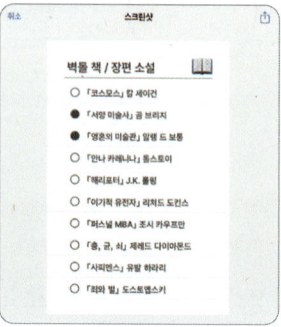 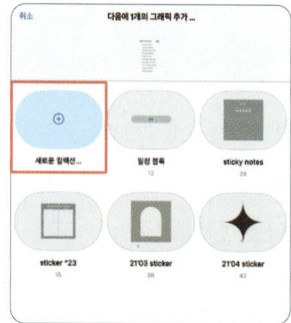

🖍 희나의 꿀팁 | 펜으로 쓴 글자 텍스트로 바꾸기

펜으로 작성한 필기도 타이핑으로 변환할 수 있습니다. 필기 부분을 [올가미 ◯]로 선택한 후 탭합니다. ◉를 선택하고 나타나는 팝업에서 [변환 → 텍스트]를 탭해 보세요. 손글씨를 인식해서 텍스트로 변경됩니다.

글자를 텍스트로 변환한 모습

사진/스티커 삽입하기

 [그래픽]에는 스티커나 노트를 미리 저장해 두고 필요할 때마다 꺼내서 사용합니다. 이미지 파일로 되어있는 스티커뿐만 아니라 텍스트 상자나 도형, 하이라이터 등도 전부 저장해 둘 수 있어 일정 관리에 필요한 스티커나 오답노트 양식 등을 추가하면 편리하답니다.

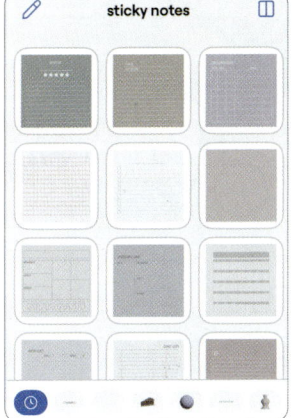

기본 제공 스티커　　　　　직접 추가한 스티커

 [사진]을 탭하면 갤러리 속 사진을 불러올 수 있고, 불러온 사진을 한 번 더 탭하면 [오려두기], [복사하기], [자르기], [공유], [그래픽 추가] 등을 할 수 있습니다.

사진은 두 가지 방법으로 자를 수 있는데, [Rectangle]로는 사각형을 유지하며 자를 수 있고 [Freehand]로는 영역을 설정하는 대로 자유롭게 자를 수 있습니다.

희나의 꿀팁 | 추가한 사진의 정렬 순서도 바꿀 수 있어요

마지막에 추가한 항목이 기존 항목을 가려 순서를 변경하고 싶다면, 해당 요소를 선택한 후 [정렬 → 뒤로 보내기]를 탭해 주세요. 반대로 맨 앞으로 가지고 오고 싶다면 [정렬 → 앞으로 가져오기]를 탭하면 되겠죠?

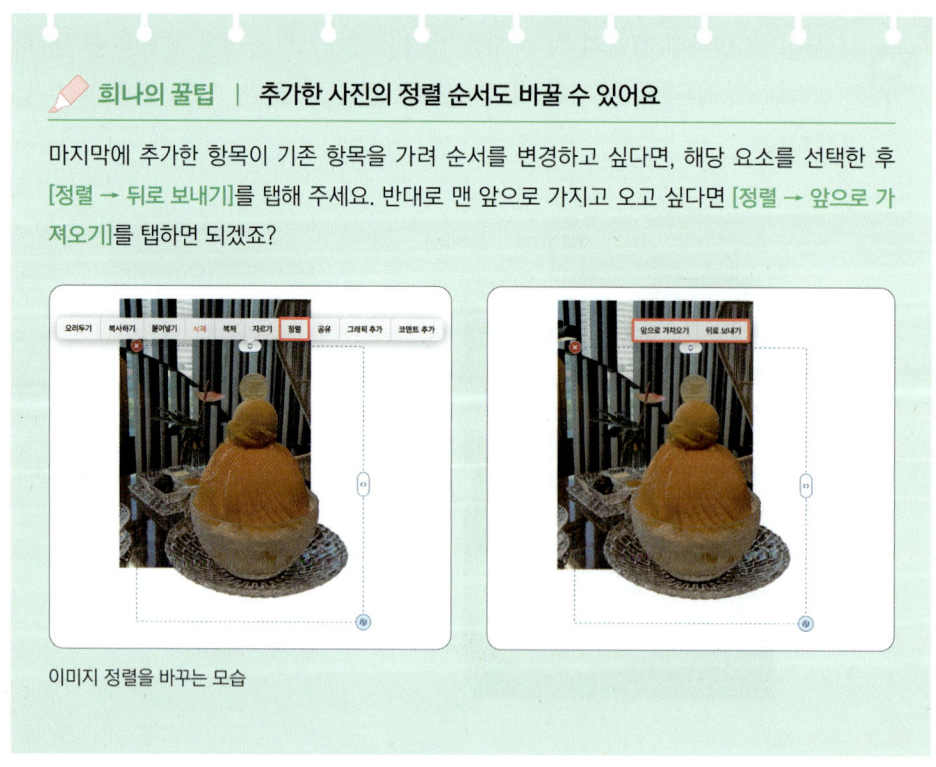

이미지 정렬을 바꾸는 모습

텍스트 입력하기

 [텍스트]로 텍스트 상자를 만들 수 있습니다. 도구 바의 오른쪽에서 글꼴과 크기를 변경할 수 있고 [단락 ≡]을 탭해 텍스트 상자의 정렬과 줄 간격도 설정할 수 있습니다. 바로 옆에서는 텍스트 색상도 변경할 수 있어요.

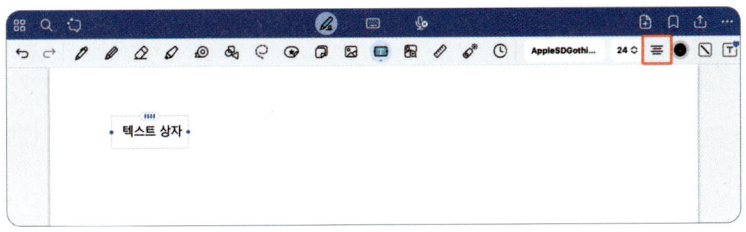

화면에 텍스트 상자를 추가한 모습

측정/타이머 도구

 [자]를 탭하면 가상의 자가 화면에 나타나 자유롭게 조정할 수 있습니다. 눈금을 이용해 길이를 잴 수도 있고, 펜을 자에 대고 그으면 반듯한 직선으로 그어집니다.

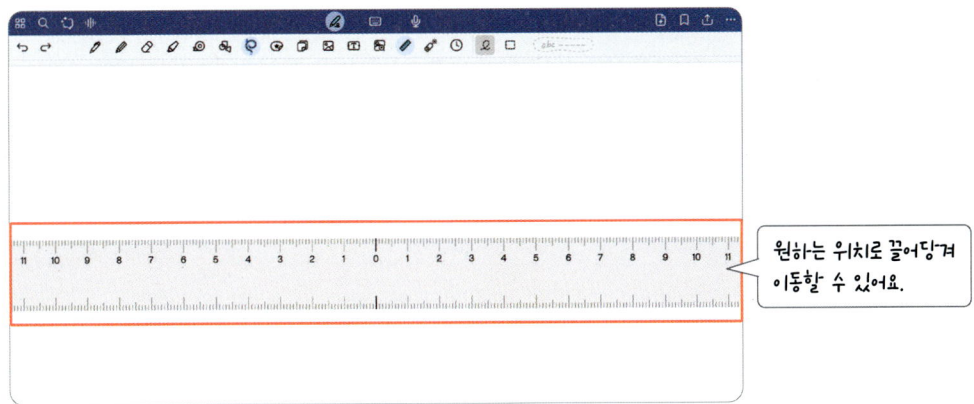

원하는 위치로 끌어당겨 이동할 수 있어요.

화면에 가상의 자를 띄운 모습

⑪ [타임 키퍼]의 [타이머]나 [스톱워치]를 이용하면 공부한 시간, 시험 시간 등을 체크할 수 있습니다. 팝업 창을 끄더라도 도구 바 아래에 작게 표시되어 필기에 방해되지 않습니다.

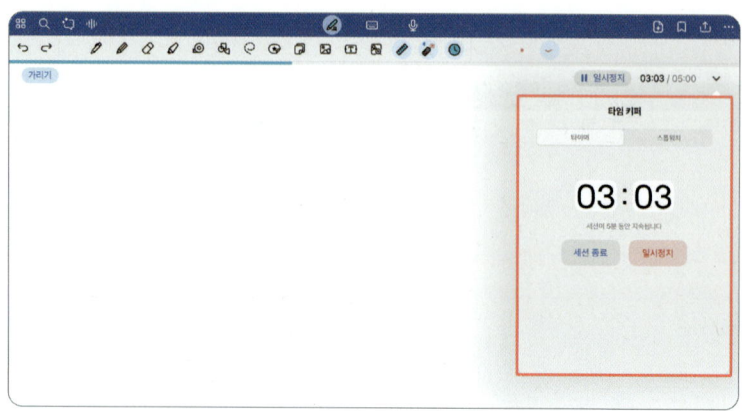

타임 키퍼의 '타이머' 기능을 켠 모습

희나의 꿀팁 | 필요한 도구들만 모아 보고 싶어요!

도구 바의 오른쪽에서 [··· → 문서 편집 → 도구 막대 사용자화]를 탭해 보세요. 자주 사용하지 않는 도구를 제거하거나 자주 사용하는 도구 순으로 순서를 바꿀 수 있습니다. [문서 편집 → 도구 위치]를 탭하면 도구 바를 [상단]에 둘지 [하단]에 둘지도 선택할 수 있습니다.

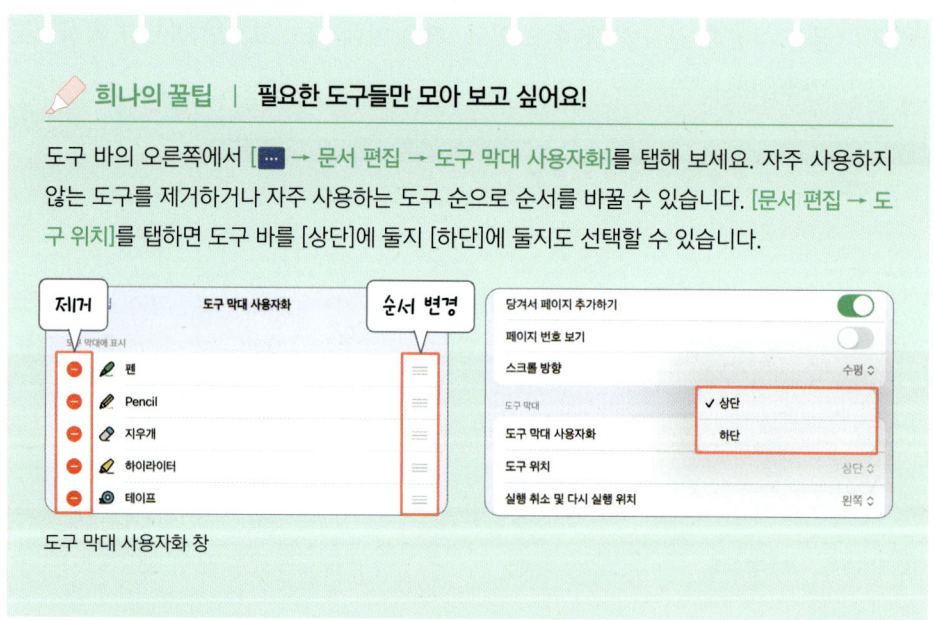

도구 막대 사용자화 창

📌 문서를 관리할 때 필요한 5가지 필수 기능

굿노트는 문서 관리 창도 편리하게 되어 있는데요. 파일 내에서 페이지의 순서를 바꾸거나 문서를 공유하는 등, 꼭 필요한 기능을 익혀 봅시다.

문서 스캔하기

[+신규]를 탭하면 다양한 옵션이 나타나는데, 그중에서 [문서 스캔]을 탭하면 계약서나 문제집 등을 사진으로 찍어서 불러올 수 있어요. 굿노트가 수평과 수직을 알아서 맞춰 주므로 깔끔하게 스캔할 수 있습니다. 만약 아이패드를 들고 찍는 것이 불편하다면, 아이클라우드에 연동되어 있는 아이폰 카메라로 문서를 스캔하고 아이패드에서 스캔 파일을 불러올 수도 있습니다.

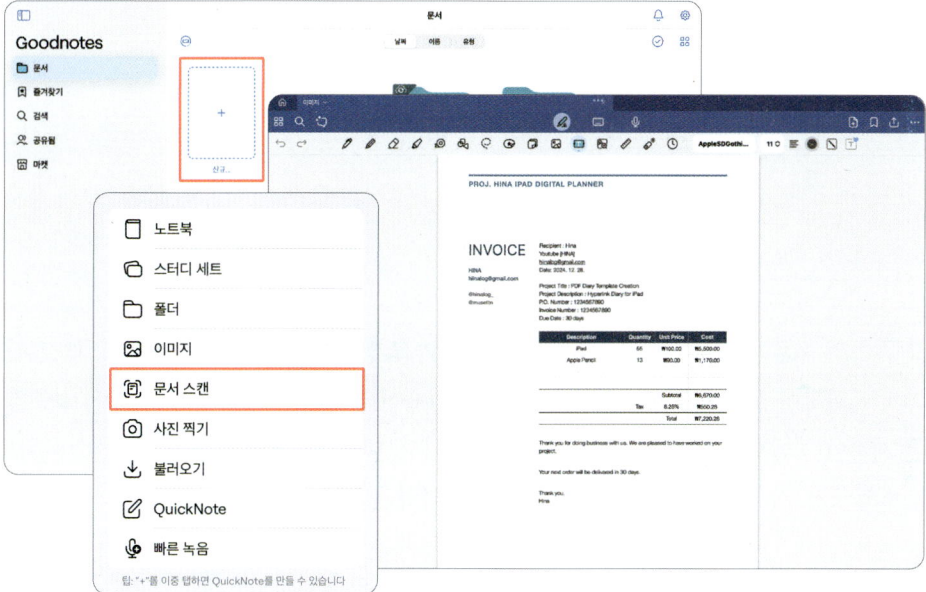

'문서 스캔' 기능으로 문서를 스캔한 모습

문서 안의 페이지 순서 바꾸기/북마크 설정하기

[콘텐츠 ▦]의 [축소판]에서는 페이지를 한데 모아 미리 보거나 수정, 관리할 수 있습니다. 축소판에서 페이지를 길게 탭하면 이동 모드가 되는데, 펜을 떼지 않은 상태에서 페이지를 원하는 곳으로 옮기면 됩니다.

여러 페이지를 이동하고 싶다면 [편집]을 탭하고 원하는 페이지를 선택한 후 그대로 드래그해 원하는 곳으로 옮기면 됩니다.

▶ 페이지 하나를 길게 탭하고, 다른 손으로 추가하고 싶은 페이지를 탭해도 다중 선택을 할 수 있습니다.

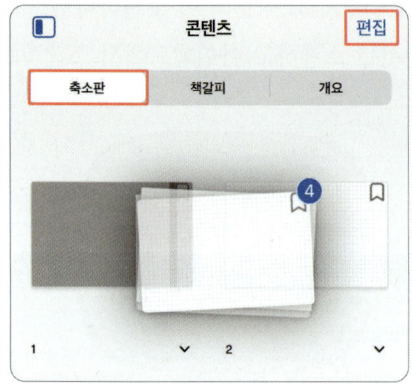

다중 선택으로 페이지 순서를 바꾸는 모습

도구 바의 오른쪽에서 [북마크 🔖]를 탭하면 북마크가 설정되고, [콘텐츠 ▦]의 [책갈피]에서 북마크를 설정해둔 페이지를 모아볼 수 있습니다. [개요]를 탭하면 각 페이지에 짧은 제목이나 메모를 달아 목차를 만들 수 있습니다. [축소판]에서 페이지 옆의 ⌄ 버튼을 탭하고 [개요에 페이지 추가]를 선택해 개요를 입력하면 페이지 옆에 제목이 표시됩니다. 콘텐츠의 [개요] 창에서 개요 추가한 페이지를 제목과 함께 모아 볼 수 있습니다.

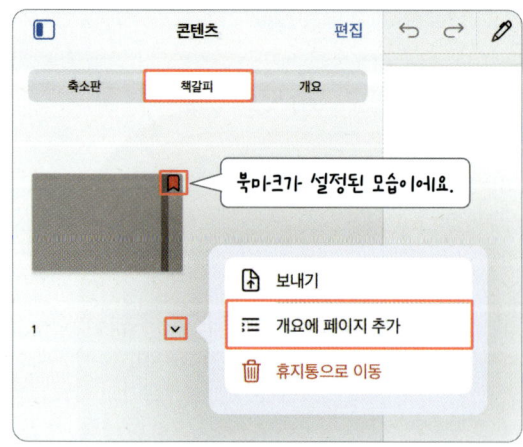

책갈피 설정된 페이지를 개요에 추가하는 모습

굿노트 페이지 공유하기

[공유 및 보내기]를 탭하면 다른 사람과 공동 작업을 할 때 편리합니다. [이 페이지 보내기]를 탭하면 해당 페이지를 보낼 수 있고 [모두 보내기]를 탭하면 노트 전체를 공유할 수 있습니다. [PDF], [이미지], [Goodnotes] 중 원하는 것을 선택해 보세요.

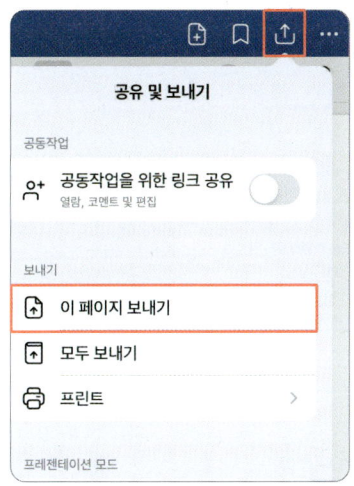
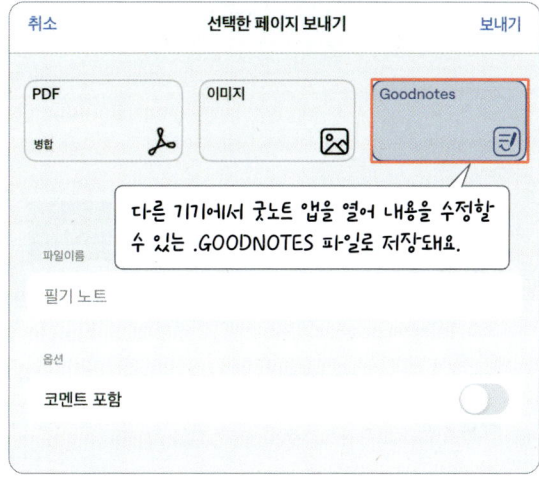

[공유 및 보내기]에서 [이 페이지 보내기]를 선택한 화면

삭제한 파일/페이지 복구하기

굿노트의 메인 화면에서 [설정 ⚙]을 탭하고 [휴지통]을 선택하면 삭제된 노트 파일 및 페이지를 복원할 수 있습니다. 실수로 삭제한 파일의 ⌄ 버튼을 탭하고 [복구]를 탭해 보세요.

✏️ 희나의 꿀팁 | 만일의 상황에 대비해 동기화를 켜 두세요!

1. 아이클라우드 동기화

굿노트 메인 화면에서 [설정 → 클라우드 및 백업]을 탭하고 [iCloud 꺼짐 → iCloud를 사용하여 문서 동기화]의 토글을 활성화해 두면 같은 애플 아이디를 사용하고 있는 아이폰이나 맥에서도 굿노트를 바로 확인할 수 있습니다.

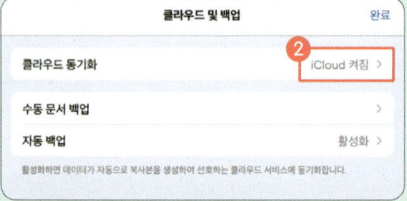

아이클라우드 동기화를 켜는 방법

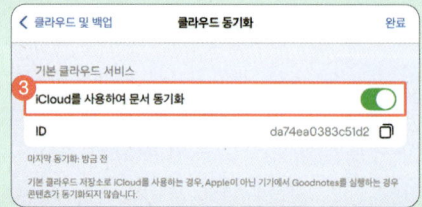

2. 클라우드 저장소에 동기화

iCloud뿐만 아니라 구글 드라이브, 드롭박스, 원드라이브에도 굿노트 형식 또는 PDF 형식으로 자동 백업을 할 수 있습니다. [설정 → 클라우드 및 백업]을 탭하고 [자동 백업]의 토글을 켜서 클라우드 저장소를 연동해 보세요. 저장소를 선택한 뒤엔 [Google Drive에 로그인]을 탭해 로그인해 주면 됩니다.

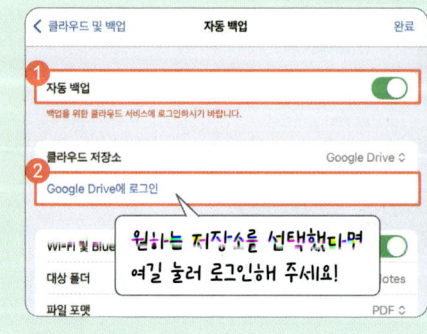

자동 백업을 켜는 방법

06-2
원하는 글꼴 설치해서 사용하기

글꼴을 내려받으면 굿노트뿐만 아니라 키노트, 블로 등 다양한 앱에서 디자인할 때 활용할 수 있고, 카카오톡 채팅창의 글꼴도 변경할 수 있습니다. 굿노트에서 손글씨 글꼴을 사용하면 타이핑만으로도 손글씨 느낌을 살릴 수 있어 필기의 즐거움을 더해 줍니다. 마음에 드는 글꼴을 다운로드해 굿노트 활용의 재미를 올려 볼까요?

▶ 글꼴을 내려받는다고 해서 아이패드 전체 UI의 글꼴이 바뀌지는 않습니다.

저는 굿노트에 여러 글꼴을 설치해 두고 필요할 때마다 사용해요. 깔끔한 고딕체를 쓰고 싶을 땐 '프리텐다드'체를 자주 사용하고, 감성적인 명조체로 어른스러운 느낌을 낼 때는 '을유1945'체를, 아기자기한 손글씨처럼 표현하고 싶을 때는 'Rix수박양'체를 즐겨 사용합니다. 특히 다이어리를 쓸 때 이 글꼴들을 사용하면 좋답니다.

> 깔끔한 PRTENDARD (프리텐다드)
> 감성있는 Eulyoo 1945 (을유 1945)
> 아기자기한 Rix X Subakyang 수박양

모두 무료로 내려받을 수 있는 글꼴들이에요!

저자가 내려받아 사용하고 있는 글꼴

📌 추천하는 글꼴 다운로드 웹 사이트

나만의 개성을 살린 글꼴로 작업하고 싶다면 여기서 추천하는 웹 사이트에 접속해서 글꼴을 내려받아 보세요. 같은 작업물도 어떤 글꼴을 사용하느냐에 따라 느낌이 크게 달라진답니다.

국문 글꼴 웹 사이트 — 눈누

상업 목적으로 이용할 수 있는 무료 한글 글꼴을 모아 소개하는 웹 사이트입니다. 구글의 '본고딕', 네이버의 나눔 시리즈, 우아한 민족 폰트 등 기업에서 무료로 배포하는 글꼴을 모아서 볼 수 있습니다.

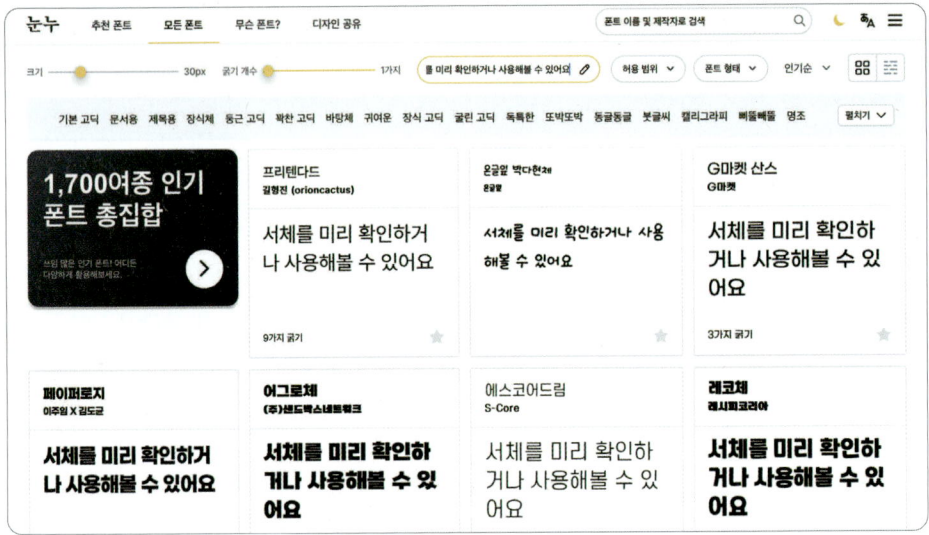

눈누(noonnu.cc)

영문 글꼴 웹 사이트 — 다폰트

다폰트(Dafont)는 영문 글꼴을 내려받을 수 있는 웹 사이트로, 모양에 따른 분류도 잘 되어 있고 글꼴 종류도 매우 많습니다. 일반적으로 사용하는 세리프(serif), 산세리프(san serif) 글꼴을 내려받으려면 [Basic]을 탭해 주세요. [Dingbats] 카테고리를 선택하면 기호 문자도 있어 타이핑하는 것만으로도 재미있는 문자를 생성할 수 있습니다.

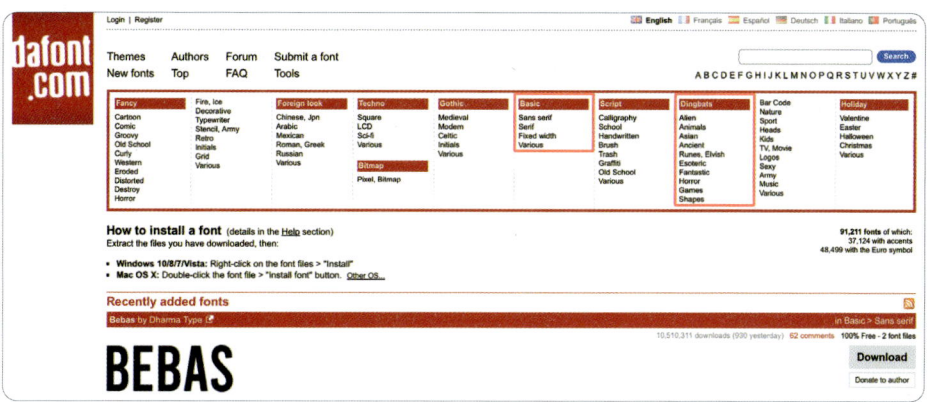

다폰트(dafont.com)

[More options]를 탭하면 저작권 범위를 설정할 수 있는데요. [Public domain/ GPL/OFL], [100% Free], [Free for personal use]에 체크하면 유튜브 등 상업 목적으로도 사용할 수 있는 글꼴을 찾을 수 있습니다. [Preview]에 미리 문구를 작성해 보면서 마음에 드는 글꼴을 찾아 보세요.

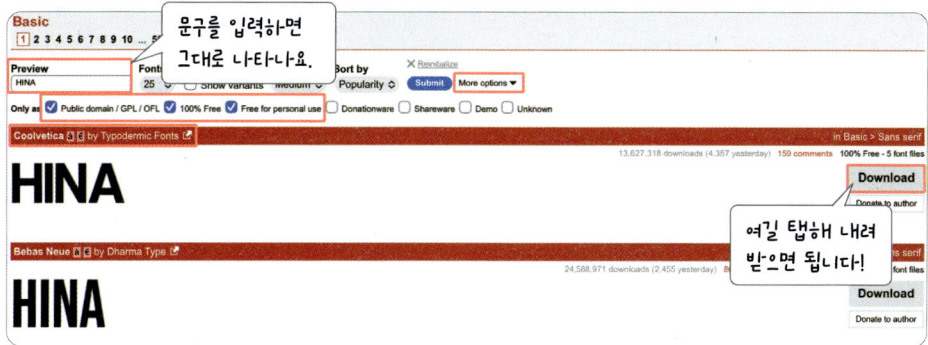

📌 내려받은 글꼴 파일 찾기

사파리 🧭 앱에서 내려받은 파일은 다운로드 항목 ⬇️에서 확인할 수 있지만, 아이패드의 파일 📁 앱에서도 찾을 수 있습니다. 앱 보관함에서 파일 앱을 연 다음 [다운로드]를 탭해 보세요. 내려받은 파일들이 보이나요?

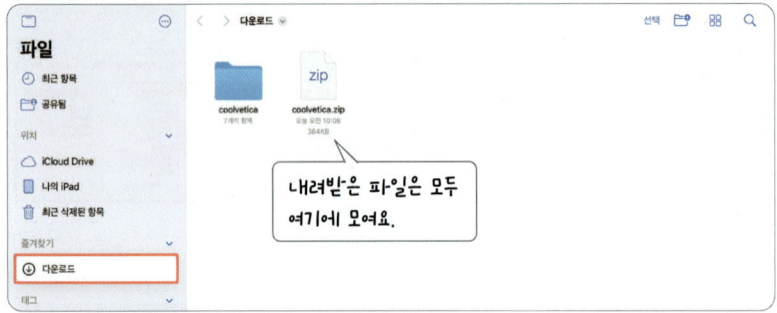

파일 앱을 연 모습

저장 경로를 변경하고 싶다면 앱 보관함에서 [설정 ⚙] 앱을 찾아 실행합니다. [앱 → Safari → 다운로드]에서 파일을 어디에 저장할지 선택해 주세요.

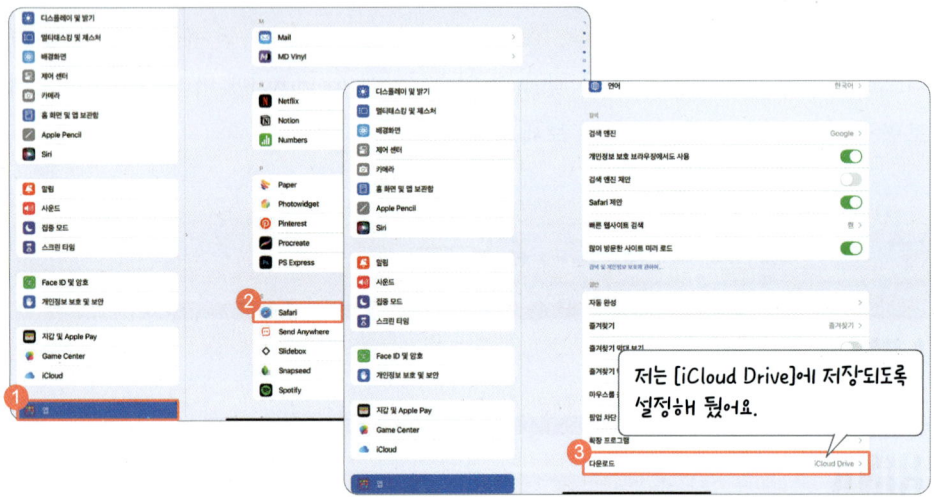

저장 경로를 변경하는 방법

📌 아이패드용 글꼴 설치 앱, 아이폰트

아이패드에서는 시스템 폰트를 직접 변경할 수 없고, 일부 앱에서는 폰트가 적용되지 않을 수도 있습니다. 하지만 일반적으로 앱 내에서 사용하는 폰트는 아이폰트(iFont) 앱을 통해 설치할 수 있습니다.

아이폰트 앱

하면 된다!} **아이폰트로 글꼴 설치하기**

글꼴을 내려받고 아이폰트로 설치하는 방법을 알아보겠습니다. 이번 실습은 아이패드의 기본 웹 브라우저인 [사파리 🧭] 앱을 사용해 볼게요. 앱 보관함에서 사파리 앱을 찾아 열어 보세요.

글꼴 설치하기

01 다폰트에서 글꼴 내려받기

다폰트(dafont.com)에 접속합니다. 검색 창에 ❶ Bebas를 입력하고 ❷ [Search]를 탭합니다.

02 ❶ [Download]를 탭하면 다운로드할지 물어보는 창이 나타납니다. ❷ [다운로드]를 탭합니다.

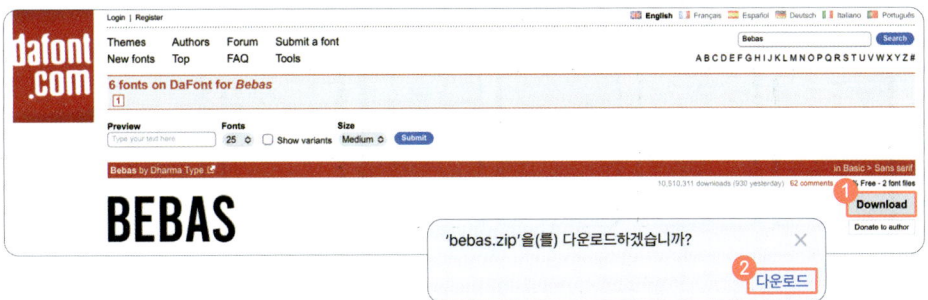

03 오른쪽 상단에 [다운로드 항목 ⬇]이 나타납니다. 한 번 탭해 폰트 파일이 나타나는지 확인하세요.

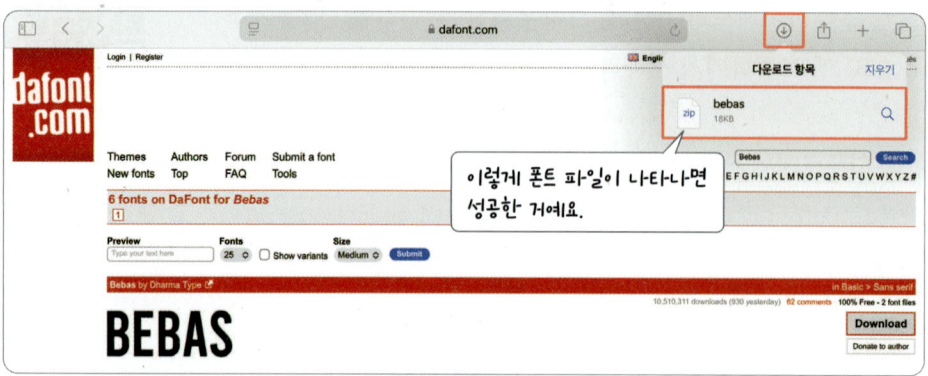

이렇게 폰트 파일이 나타나면 성공한 거예요.

04 아이폰트 앱 설치하고 글꼴 파일 불러오기

앱스토어 🅰 에 접속하고 [아이폰트 f] 앱을 아이패드에 설치해 주세요.

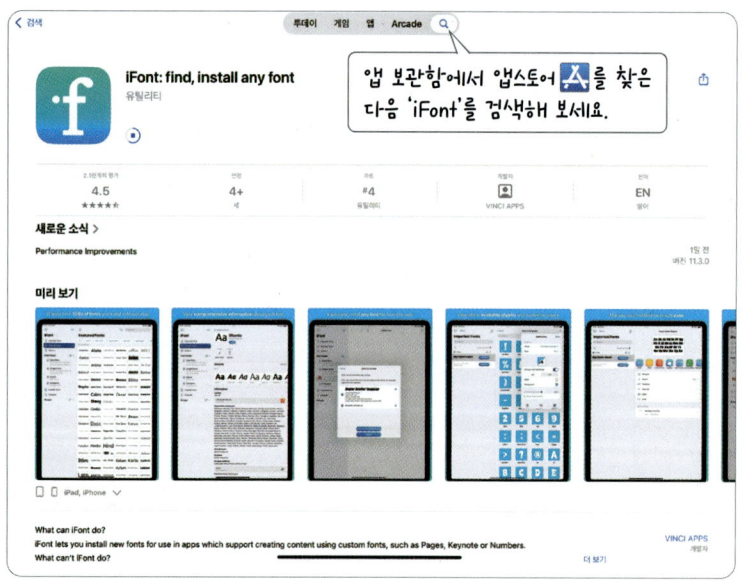

앱 보관함에서 앱스토어 🅰 를 찾은 다음 'iFont'를 검색해 보세요.

202 된다! 하루 5분 아이패드 기록 생활

05 [아이폰트 f] 앱을 엽니다. ① 상단의 [불러오기 📥]를 탭한 후 ② 왼쪽의 [iCloud Drive → 다운로드]를 선택합니다. 다운로드 폴더가 열리면 ③ 다폰트에서 내려받은 파일을 선택하고 ④ [열기]를 탭하세요.

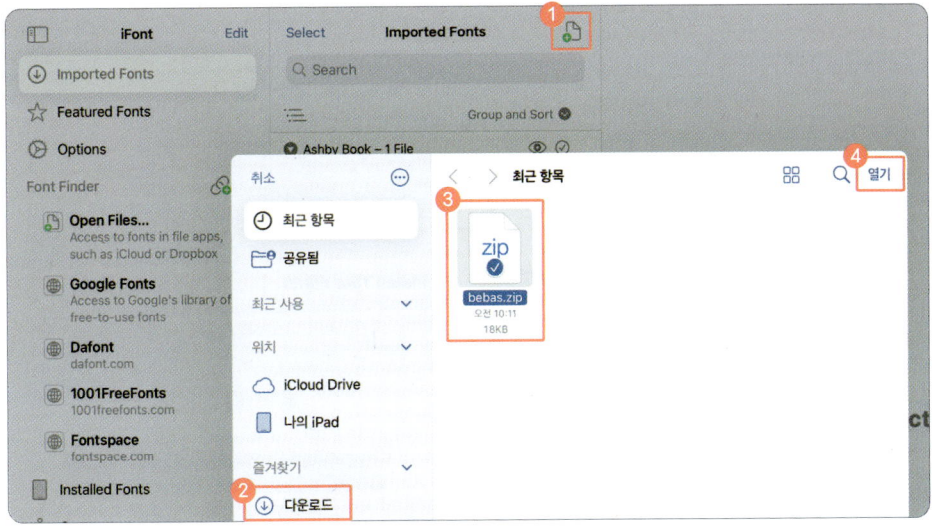

06 몇 가지의 파일들이 자동으로 선택되어 있을 거예요. ① 파일명에 .TXT가 붙은 파일 두 개를 체크 해제한 후 ② [Import]를 탭해 불러옵니다.

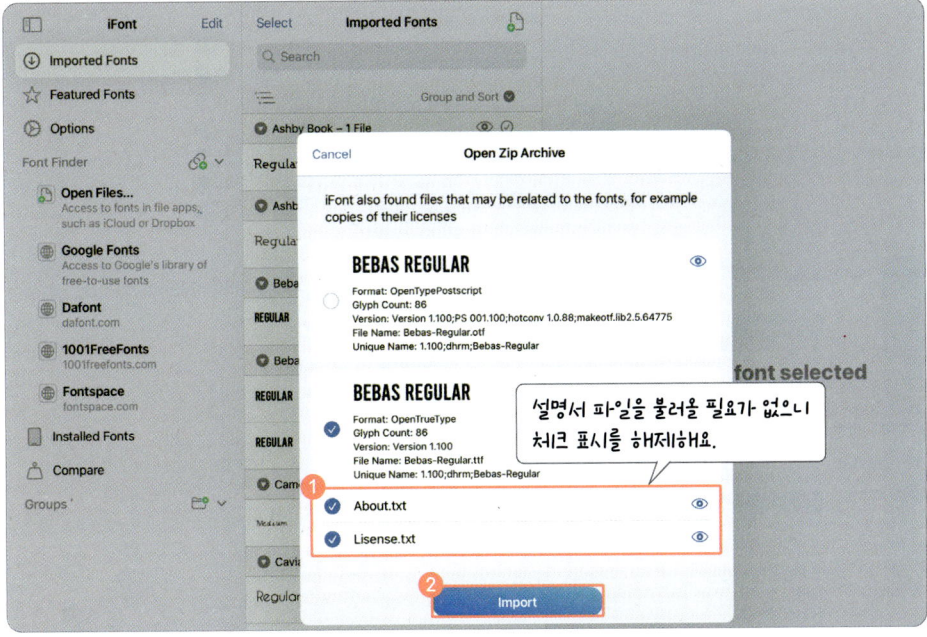

07 이어서 화면 가운데 부분에서 글꼴 오른쪽에 파란색으로 활성화된 ❶ [INSTALL]을 탭하고 ❷ [Continue]를 탭합니다.

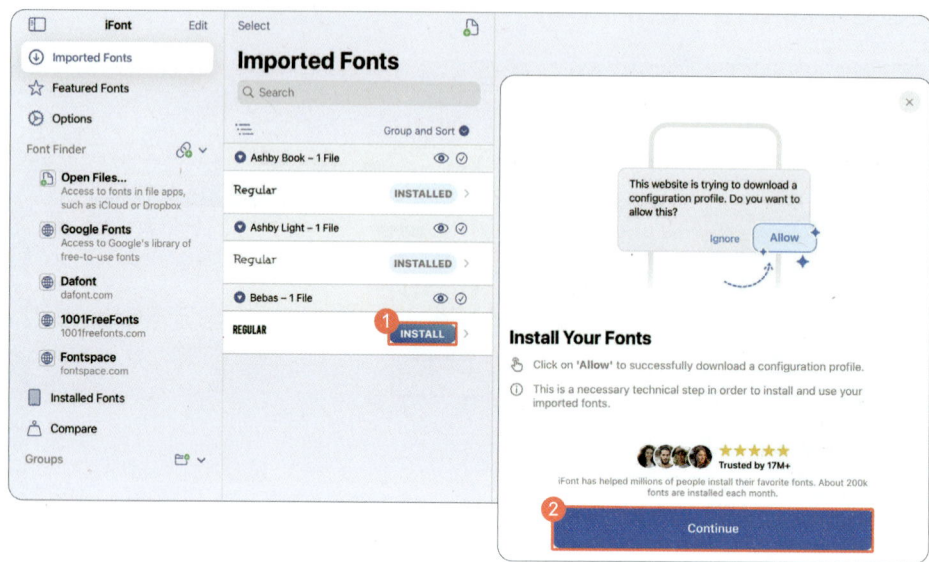

08 프로필 다운로드 허용 창이 나타나면 ❶ [허용]을 탭합니다. ❷ [프로필이 다운로드됨] 창이 나오면 [닫기]를 탭합니다.

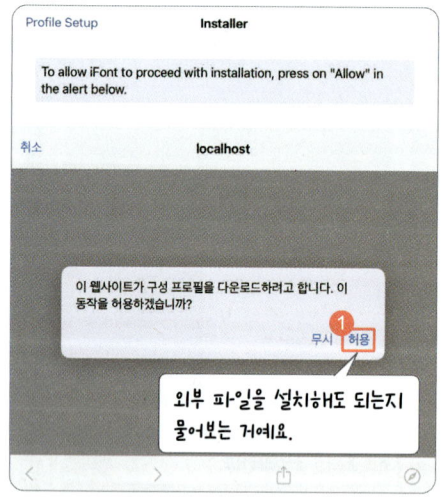 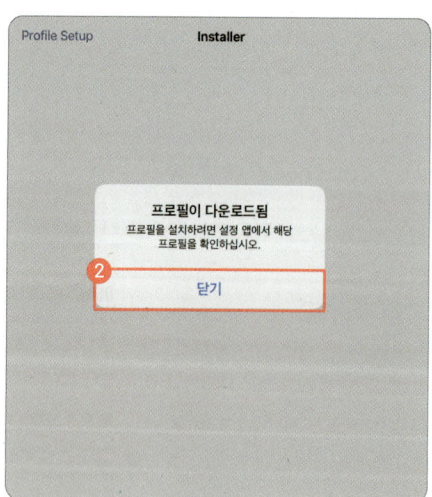

09 설정 앱에서 글꼴 마저 설치하기

이제 화면에 다음과 같은 내용이 보일 거예요. [Open Settings]를 탭하면 설정 앱이 열립니다.

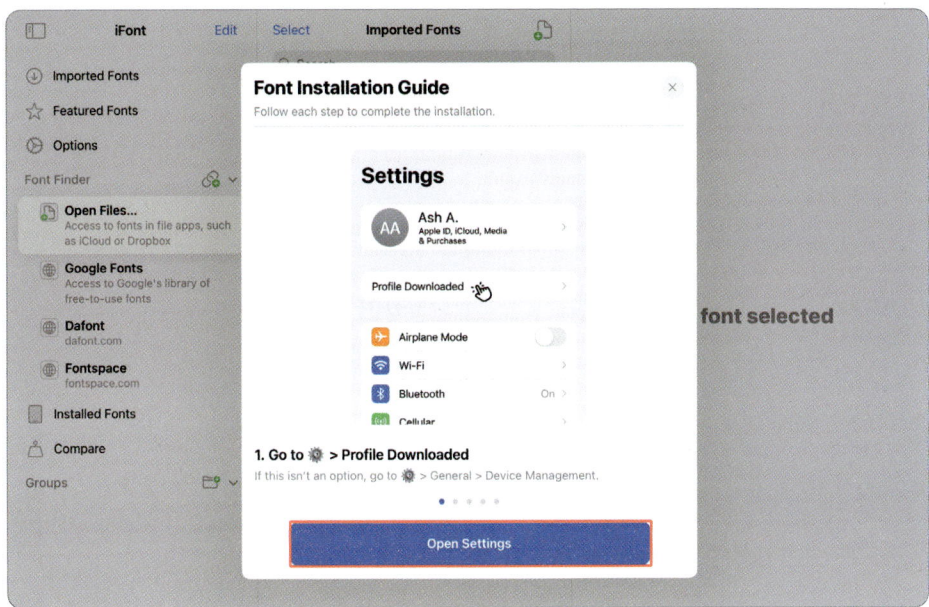

▶ 아이패드에서 외부 파일을 직접 설치하려면 이런 과정을 거쳐야 해요.

10 ❶ [일반]에서 ❷ [VPN 및 기기 관리]를 탭합니다. ❸ [다운로드된 프로필] 아래에 있는 [Bebas Regular]를 선택합니다.

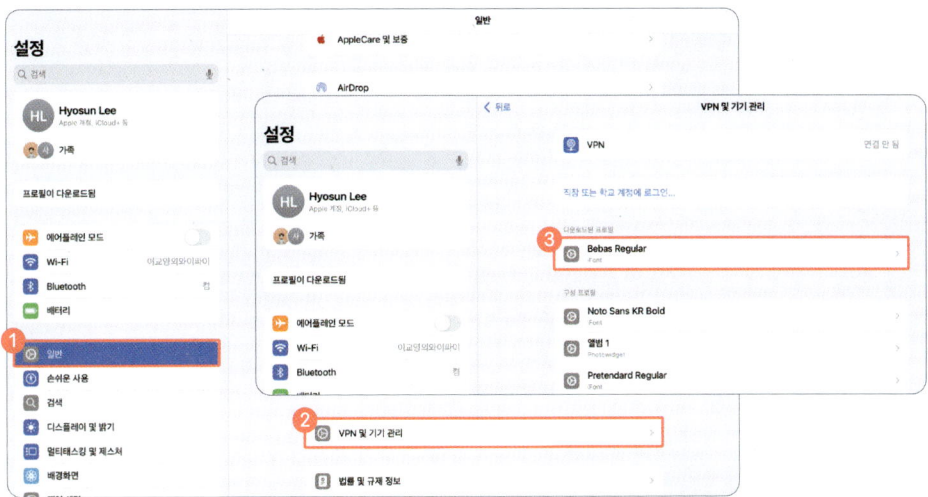

06 ★ 굿노트 다이어리로 완성하는 아이패드 기록 **205**

11 ❶ 오른쪽의 [설치]를 탭합니다. 아이패드에 잠금이 걸려 있다면 [암호 입력] 창이 나올 거예요. ❷ 비밀번호를 입력하고 [경고] 창에서 ❸ [설치]를 탭합니다.

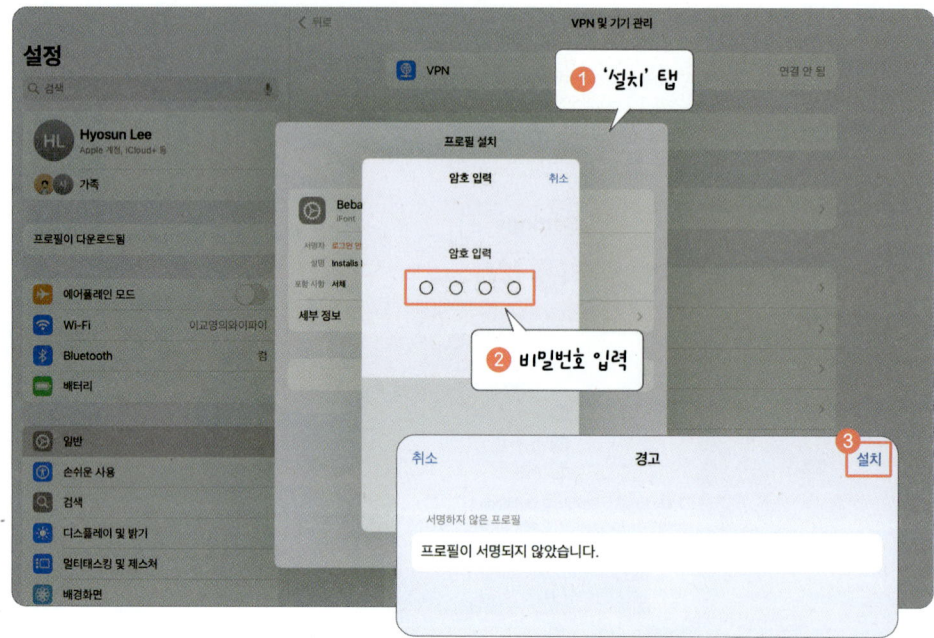

12 다시 한번 [프로필 설치] 창이 나타납니다. ❶ [설치]를 탭합니다. [프로필 설치됨] 창이 나타나면 ❷ [완료]를 선택합니다.

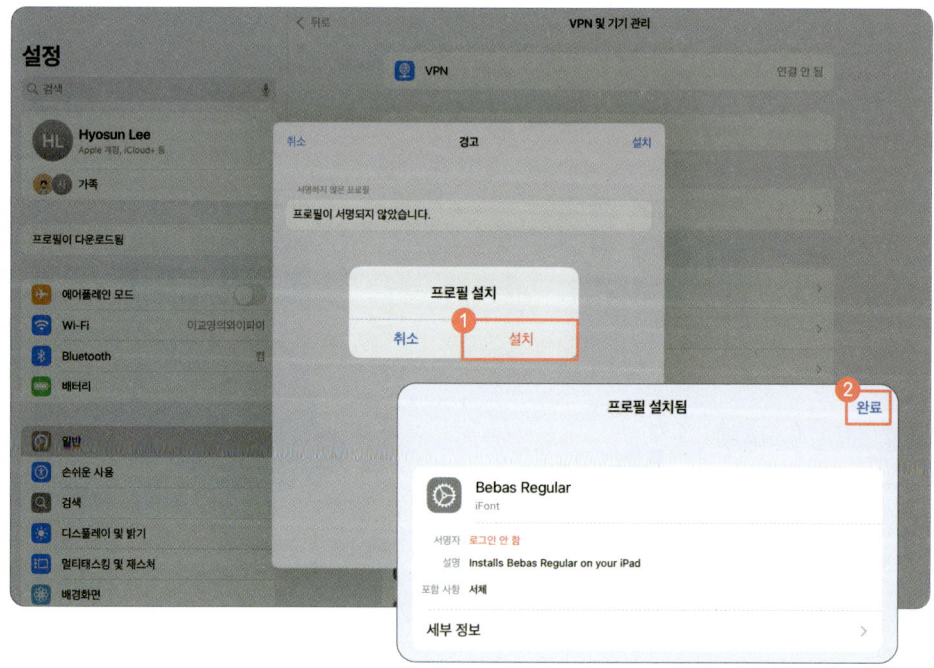

13 다시 아이폰트 앱에 접속해 보면 폰트가 잘 설치되었다는 [Font Installed] 창이 나타납니다. 글꼴 설치가 끝났습니다. ⊠를 탭해 닫아 주세요.

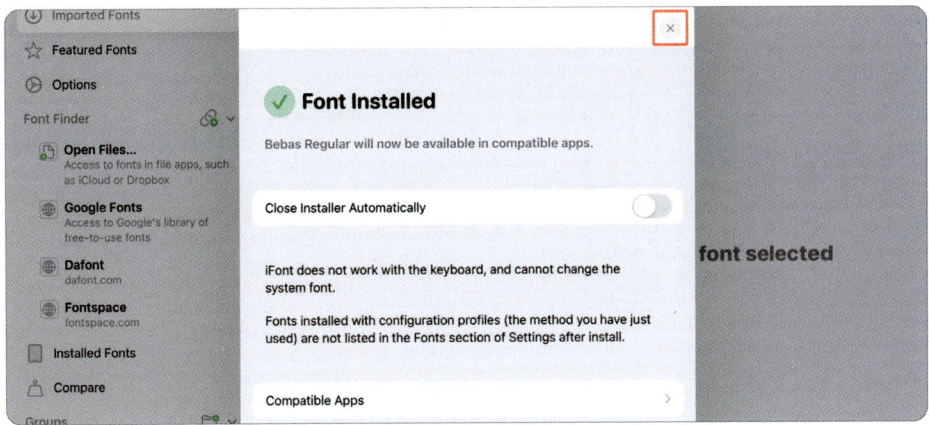

하면 된다!} 카카오톡과 굿노트로 설치한 글꼴 불러오기

카카오톡과 굿노트에 방금 내려받은 폰트를 적용해 볼게요. 이번 실습에서는 영문 폰트 'Bebas'를 사용했지만, 카카오톡에서는 다양한 한글 폰트를 활용해 대화창을 꾸며 보세요.

01 카카오톡에서 글꼴 불러오기

[카카오톡 💬] 앱을 실행한 후 ❶ [더보기]를 탭합니다. ❷ [설정 ⚙]을 선택하고 ❸ [화면]을 탭합니다.

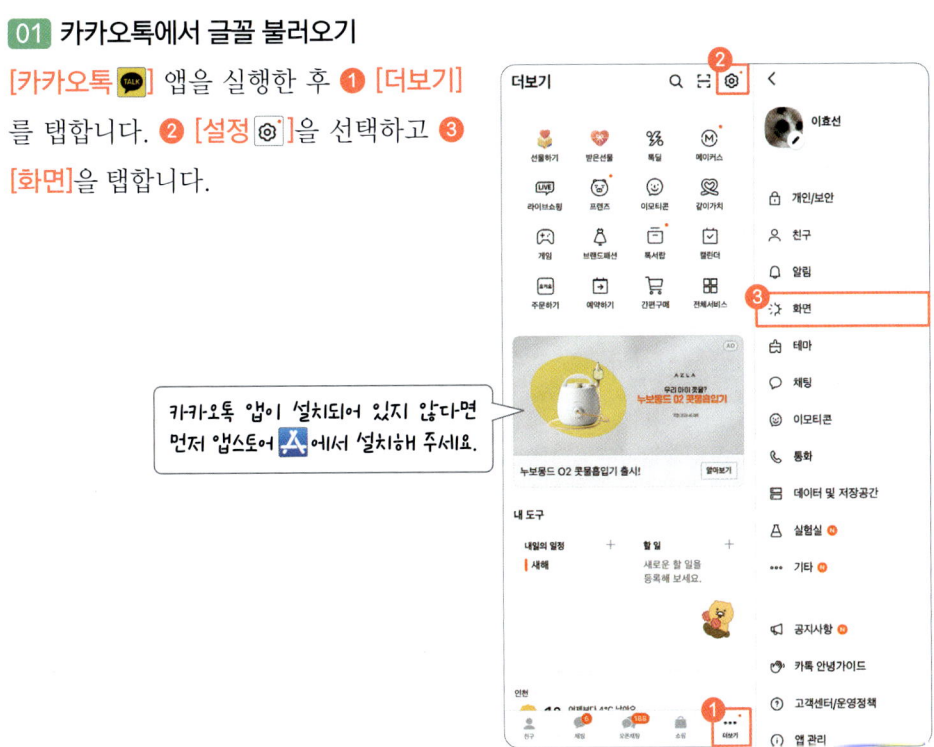

카카오톡 앱이 설치되어 있지 않다면 먼저 앱스토어 🅰 에서 설치해 주세요.

06 ★ 굿노트 다이어리로 완성하는 아이패드 기록   **207**

02 ❶ [글자크기/글씨체]를 선택하고, ❷ [글씨체] 메뉴에서 [OS서체]를 탭한 뒤, 방금 내려받은 ❸ [Bebas]를 선택하세요.

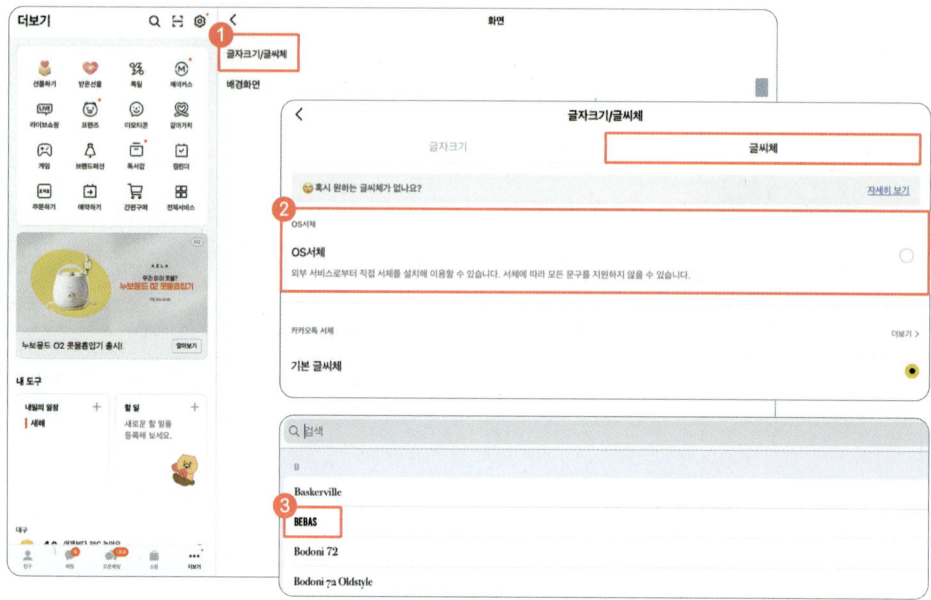

03 이제 채팅창으로 돌아가 채팅을 작성해 보면, 새로운 글꼴이 적용된 모습을 확인할 수 있습니다.

같은 방법으로 마음에 드는 글꼴을 설정해 보세요.

04 굿노트에서 글꼴 불러오기

굿노트에서는 별도의 과정 없이 글꼴을 바로 사용할 수 있습니다. ❶ [텍스트 🆃]를 탭해 텍스트 상자를 추가한 뒤 ❷ 오른쪽의 서체 이름을 탭합니다. ❸ [서체] 메뉴에서 [Bebas]를 찾아 선택하고 텍스트를 입력하면 적용됩니다.

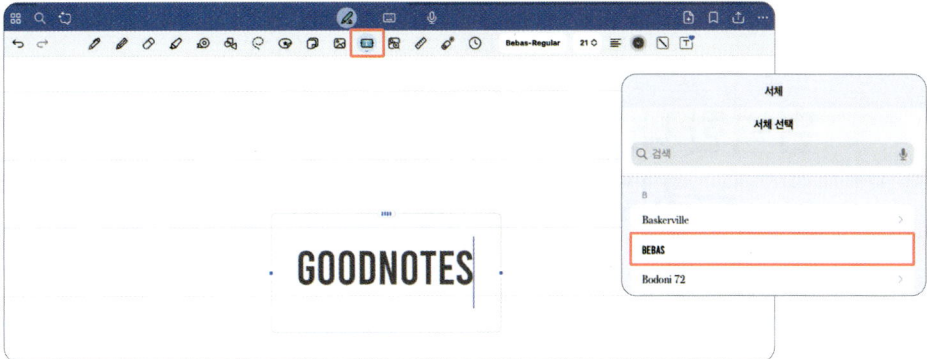

하면 된다!} 설치한 글꼴 삭제하기

01 앱 보관함에서 [설정 ⚙]을 찾아 실행한 다음 [일반 → VPN 및 기기 관리]를 탭합니다. [구성 프로필] 아래에 있는 [Bebas Regular]를 선택합니다.

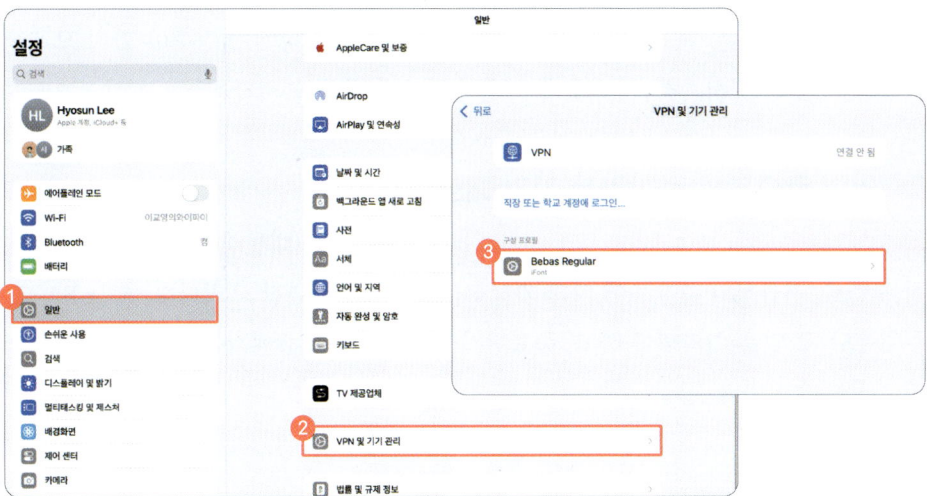

02 다음으로 아래에 나타난 [프로필 제거]를 선택하고, 다시 한번 나타난 창에서 [제거]를 탭하면 삭제됩니다.

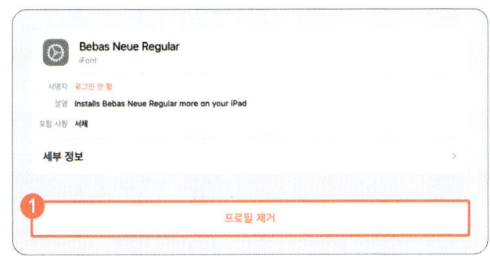
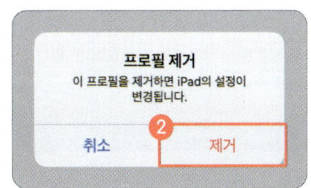

06-3
완벽한 내일을 계획하는 방법 2가지 — 시간 매트릭스, 만다라트

모든 계획의 시작은 '목표 설정'입니다. 인생의 목표를 어떻게 설정해야 할지 모르겠다고요? 굿노트에서 두 가지 노트를 이용해 계획을 세워 봅시다.

📌 일의 중요도를 정리하는 시간 매트릭스

시간 매트릭스(time management matrix)는 미국의 34대 대통령 아이젠하위가 고안한 모델로, 긴급성과 중요도에 따라 카테고리를 4개로 분류한 표입니다. A → B → C → D 순서로 일을 처리해야 하고, 중요도가 떨어지는 C와 D에서는 최대한 짧은 시간만 사용해야 합니다.

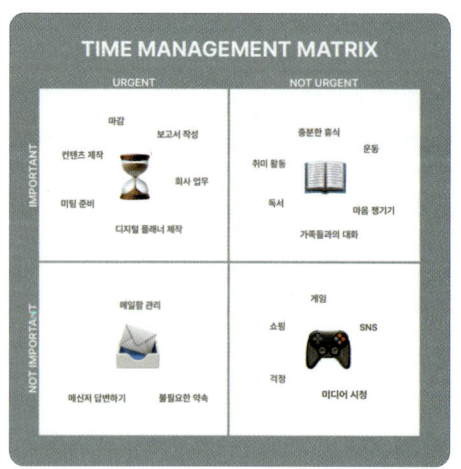

시간 매트릭스에 써야 하는 내용   저자가 작성한 시간 매트릭스 예시

저는 모든 계획을 세우기 전에 먼저 시간 매트릭스를 작성하고, 중요도를 체크하며 이를 자주 확인합니다. 아무리 바쁘고 정신없어도 시간 매트릭스에서 가장 중요한 일이 무엇인지 확인하고 이를 반드시 계획에 포함합니다. '바쁘다'는 말을 입에 달고 살던 저도 지금은 하루 2시간 정도를 가족과 시간 보내기, 운동 다니기, 여유롭게 책 읽는 시간 갖기로 사용하고 있어요. 일에 쓸 시간이 부족하지 않을까 걱정했지만, 건강도 챙기고 가족들과 좋은 시간을 많이 보냈는데도 막상 실행한 업무의 양은 거의 비슷하다는 걸 깨달았습니다. 저는 바쁜 사람이 아니라 시간의 중요도 관리를 잘 하지 못하는 사람이었다는 것을 느끼게 됐죠.

하면 된다!} 시간 매트릭스에 작성할 내용 메모하기

굿노트에 옮기기 전, 먼저 채울 내용을 책에 직접 메모해 보세요. 굿노트에 입력할 때 고민 없이 작성할 수 있답니다.

시간 매트릭스

	급한 일	급하지 않은 일
중요한 일		
중요하지 않은 일		

하면 된다!} 굿노트에서 시간 매트릭스 작성하기

굿노트로 불러온 시간 매트릭스 표를 채워 보세요. 여러분의 일상이 중요도 순으로 정리되면서 하루를 알차게 보낼 수 있을 거예요.

01 파일 내려받기

먼저 ① [카메라 ] 앱으로 오른쪽의 QR코드를 스캔합니다. ② 하단에 나타난 [blog.naver.com]을 탭합니다.

양식 내려받기

02 사파리 앱이 켜지며 파일을 내려받을 수 있는 주소로 이동합니다. 스크롤을 내려 ① [다운로드 ⬇]를 탭하고 ② [내 컴퓨터 저장]을 선택합니다.

`03` 다운로드할지 묻는 창이 나타나면 ❶ [다운로드]를 탭합니다. 상단의 ❷ [다운로드 ⬇]] 버튼을 탭하고 [타임매트릭스와 만다라트] 옆의 ❸ [돋보기 🔍]를 탭합니다.

`04` 오른쪽 상단의 ❶ [공유 ⬆] 버튼을 탭하고 ❷ 나타나는 창에서 [Goodnotes]를 선택합니다.

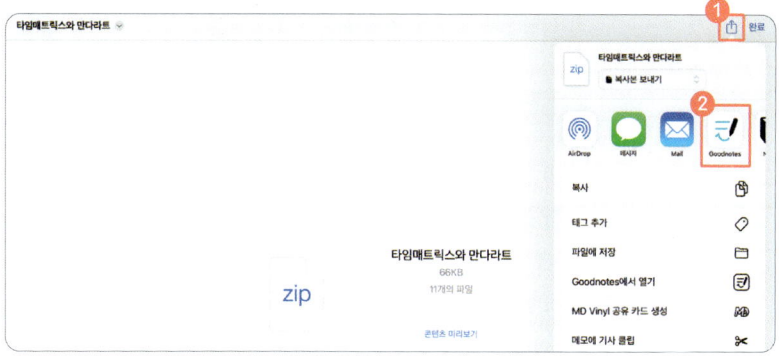

`05` **굿노트 앱으로 파일 불러오기**

굿노트 앱이 열리며 [Goodnotes로 불러오기] 창이 나타납니다. [새로운 문서로 불러오기]를 선택합니다.

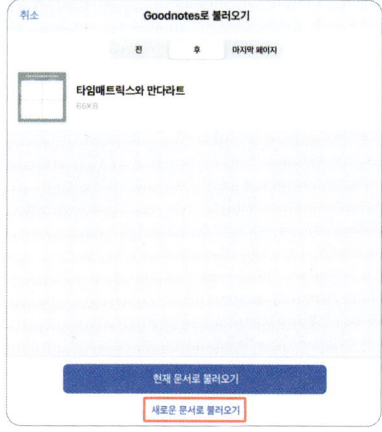

06 내용 입력하기

시간 매트릭스 양식이 열렸습니다. ❶ [텍스트 T]를 선택해 내용을 입력해 봅시다. ❷ 내용을 입력할 빈 칸을 탭하면 텍스트 상자가 생깁니다. 여기에 **마감**을 입력해 보겠습니다.

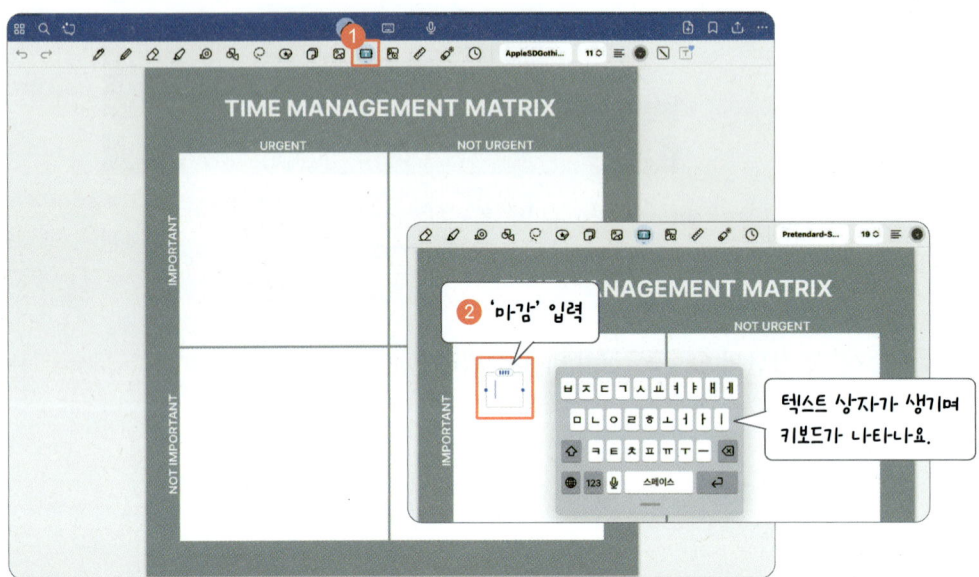

07 글자 크기 조절하고 위치 이동하기

❶ 바깥의 빈 공간을 탭했다가 ❷ 다시 [텍스트 T]를 선택합니다. ❸ 글자 크기를 조절합니다. 여기서는 **19pt** 정도로 맞춰 보겠습니다.

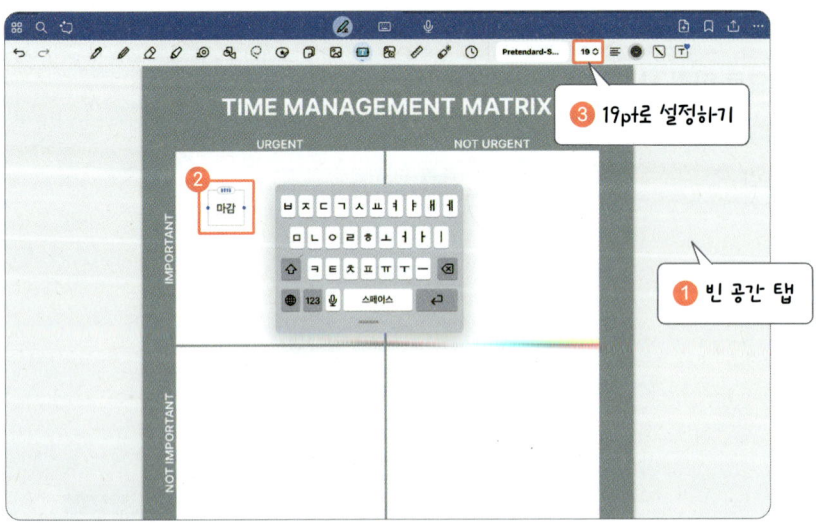

08 텍스트의 [====]를 드래그해 위치도 자유롭게 옮겨 보세요. 같은 방식으로 나머지 항목도 입력합니다.

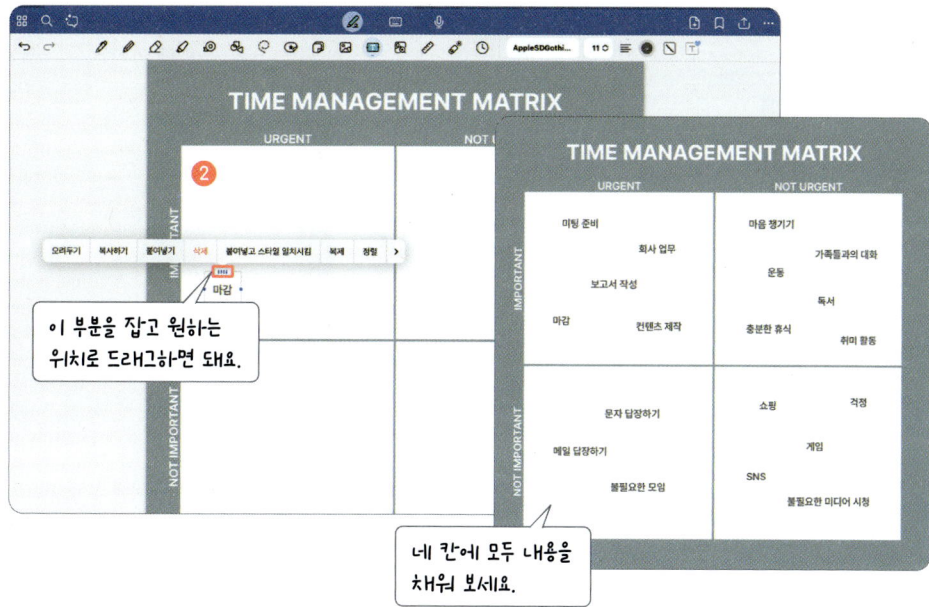

09 항목들 가운데에 아이콘도 추가해 볼게요. ❶ [텍스트 T]를 선택하고 ❷ 키보드에서 [이모티콘 ☺]을 탭합니다. ❸ 오른쪽의 검색 창에 모래시계, 책, 메일, 게임을 각각 입력해 아이콘을 불러옵니다.

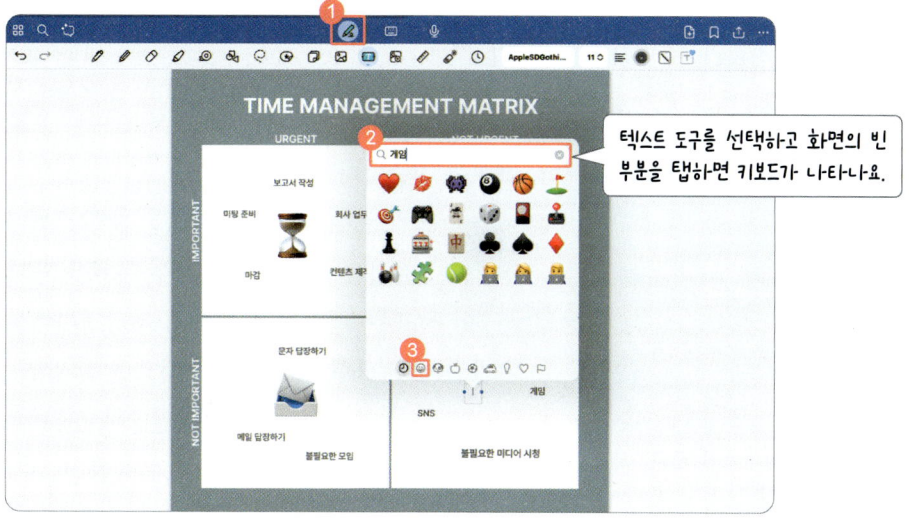

10 시간 매트릭스가 완성됐습니다.

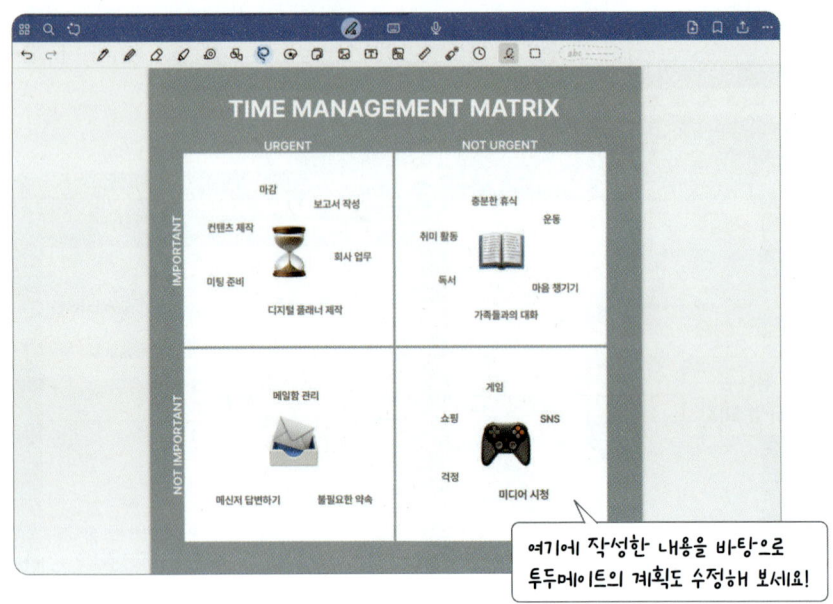

여기에 작성한 내용을 바탕으로 투두메이트의 계획도 수정해 보세요!

📌 핵심 목표와 세부 계획을 정리하는 만다라트

만다라트(mandalart)는 일본 디자이너 이마이즈미 히로아키가 개발한 발상 기법으로, manda+la+art(목적을 달성하는 기술)가 결합한 용어입니다. 인생의 목표는 물론 프로젝트를 시작하기 전 계획 단계에서도 유용하게 사용할 수 있습니다. 가운데에 핵심 목표를 작성한 후 그 목표를 달성하기 위한 세부 목표와 세부 목표에 대한 내용을 작성하는 방식입니다.

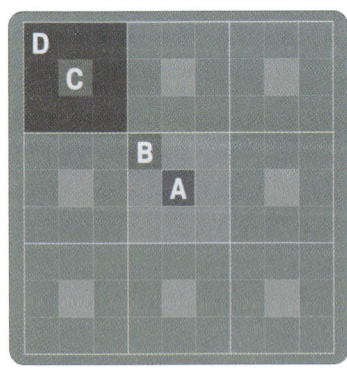

만다라트의 기본 구성

❶ **핵심 목표 설정:** 먼저 A에 핵심 목표 또는 프로젝트를 적습니다.

❷ **세부 목표 설정:** A를 둘러싸고 있는 B에는 A(핵심 목표) 달성을 위한 9가지 세부 목표를 씁니다. 이 목표는 '독서', '건강'처럼 추상적이어도 괜찮습니다. 균형 있고 폭넓게 적으면 됩니다.

❸ **하위 계획 설정:** C에는 B에 썼던 세부 목표를 한 번 더 적습니다. 그리고 세부 목표를 이루기 위한 하위 계획을 D에 추가합니다. C에 '건강'을 적었다면 D에 주 3회 필라테스, 매일 비타민 챙겨 먹기 등을 쓸 수 있겠죠?

시간 매트릭스가 그날의 계획을 세울 때 유용하다면, 만다라트는 새해 계획이나 콘텐츠 계획처럼 일년의 목표를 정리할 때 활용하면 좋습니다. 이번에는 제가 인생에서 중요하게 생각하는 가치를 중심으로 만다라트를 작성해 보았는데요. 목표를 더 구체화하고, 실천 방안을 명확히 정리하는 데 큰 도움이 되었답니다.

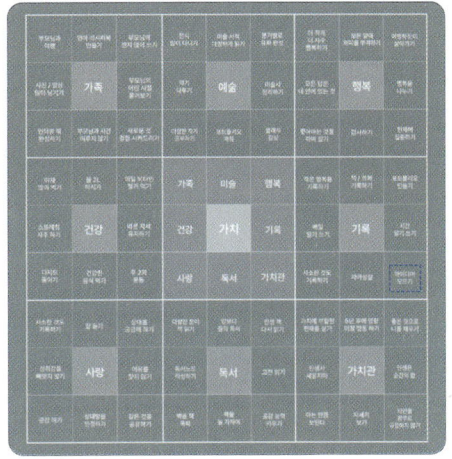

저자가 작성한 만다라트 예시

만다라트는 일본의 야구선수인 오타니 쇼헤이의 비밀이라고도 잘 알려져 있습니다. 중심 목표를 기준으로 세부 목표를 작성해서 꿈을 이루기 위한 과정을 한눈에 볼 수 있죠. 오타니는 구단의 1위가 되기 위해 몸 만들기, 멘탈, 인간성, 운, 변화구 등을 세부 목표로 잡았는데요. '멘탈'을 둘러싼 하위 계획에는 일희일비하지 않기, 마음의 파도를 일으키지 않기 등이 적혀 있다고 합니다. 재미있는 건 '운' 역시 자신의 편으로 만들 수 있게 세부 목표로 적고, 하위 계획으로 인사하기, 책 읽기, 물건 소중히 하기, 청소 등을 적었다는 것입니다. 꿈을 이루기 위해 목표를 자세히 정리해 보세요. 뭐든 이룰 수 있을 것 같은 자신감이 생겨난답니다.

> ### 🖍 희나의 꿀팁 | 세부 목표를 정할 때 유용한 SMART 기법
>
> SMART 기법이란 경영 컨설턴트 조지 도란(George T. Doran)이 제시한 기법으로, 목표를 세분화할 때 효과가 큰 방법입니다. 만다라트에 적을 세부 목표를 정할 때 참고해 보세요.
>
> - [Specific]: 목표는 명확하고 구체적이어야 한다.
> - [Measurable]: 목표는 측정할 수 있어야 한다.
> - [Attainable]: 목표는 달성하기 어렵지 않아야 한다.
> - [Realistic]: 목표는 현실적이어야 한다.
> - [Timely]: 목표는 마감 기한이 있어야 한다.

하면 된다!} 만다라트로 프로젝트 정리하기

굿노트에 옮기기 전, 먼저 채울 내용을 책에 메모해 보세요.

▶ 만다라트 작성법이 기억나지 않으면 바로 앞 장의 예시를 참고하세요!

하면 된다!} 굿노트에서 만다라트 작성하기

01 시간 매트릭스 실습에서 사용했던 타임매트릭스와 만다라트.GOODNOTES 파일을 다시 활용할 거예요. 다음 페이지를 넘겨 보면 만다라트 양식이 나타납니다. ❶ [텍스트 T]를 선택해 내용을 입력해 봅시다. ❷ 내용을 입력할 빈 칸을 탭하면 텍스트 상자가 생깁니다. 여기에 가치를 입력해 보겠습니다.

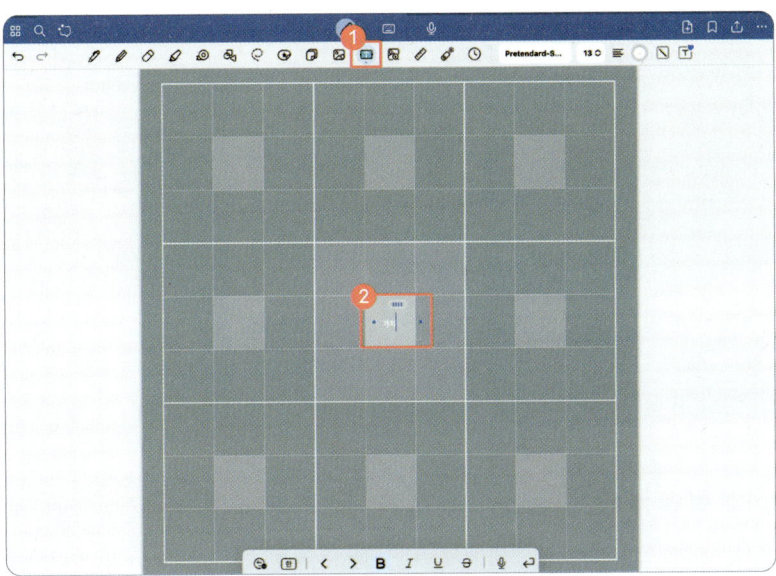

02 핵심 목표가 잘 보이도록 글자 크기를 조금 키워 봅시다. ❶ 텍스트를 선택하고 ❷ 글꼴 오른쪽의 숫자를 탭해 글자 크기를 조절합니다. 여기서는 20pt 정도로 맞춰 보겠습니다.

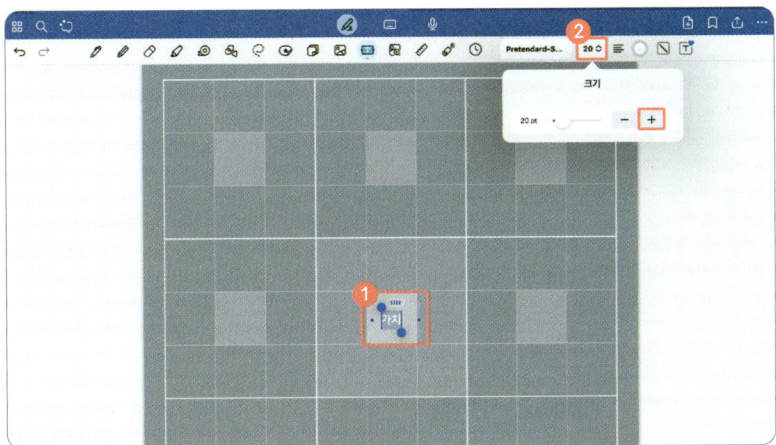

03 하위 항목들의 글씨도 같은 크기로 작성해야 하는데, 매번 설정을 반복하려면 불편하겠죠? 텍스트를 선택한 채 [텍스트 스타일 T → 기본값으로 저장]을 탭합니다.

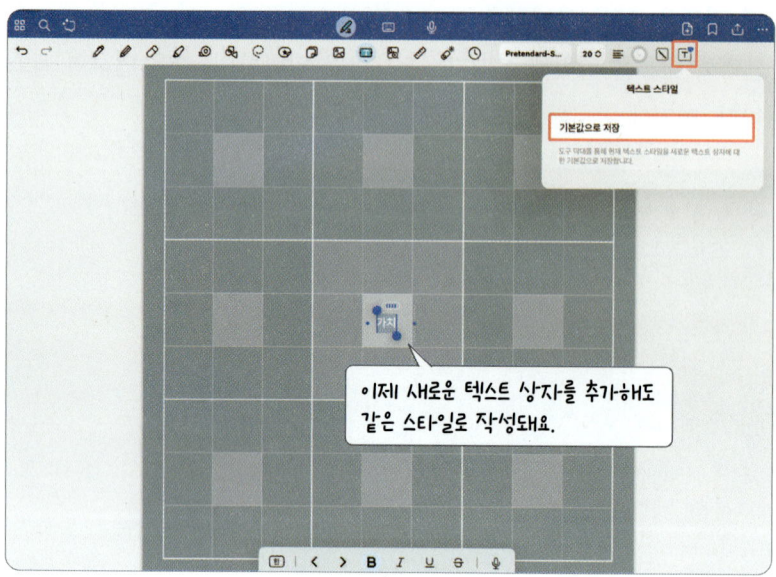

04 주변에 들어갈 하위 계획도 작성합니다. 하위 계획의 글자 크기는 12pt 정도로 맞춰 볼게요. 다시 ❶ [텍스트 T]를 선택해 ❷ 내용을 다음과 같이 입력하고, ❸ 글꼴 오른쪽의 숫자를 탭해 글자 크기를 조절합니다.

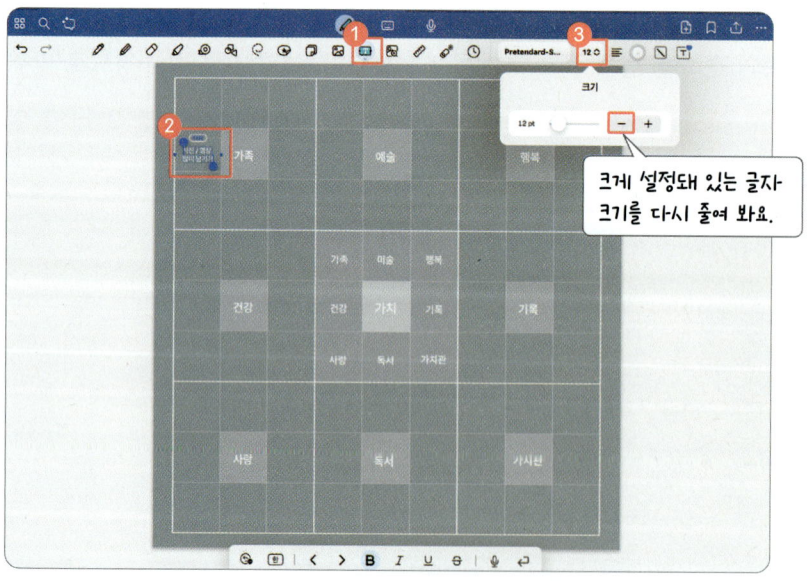

05 내용을 모두 작성했다면 올가미툴을 이용해 글자를 반듯하게 정렬해 봅시다. ❶ [올가미]를 선택하고 ❷ 모양을 [사각형]으로 바꿉니다. ❸ 위치를 조정하고 싶은 글자를 선택해 가운데 부분으로 옮겨 줍니다. 다음과 같이 반듯하게 정렬하면 됩니다.

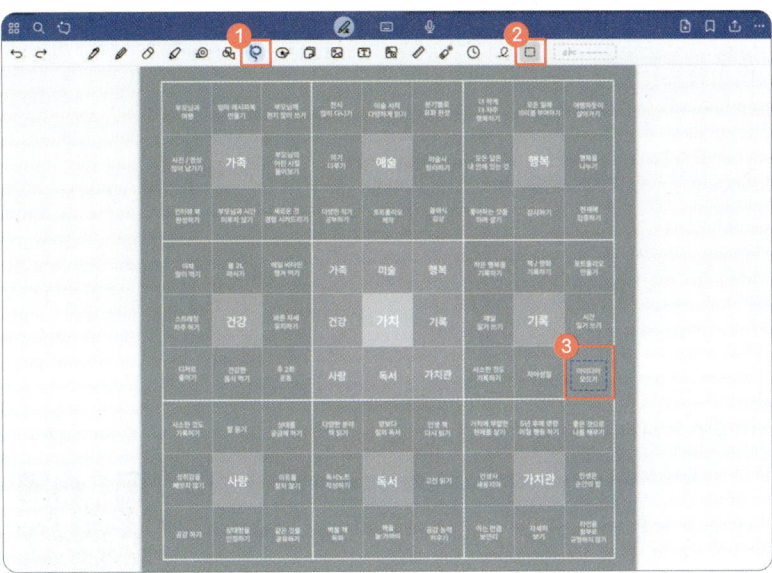

06 만다라트가 완성됐습니다.

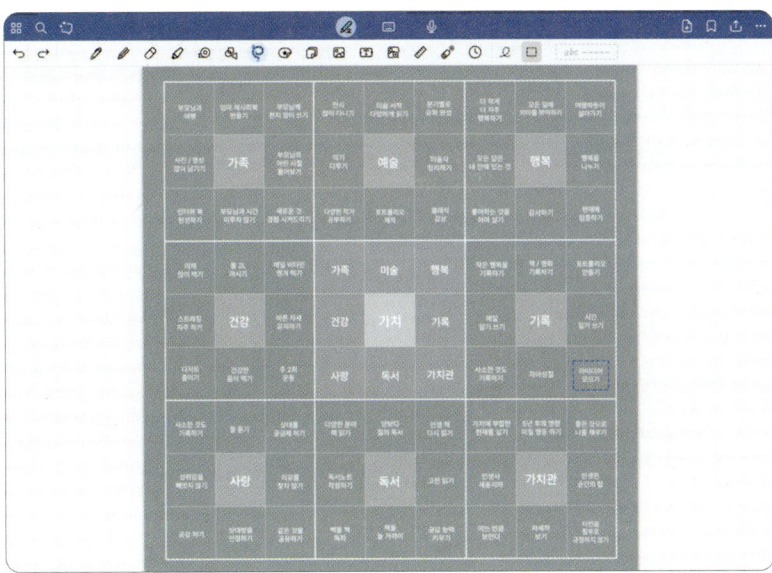

06-4

하루, 일 년을 계획하고 기록하는 법

제가 운영하는 희나 유튜브에서 공유하는 다이어리는 제가 사용하고 싶은 스타일로 직접 제작한 거예요. 이제 이 템플릿을 함께 보면서 기록에 있어서 가장 중요하게 생각하는 페이지를 소개하겠습니다. QR코드를 스캔해서 블로그에서 템플릿을 내려받고 굿노트로 불러오세요.

템플릿 내려받기

▶ 내려받는 방법이 기억나지 않는다면 06-3절을 참고하세요.

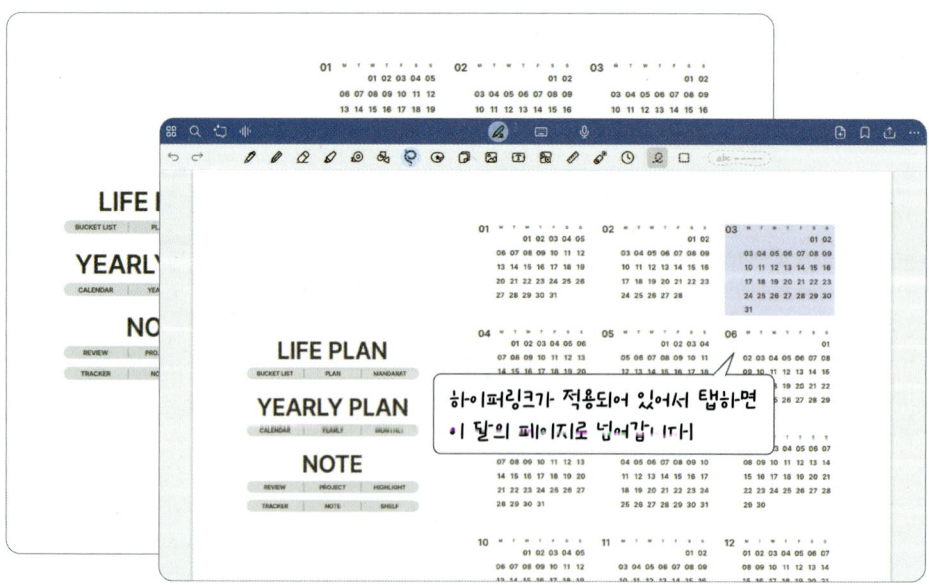

저자의 굿노트 템플릿

📌 인생/연간 계획하기

흔들리지 않는 건축물을 만들 때 가장 중요한 것은 설계와 기초 공사입니다. 내부를 아무리 화려하게 장식해도 건물이 무너지면 소용이 없죠. 마찬가지로 인생에도 설계와 기초 공사가 필요합니다. 인생 전반의 뼈대를 만든 후 그것을 바탕으로 하루를 채워 나갔을 때 가장 안정적으로 살아갈 수 있습니다.

저는 인생 계획과 연간 계획을 세울 때 [인생의 태도], [업무], [자기 계발], [건강&뷰티], [관계]를 카테고리로 사용합니다. 인생 계획은 3년에서 5년 단위로, 연간 계획은 인생 계획 중에서 올해 할 수 있는 계획을 좀 더 상세하게 적어요. 인생 계획을 먼저 적어 두면 연간, 월간, 주간 계획을 세우는 것이 수월해집니다.

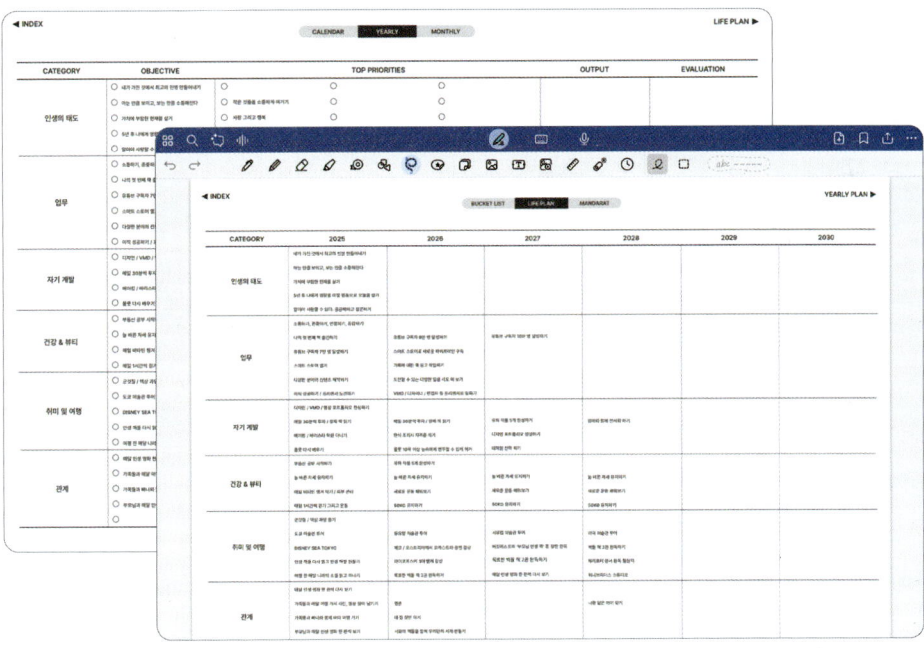

저자의 인생/연간 계획 페이지

📌 월간 계획하기

▶ 월간 계획하기

월간 계획 페이지에는 다음 달의 계획과 목표를 설정합니다. 월간 계획을 말일마다 작성해 두면 계획을 세운 달에 할 일을 잊지 않도록 도와줍니다. 왼쪽에 있는 체크리스트에는 월 목표와 계획, 약속을 상세하게 적습니다. 하고 싶은 일, 방문하고 싶은 장소 목록을 만들 수도 있습니다.

오른쪽에 있는 캘린더에는 할 일을 적어 주는데요. 일정은 변동되기 쉬워서 블록으로 만들어서 관리하면 편리합니다. 카테고리마다 색상을 지정하고 일정 블록을 만들어서 사용하면 블록 색상만 보고도 어떤 일정에 가장 많은 시간을 쏟았는지 한눈에 확인할 수 있습니다.

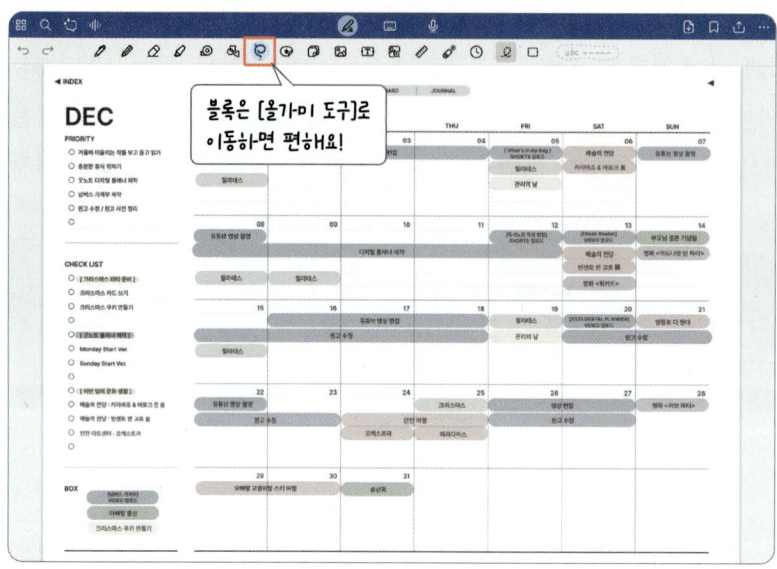

저자의 월간 계획 페이지

하면 된다!} 월간 계획 페이지에서 일정 블록 만들기

이제 직접 월간 계획 페이지를 수정해 봅시다.

01 내려받은 템플릿을 열고 15페이지로 넘깁니다. ❶ [하이라이터 ✎]를 선택하고 ❷ 크기를 3.5~5.5mm로 설정합니다. ❸ 끝점에서 펜을 떼지 않고 1초 정도 기다리면 반듯하게 선을 그을 수 있어요.

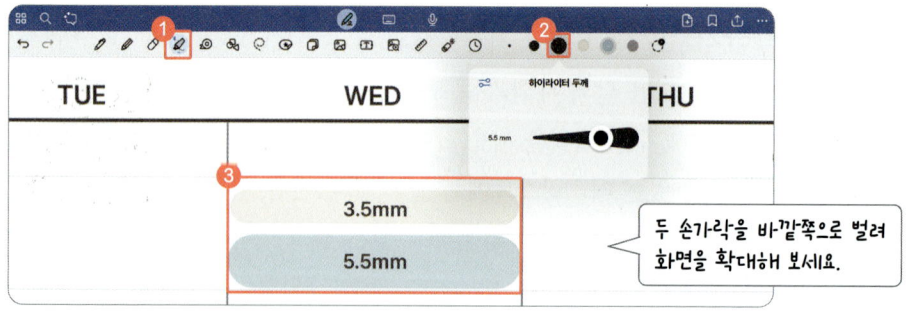

02 ① [텍스트 ⊞]를 이용해 하이라이터 위에 텍스트를 입력한 후 ② [단락 ≡]에서 [가운데 정렬 ≡]을 탭합니다. ③ [색상 ●]을 탭해 어울리는 텍스트 색상을 지정합니다. 여기선 C4D7D8로 지정했어요.

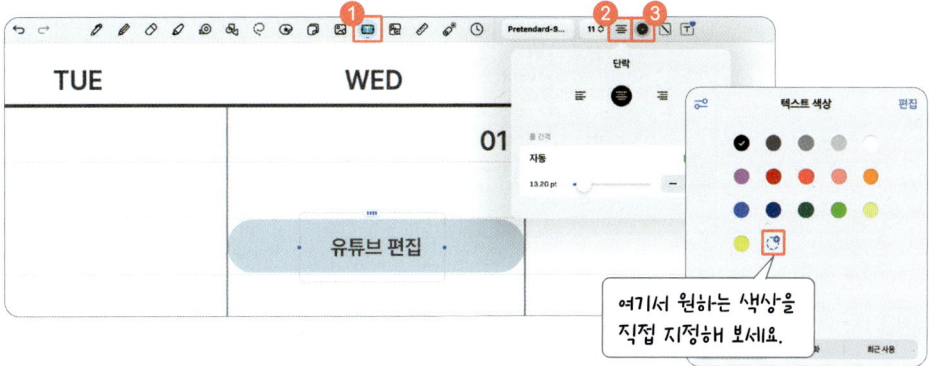

03 블록 추가하기

블록을 더 추가하려면 ① 기존의 블록을 [올가미 ♡]로 선택하고 ② 한번 탭한 뒤 [복제하기 ▣]를 선택합니다. 추가한 블록의 텍스트/하이라이터 색상도 자유롭게 바꿔 보세요.

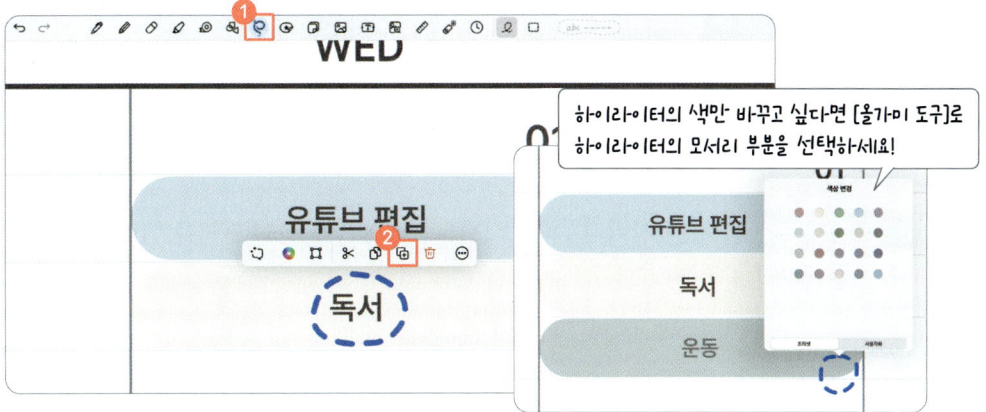

04 블록을 그래픽에 추가해 두기

① 제작한 블록을 [올가미 ♡]로 선택한 후 길게 탭해서 ② [⊙ → 그래픽 추가]를 선택합니다.

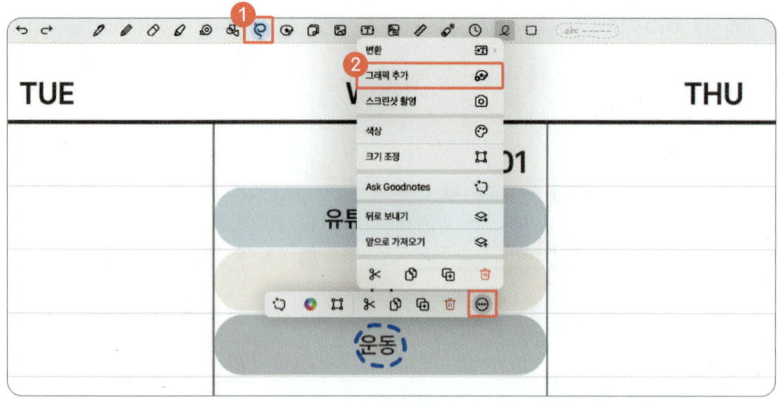

05 [다음에 1개의 그래픽 추가...] 창이 뜨면 [새로운 컬렉션...]을 선택합니다.

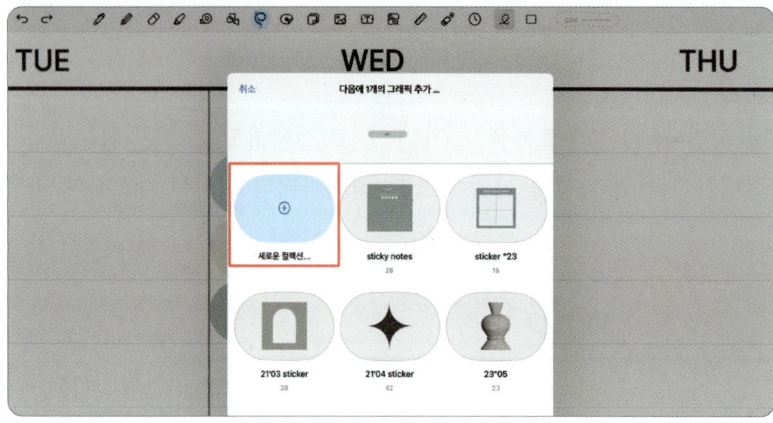

06 ❶ [새로운 컬렉션] 창에서 [제목] 오른쪽의 빈칸에 일정 블록을 입력합니다. ❷ [생성]을 탭합니다.

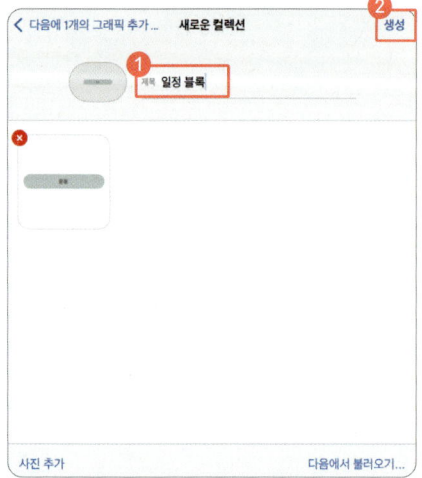

07 ❶ 다른 블록을 [올가미]로 선택한 후 ❷ 한 번 탭해 [→ 그래픽 추가]를 선택합니다. 조금 전 만들었던 [일정 블록]을 탭하면 바로 저장돼요. 같은 방법으로 만들어 둔 모든 블록을 [일정 블록]에 저장해 보세요.

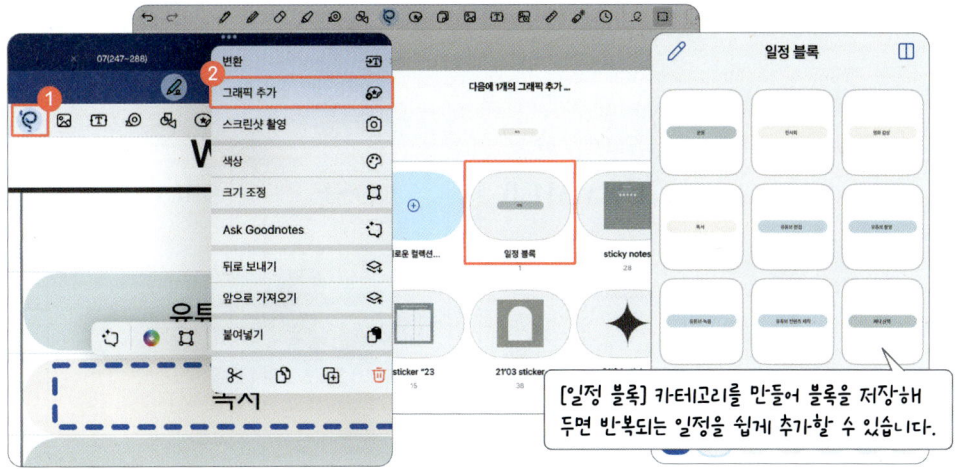

08 블록 이동하기

일정 블록을 [올가미]로 선택한 후 원하는 위치로 옮기면 블록을 이동할 수 있습니다. 이렇게 한쪽에 모아 놓고 사용하면 남은 일정을 항상 인식할 수 있어 효율적입니다.

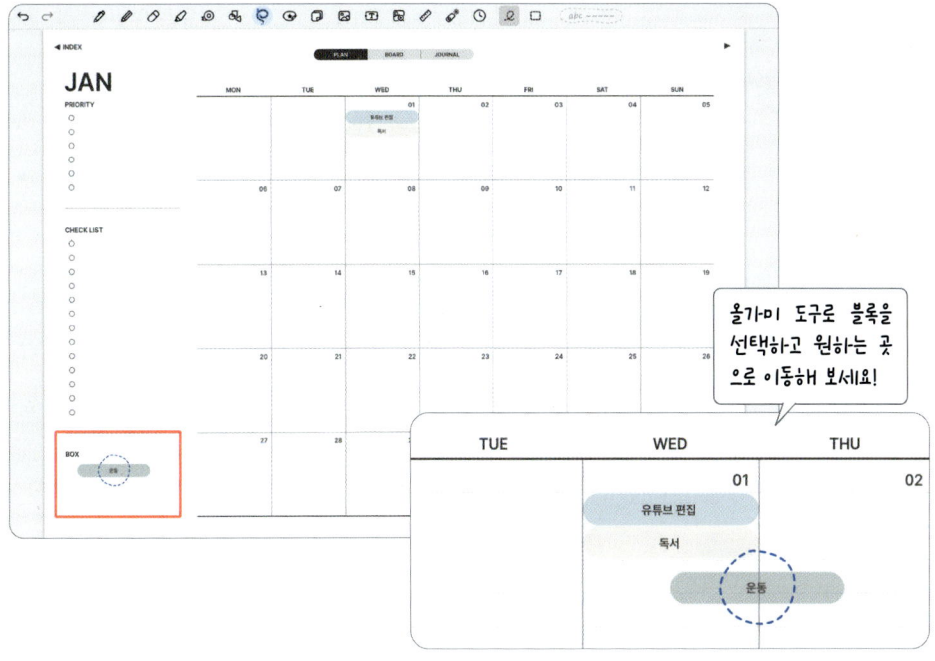

희나의 꿀팁 | 다이어리에 쓰기 좋은 컬러 팔레트

저만의 굿노트 팔레트를 소개합니다. 오른쪽의 QR코드를 스캔해서 활용하는 방법, 팔레트를 직접 만드는 방법까지 알아보세요.

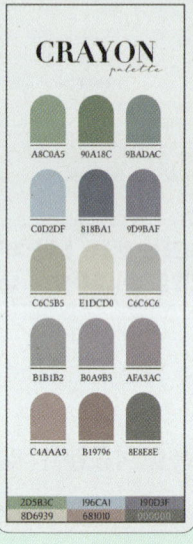
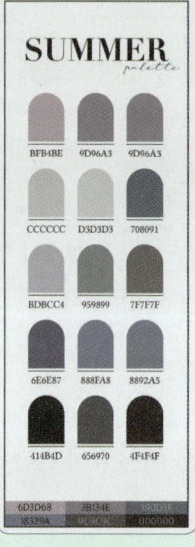
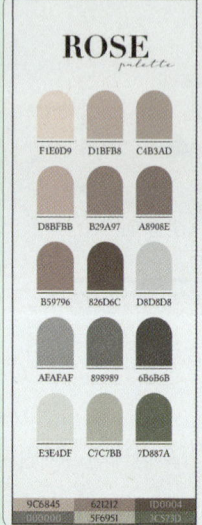
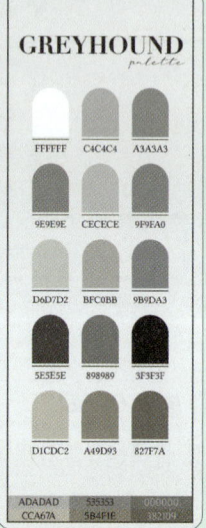
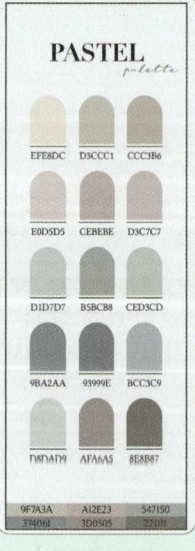

📌 주간/일간 기록하기

주간 계획표는 계획을 세우거나 시간을 점검하는 데 효과적인 도구입니다. 상단에는 6칸의 체크리스트가 있으며, 이 중 2칸은 앞서 설정했던 '급하지 않지만 중요한 일'을 기록하는 공간으로 활용합니다. 이 항목은 하이라이터로 다른 색을 칠해서 우선순위를 강조해 보세요. 나머지 체크리스트에는 당일 가장 집중해야 할 세 가지를 작성하고, 마지막 칸에는 읽은 책을 기록합니다.

계획을 작성하면서 하이라이터를 사용해 각 카테고리에 고유한 색을 지정하면, 하루 동안 어떤 카테고리에 시간을 많이 투자했는지 시각적으로 확인할 수 있습니다.

저자의 주간 기록 페이지

📌 매달 가장 좋았던 순간 정리하기

작년에 갔던 가장 좋았던 장소, 가장 맛있었던 음식, 가장 재밌게 읽은 책, 사길 잘했다고 생각한 물건을 바로 떠올릴 수 있나요? 이 질문을 제가 받았다면 잘 기억이 안 날 것 같습니다. 그럼 이번엔 저번 달에 가장 좋았던 장소를 떠올려 보세요. 아카시아 꽃이 피어 향기가 나던 집 앞 거리, 인생 최고의 책을 만난 서점 등 사소하지만 특별했던 장소가 떠오르지 않나요?

인생이 늘 즐겁거나 특별할 순 없지만 그 안에서 작은 행복들이 쌓여 큰 행복이 되곤 합니다. 매월 최고의 순간과 좋아했던 물건을 선정해 보세요. 그렇게 한 해를 보내고 최고의 순간을 차례대로 떠올려 보면 얼마나 즐거운 한 해를 보냈는지 깨닫게 된답니다.

▶ 4페이지에서 'NOTE' 아래에 있는 'HIGHLIGHT'를 손으로 탭하면 바로 이동해요.

필자가 꼽은 2024년 12월 최고의 순간

📌 DIY 선반 활용하기

제가 만든 다이어리에서 절대 빠질 수 없는 것이 바로 직접 꾸밀 수 있는 선반 페이지인데요. 가로세로 칸막이를 이용해 칸을 만들고 그 안에 책, 옷, 음반, 영화 포스터 등 사진을 불러와 장식하는 페이지랍니다. 저는 특히 책과 영화 포스터를 모으곤 합니다. 실물로 된 책 외에 오디오 북이나 전자책으로 읽은 책은 책장에 모아 둘 수 없어 아쉬울 때가 있는데요. 저는 흩어져 있는 책을 모아 굿노트 선반에 정리하기로 했습니다. 읽은 책과 읽지 않은 책을 따로 모아 두면 나중에 이 페이지만 봐도 어떤 책을 읽어야 하는지 한눈에 파악할 수 있고, 독서를 열심히 해 선반에서 사라져 가는 책을 보는 것도 재미 요소랍니다.

▶ 4페이지에서 'NOTE' 아래에 있는 'SHELF'를 손으로 탭하면 바로 이동해요.

책장으로 사용하는 선반 페이지

희나의 꿀팁 | 음악/취미/연도별 기록은 이렇게 해보세요!

1. 좋아하는 음악을 굿노트에 모아 보기

저는 '올해의 향수'를 골라 한 해 동안 그 향수를 꾸준히 뿌리곤 합니다. 시간이 지난 후 그 향기를 맡으면 당시에 함께 했던 사람들, 지냈던 장소 그리고 그 당시의 기분이 떠오르기 때문이에요. 음악도 마찬가지로 특정 음악을 들으면 자주 듣던 그때가 떠오르곤 하죠. 여러분이 좋아하는 음악, 플레이리스트, 뮤직비디오를 DIY 선반에 모아 보세요.

텍스트 박스를 추가하고 키보드에서 [이모티콘 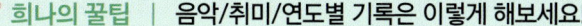]을 탭해 헤드셋 이모지를 불러옵니다. 텍스트가 선택된 상태에서 [링크 → 다음으로 연결 → 웹사이트]를 탭하고 유튜브 등 URL을 넣어 주세요. 설정이 완료되면, 해당 아이콘을 손으로 탭하기만 해도 연결된 링크로 바로 이동할 수 있습니다.

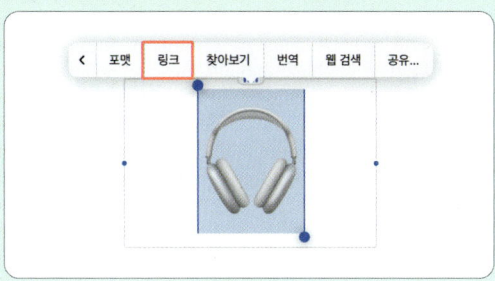

2. 취미 노트 작성하기

여러분의 취미는 무엇인가요? 저는 독서, 전시 관람, 그림 그리기, 영화 감상 등 다양한 취미를 즐기고 있습니다. 취미 활동을 마치고 나면 꼭 기록으로 남기는 편이에요. 당시에는 인생 작품이라고 느꼈던 작품들도 시간이 지나면서 기억이 희미해진 경험이 있나요? 감상을 짧게라도 기록해 두면 단순히 작품만 기억나는 것이 아니라, 그것을 어디에서, 언제, 누구와 함께 즐겼는지 많은 추억을 불러일으킬 수 있어요. 템플릿 206페이지를 열고 취미를 기록해 보세요.

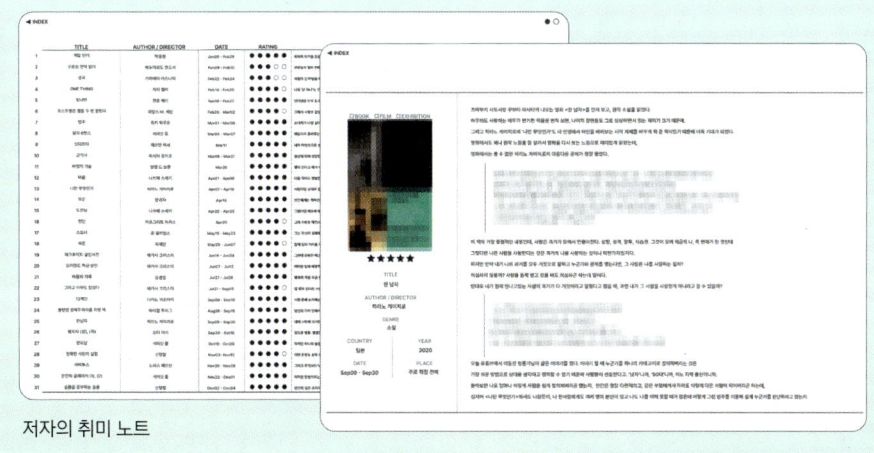

저자의 취미 노트

📌 공부 기록하기

원래 굿노트는 공부 기록에 최적화된 앱으로 유명하죠. 강의를 들으면서 필기하거나 오답 노트를 정리하기에도 굉장히 편리합니다. 저는 공부할 때 굿노트를 이렇게 쓰고 있어요.

강의 노트 작성하기

스플릿 뷰 기능을 활성화해서 한쪽에는 인터넷 강의, 한쪽에는 굿노트를 띄워 강의를 필기할 수 있습니다.

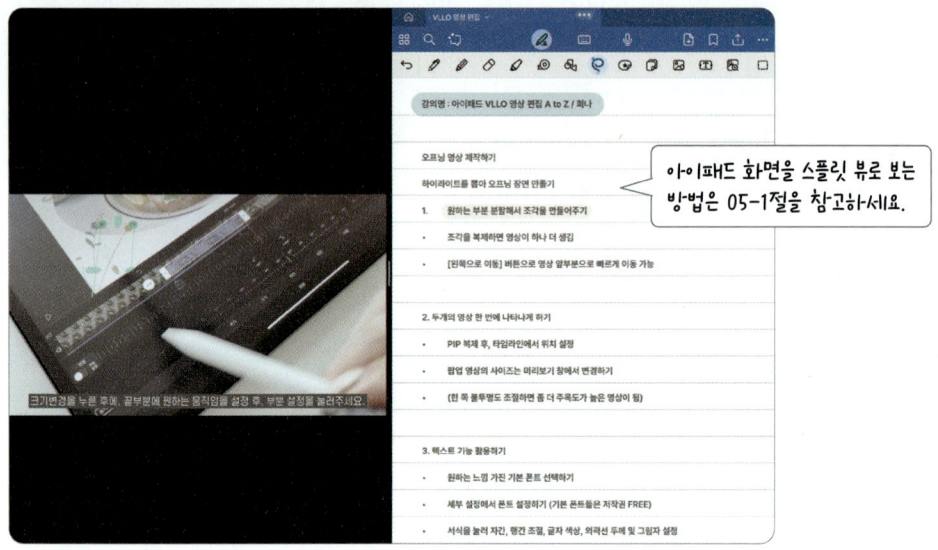

스플릿 뷰로 영상과 굿노트 창을 함께 띄워 둔 모습

오답 노트 만들기

스플릿 뷰로 굿노트 앱을 2개 열 수도 있습니다. 오답 노트를 왼쪽에, 필기할 노트를 오른쪽에 둔 후 캡처해 보세요. [스크린샷] 아래 이미지 부분을 길게 탭하면 이동 모드로 바뀌어요. 펜을 떼지 않은 채 오답노트 쪽으로 이미지를 드래그해서 옮기면 스크린샷의 이미지를 불러올 수 있습니다.

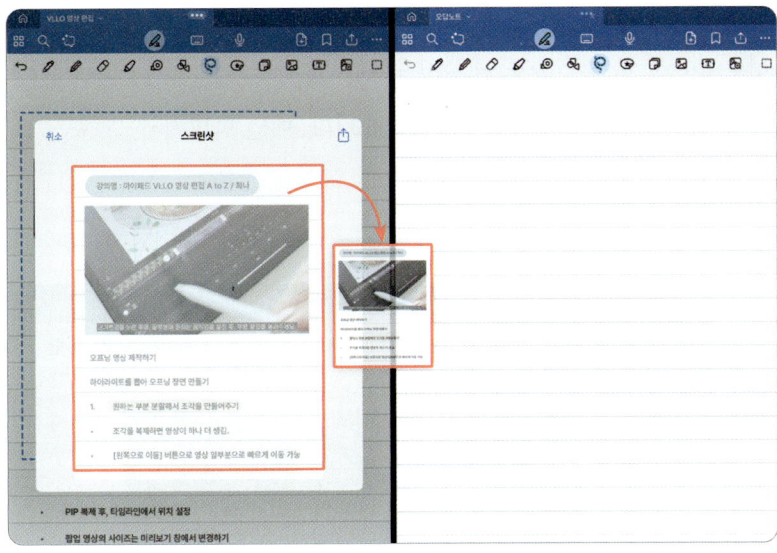

스플릿 뷰 기능을 활용해 이미지를 오른쪽으로 옮기는 모습

테이프 붙여서 암기하기

[테이프 ⊙] 기능을 활용하면 효과적으로 암기할 수 있습니다. [일자 테이프] 오른쪽의 토글을 켠 다음 암기하고 싶은 부분을 드래그해 테이프로 가려 보세요. 테이프를 가볍게 탭하면 테이프가 투명하게 변해 내용을 확인할 수 있고, 다시 탭하면 테이프가 덮여 단어가 가려집니다. 암기가 완료된 후에는 [모든 테이프 제거] 버튼을 눌러, 한 번의 동작으로 테이프를 모두 삭제할 수 있습니다.

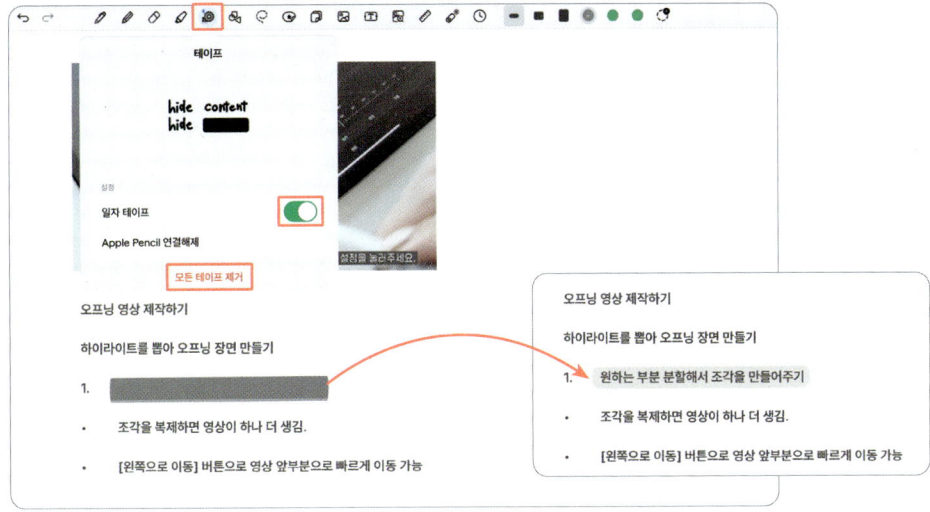

테이프 기능을 활용해 암기하는 모습

스터디 세트로 반복 학습하기

굿노트에는 단어장처럼 쓸 수 있는 스터디 세트가 있어요. 카드에 질문과 답변을 작성하면 랜덤으로 문제가 나와 반복 학습을 할 수 있습니다. 메인 화면에서 [신규 → 스터디 세트]를 생성한 후 질문과 답변 칸에 각각 내용을 적어 주세요.

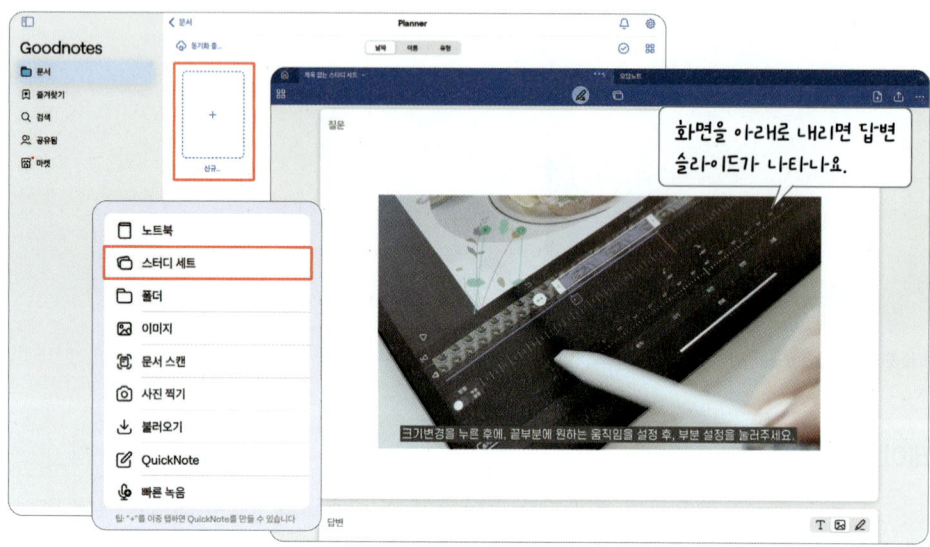

화면 상단에 있는 [📷 → 스마트 러닝]을 탭하면 학습이 시작됩니다. 앞서 소개한 방법으로 오답 노트를 스터디 세트에 모아 둔 후 반복 학습을 하면 학습 능률이 저절로 올라간답니다.

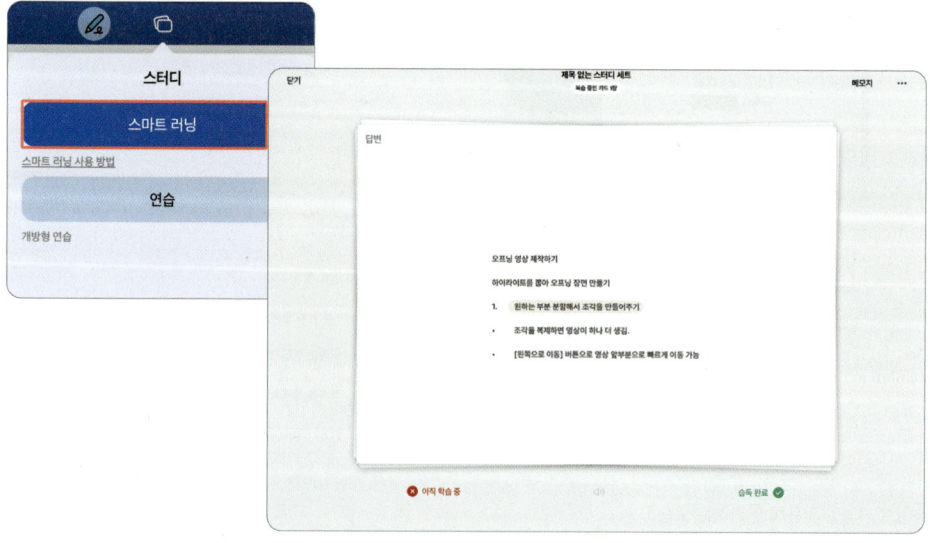

06-5
사진, 스티커로 아기자기하게 꾸미기

굿노트는 여러 가지 스티커를 사용할 수 있어 편리하죠. 직접 스티커를 써 보기 전에, 먼저 어떤 방법이 있는지 알아볼게요!

📌 이모티콘 사용하기

텍스트 상자에 이모티콘을 입력하고 크기를 키우면 스티커처럼 사용할 수 있습니다. 어울리는 이모티콘의 조합을 찾는 게 힘들다면, 비슷한 색 조합의 아이콘을 모아 두는 것으로 시작해 보세요.

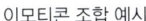

이모티콘 조합 예시

📌 희나 스티커 팩 이용하기

희나 유튜브와 블로그에서는 매년 새로운 테마의 다이어리와 꾸미기 스티커, 스티커 노트 등 다양한 아이템을 공유합니다. QR코드를 스캔해서 다이어리를 꾸미는 다양한 방법을 확인해 보세요.

스티커 팩 다운로드

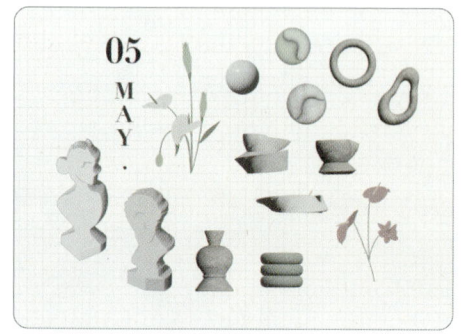

저자 블로그에서 공유하는 스티커 팩

스티커 팩을 내려받는 방법은 굿노트 템플릿과 같아요. [다운로드 ⬇]를 탭하고 [다운로드 항목 ⬇ → 돋보기 🔍]를 탭해 파일로 저장합니다. 폴더의 압축을 푼 다음 폴더의 압축을 푼 다음 [굿노트 🟩] 앱을 열어 06-1절에서 배운 사진 삽입하기 기능으로 불러오면 됩니다.

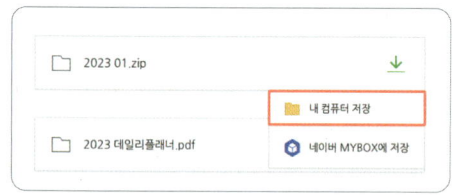

기본 파일 앱 📁에서 ZIP 파일을 한번 탭하면 압축이 풀리면서 폴더가 만들어져요!

스티커를 내려받는 방법

📌 사진 앱에서 이미지의 배경 지우기

iPadOS 16 이상의 아이패드라면 5초 만에 배경 이미지를 제거한 사진을 불러올 수 있습니다. 사진 앱에서 배경을 제거하고 싶은 사물의 중심을 길게 탭하면 사물 영역 테두리에 빛이 나며 선택됩니다. 손을 떼면 [복사하기]와 [공유]가 나오는데, [공유 → 이미지 저장]을 탭하면 사진 앱에 저장할 수 있습니다. [복사하기]를 탭한 후에 굿노트로 돌아와 [붙여넣기]를 하면 배경이 지워진 채로 사물 이미지만 불러올 수 있습니다.

사진 앱에서 배경을 제거한 이미지를 굿노트에 불러온 모습

📌 핀터레스트에서 아이콘 다운받기

핀터레스트 앱에 Icon을 검색하면 배경이 없는 다양한 아이콘을 찾아볼 수 있습니다. 내가 원하는 키워드 + Icon을 검색창에 입력해 보세요. 간단하지만 아기자기하게 꾸밀 수 있습니다. 원하는 이미지를 탭한 후 상단의 [… → 이미지 다운로드]를 눌러 이미지를 저장하고 굿노트로 불러옵니다.

핀터레스트 앱

하면 된다!} 일기에 스티커 추가하기

설명한 내용을 바탕으로 크리스마스 다이어리를 꾸며 보겠습니다. 굿노트 템플릿에서 월간 페이지를 열어 주세요.

01 핀터레스트에서 아이콘 내려받기

먼저, [핀터레스트 ⓟ] 앱에 접속해 검색창에 aesthetic Christmas Icon을 입력합니다. 검색 결과에서 마음에 드는 아이콘을 선택해 내려받습니다.

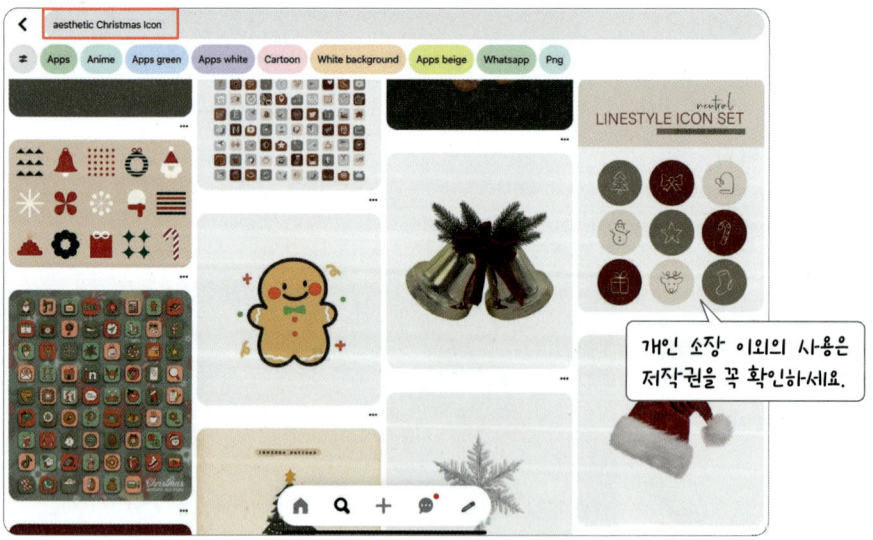

개인 소장 이외의 사용은 저작권을 꼭 확인하세요.

02 사진 앱에서 스티커 불러오기

저장한 사진은 사진 앱에 자동으로 저장됩니다. ❶ [사진 🌸] 앱에서 사진의 누끼를 딴 후 [복사하기]를 탭합니다. ❷ 굿노트 앱으로 돌아와 [붙여넣기]를 탭해서 복사한 이미지를 불러옵니다.

03 ❶ [사진 🖼]을 탭해 추가로 불러올 사진을 선택합니다. ❷ [올가미 ⚲]를 탭해 사진의 위치를 옮기거나 크기를 조정합니다.

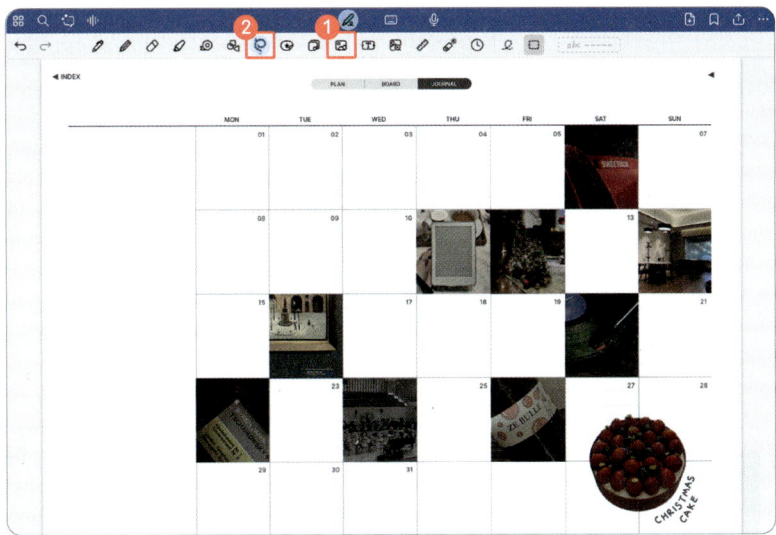

04 이모티콘 추가하기

① [텍스트 ▣]를 탭해 텍스트 상자를 만들고 한 번 탭해 키보드가 나타나게 해줍니다.
② 키보드에서 [이모티콘 ☺]을 탭한 다음 원하는 이모티콘을 선택해 스티커처럼 사용합니다.

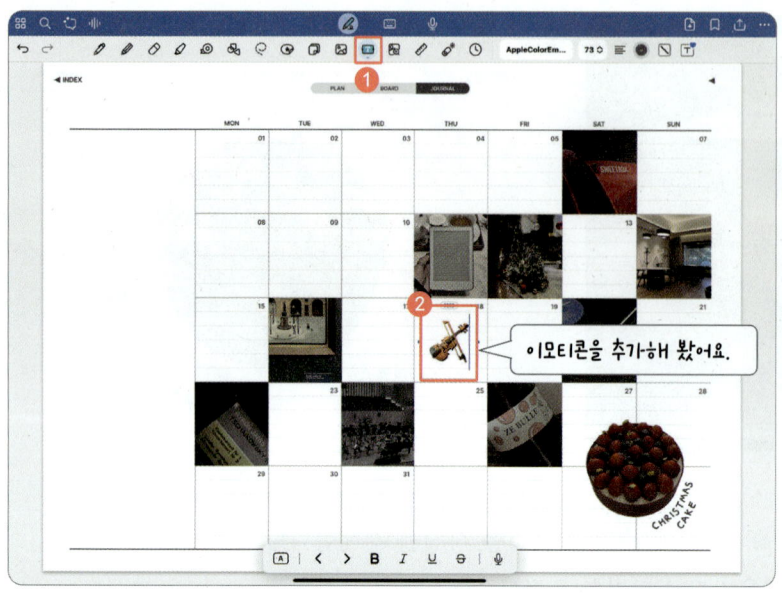

05 추가한 이미지와 이모티콘은 크기를 조절하거나 원하는 위치로 이동할 수 있으니, 적절히 배치해 다이어리를 꾸며 보세요.

희나의 꿀팁 | 다른 사람의 다이어리를 살펴보는 방법

아이패드 다이어리를 처음 시작하면 어떻게 꾸밀지, 스티커는 어디에 배치해야 할지 막막할 수 있어요. 이럴 때는 다른 사람들이 아이패드 다이어리를 꾸며 둔 사진을 참고하면 큰 도움이 됩니다. 사진 속 레이아웃, 스티커 배치, 색상 조합을 따라 하다 보면 나만의 감각도 자연스럽게 발전하고, 기록에 대한 의욕도 더 높아질 거예요. 다른 사람은 어떻게 다이어리를 꾸미는지 살펴볼 수 있는 3가지 방법을 소개합니다. 어느 정도 감을 잡은 후에는 나만의 스타일도 만들어 보세요!

1. 핀터레스트에서 영감 얻기

핀터레스트에 Digital journal aesthetic을 검색해 보세요. 'aesthetic'은 최근 인터넷에서 자주 사용되는 단어로, '아름답고 감각적인 분위기'를 뜻합니다. 이 키워드를 검색하면 다양한 다이어리 사진을 확인할 수 있어요. 마음에 드는 디자인을 참고하며 비슷한 색감과 구성을 활용해 보세요.

2. 인스타그램 다꾸 사진 활용하기

인스타그램에서 다꾸를 검색하면 많은 다이어리 꾸미기 사진을 볼 수 있어요. 대부분은 종이 다이어리를 활용한 사진이지만, 아이패드에서는 사진과 스티커를 무제한으로 사용할 수 있다는 장점이 있답니다. 종이 다꾸 스타일을 참고하면서 아이패드만의 특성을 살려 꾸며 보세요.

3. 희나 유튜브 다꾸 영상 확인하기

저는 유튜브 채널에서 아이패드 다이어리를 꾸미는 영상을 정기적으로 업로드하고 있어요. 영상에서는 꾸미는 팁과 함께 직접 만든 스티커를 내려받을 수 있는 링크도 제공됩니다. 유용한 정보를 얻으며 나만의 다이어리를 더욱 매력적으로 꾸며 보세요.

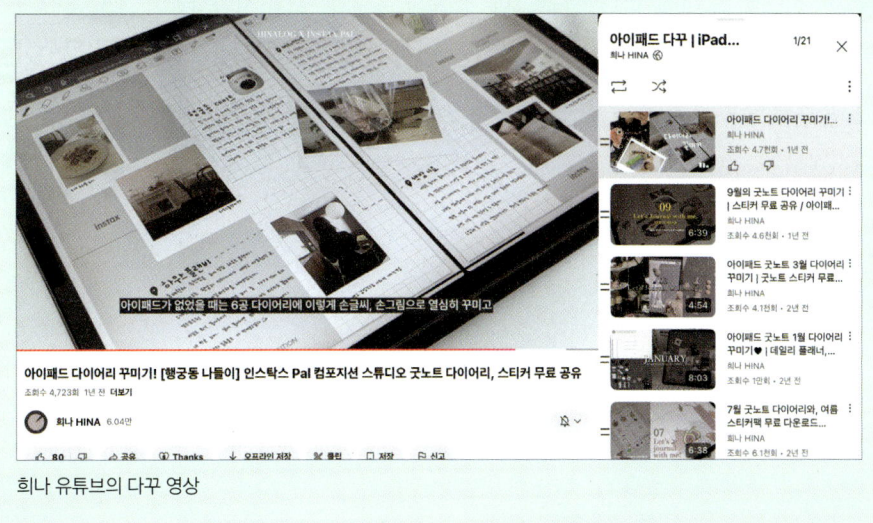

희나 유튜브의 다꾸 영상

프로크리에이트로 픽셀 아트 스티커 만들기

iOS의 그림 그리기 앱 **프로크리에이트(Procreate)**에서는 점을 찍어서 만드는 귀여운 픽셀 아트를 그릴 수 있습니다. 한 칸 한 칸 그림을 그리고 색을 채우다 보면 단순하지만 멋진 픽셀 아트가 완성됩니다.

▶ 프로크리에이트는 유료 앱이에요. 유료 앱 구매를 원하지 않는다면 다음 장으로 넘어가도 됩니다.

프로크리에이트 앱

저자가 만들어 본 픽셀아트

01 QR코드를 스캔해 희나 블로그에 접속하고 픽셀 브러시를 내려받습니다. ❶ [브러시 라이브러리 ✏️]를 탭하고 ❷ [가져옴]을 선택하면 픽셀 브러시를 확인할 수 있습니다.

픽셀 브러시 내려받기

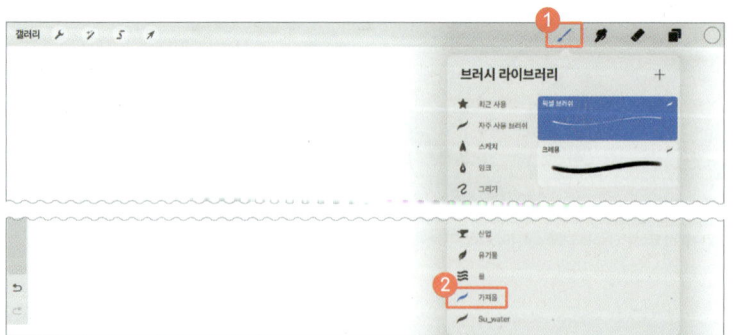

02 프로크리에이트 갤러리에서 [+ → 사용자 지정 캔버스 ▬]를 탭합니다.

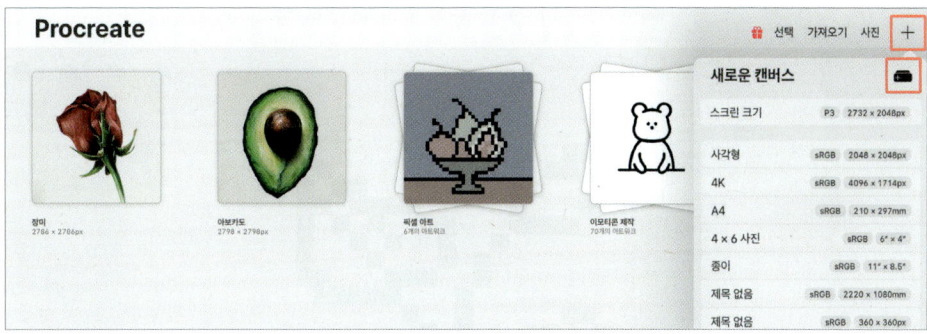

03 ❶ 너비와 높이에 각각 40px을 입력한 후 ❷ [창작]을 탭합니다.

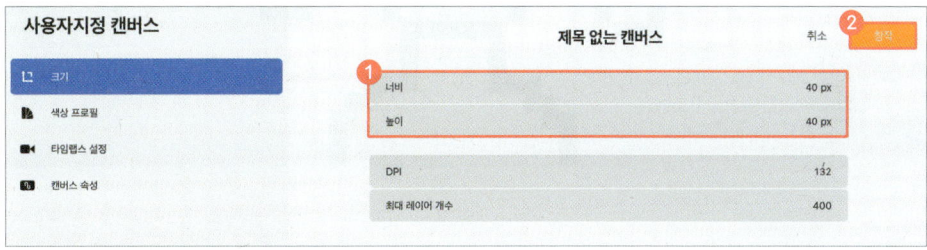

04 ❶ [그리기 가이드]를 활성화하고 ❷ [그리기 가이드 편집]을 누릅니다. [그리기 가이드] 창이 나타납니다. ❸ [2D격자] 탭의 [격자 크기]를 0px로 변경합니다.

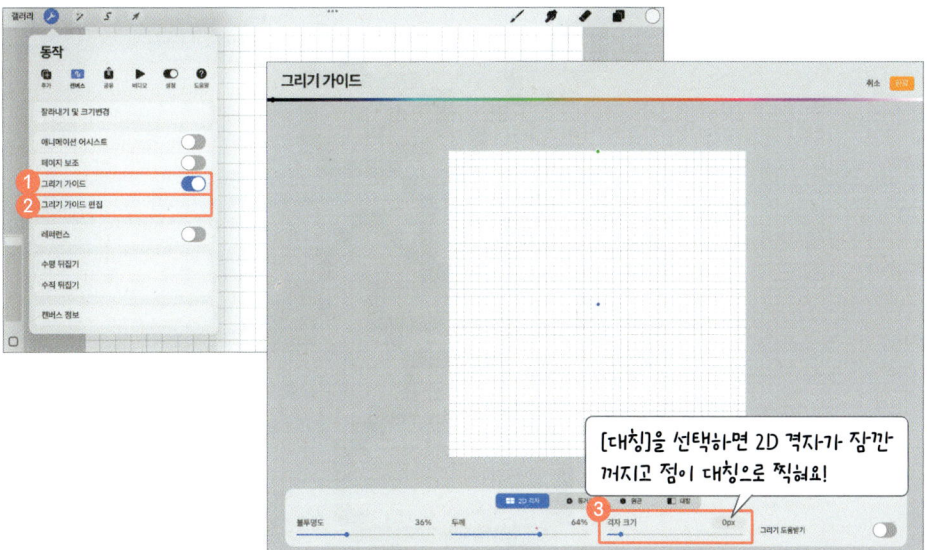

[대칭]을 선택하면 2D 격자가 잠깐 꺼지고 점이 대칭으로 찍혀요!

05 내려받은 픽셀 브러시를 이용해 선에 맞춰 점을 찍습니다. 검은색으로 라인을 그리고 [팔레트 ●]에서 색상을 선택해 라인 안쪽을 채워 주세요.

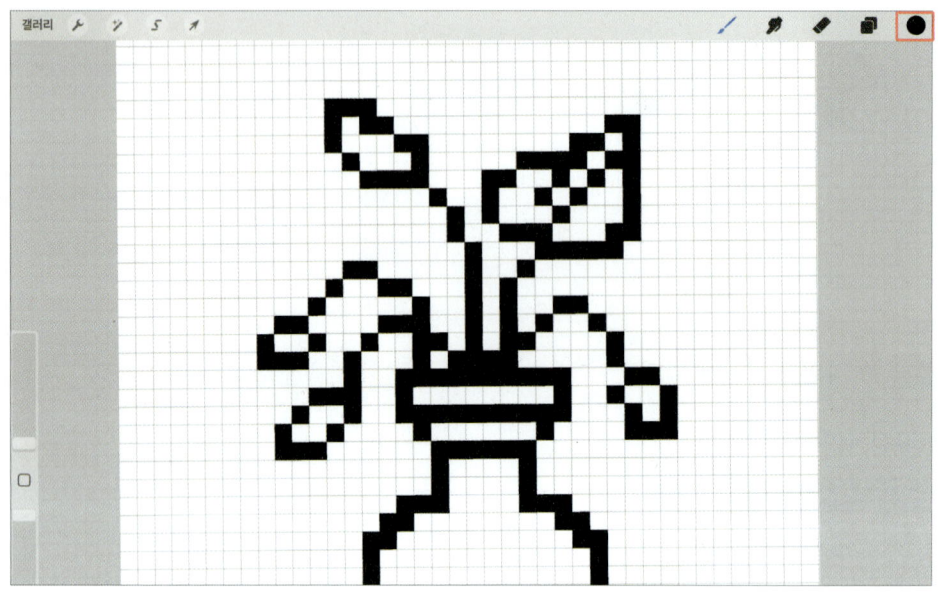

06 배경이 투명한 스티커 파일을 만들기 위해 [레이어 ■]에서 배경 색상의 체크 표시를 해제합니다.

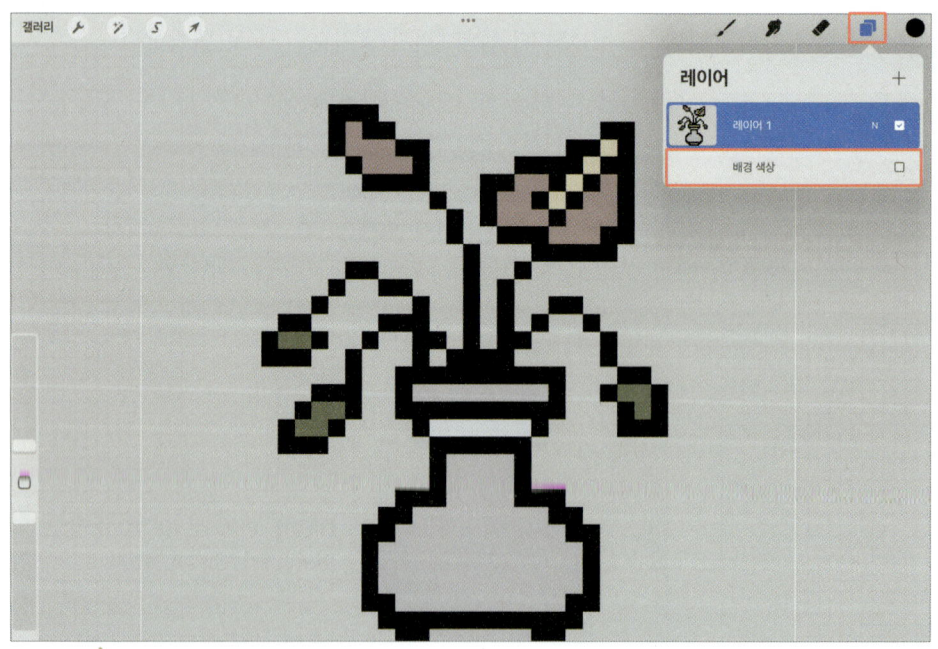

07 작업하고 있는 캔버스는 굉장히 작은 크기이므로 크기를 확대한 새로운 캔버스를 만들어 주어야 합니다. 세 손가락으로 화면을 쓸어올려 [복사 및 붙여넣기] 팝업 창을 불러온 후 [모두 복사하기]를 탭합니다.

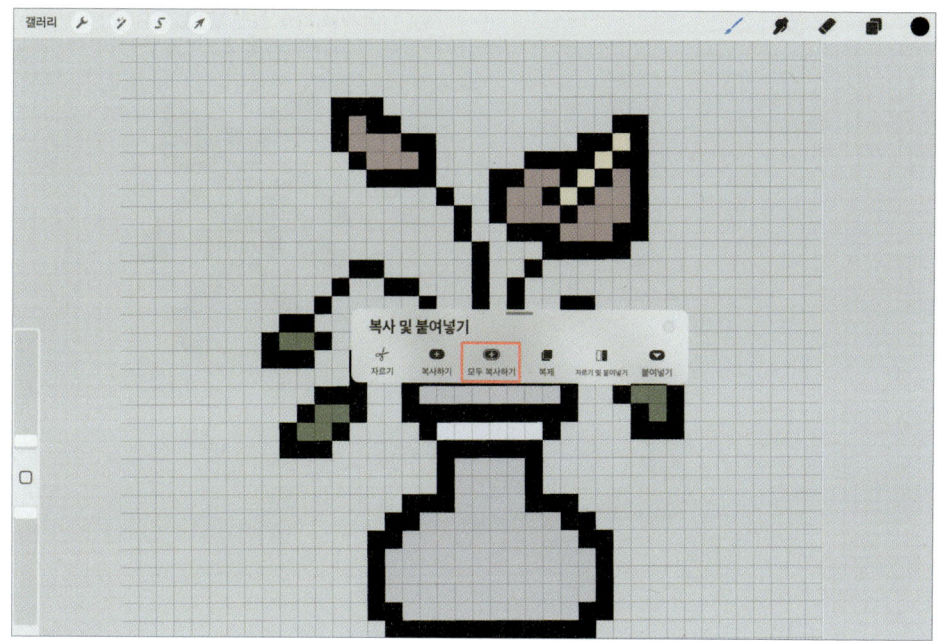

08 ❶ [갤러리]를 탭해 갤러리로 돌아온 뒤 ❷ [+ → 사각형 2048×2048]을 탭합니다. 손가락 세 개로 화면을 쓸어올려 [복사 및 붙여넣기] 팝업 창을 불러온 후 ❸ [붙여넣기]를 탭합니다.

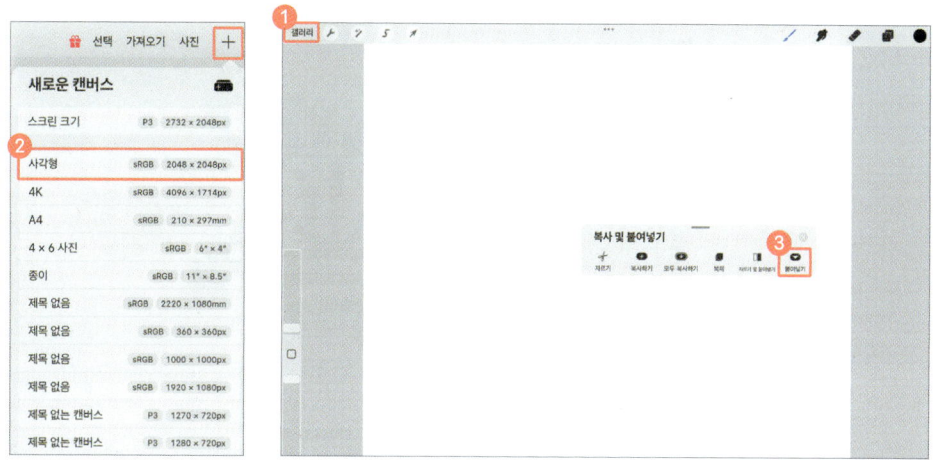

09 ❶ [최근방]을 탭해 [보간법]을 ❷ [최단입점]으로 설정한 후 ❸ [캔버스에 맞추기]를 탭합니다. 이미지 크기를 조절한 후, 상단의 ❹ ↗ 를 탭해 보세요. 흐릿했던 이미지가 선명해집니다.

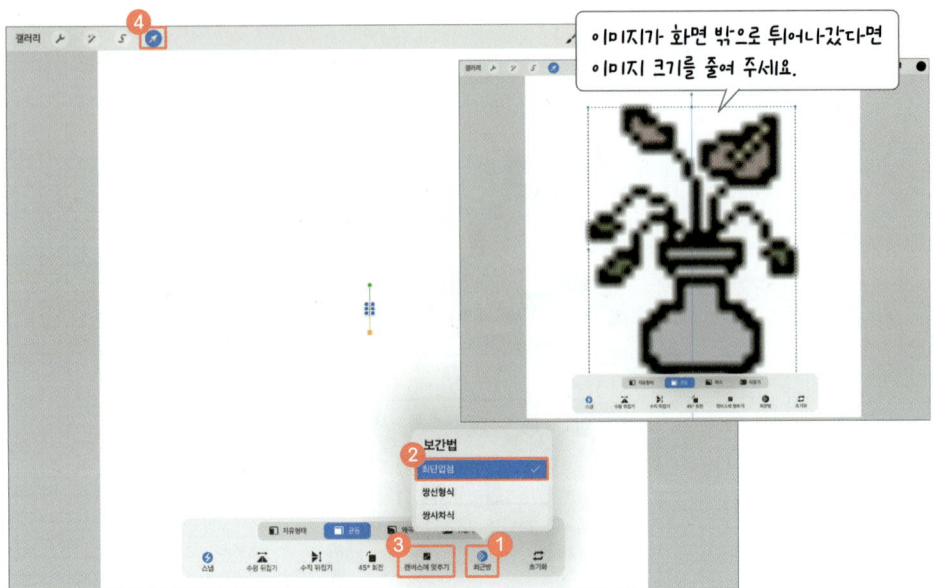

10 투명 파일로 저장하기 위해 레이어에서 배경 색상의 체크 박스를 해제합니다.

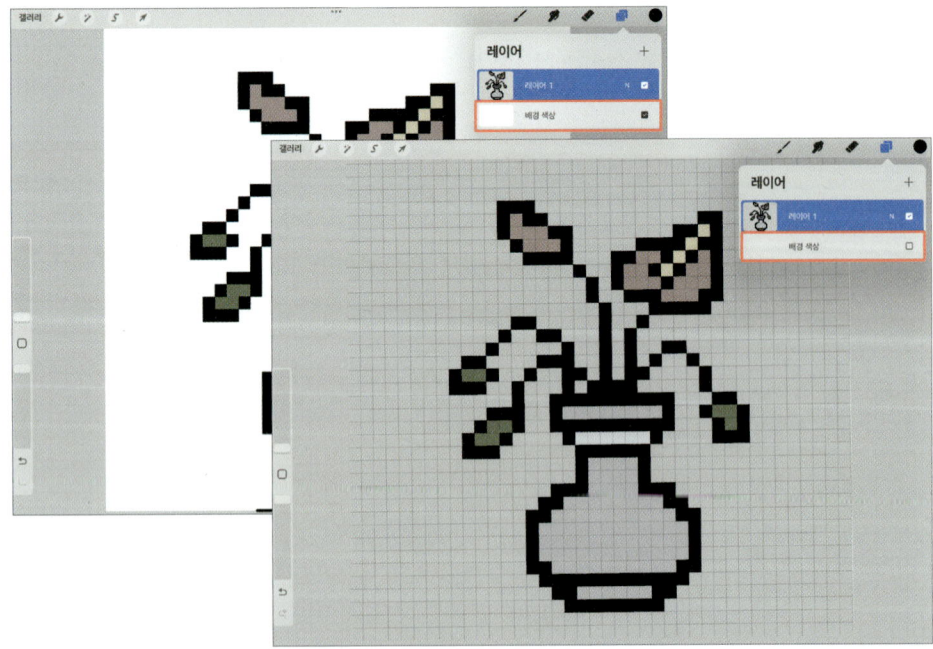

11 [동작 🔧 → 공유]에서 PNG를 탭해 갤러리에 저장합니다.

12 완성한 이미지는 다이어리를 꾸밀 때 자유롭게 활용해 보세요!

영상으로 기록하는 일상, 브이로그

글과 사진으로 일상을 기록해 봤으니, 이제 조금 더 생생한 영상으로 나의 특별한 하루를 담아 볼 시간입니다. 나도 모르게 카메라를 켜 촬영했던 특별한 순간들이 있나요? 영상 편집 앱을 활용하면 이 순간을 하나의 영상으로 손쉽게 만들어볼 수 있어요. 이번 장에는 유튜버로 활동하며 담아 온 영상 편집의 크고 작은 꿀팁을 모두 수록했습니다. 영상 기획부터 편집까지 어렵지 않게 알려 드릴 테니 함께 따라해 보세요!

⭐ 07-1 기록을 위한 영상 탄탄하게 기획하기
⭐ 07-2 가장 쉬운 영상 편집 앱, 블로
⭐ 07-3 영상에 디테일 더하기
⭐ 07-4 유튜브 채널 만들고 브이로그 업로드하기

07-1
기록을 위한 영상 탄탄하게 기획하기

글로 기록하는 것보다 영상으로 기록하는 게 더 좋을 때도 있습니다. 실제 있었던 일을 글로 재구성하면 나의 주관이 더해지는데, 영상으로 촬영해 남겨 두면 다른 사람들의 표정이나 행동을 있는 그대로 바라볼 수 있으니까요. 소리와 움직임이 담기기 때문에 더욱 현장감 있게 기록할 수 있기도 하고요. 저는 특별한 날이나 여행을 갔을 때 영상을 찍고 편집해 두는데요. 시간이 지나 영상을 재생해 보면 사진보다 생생하게 추억을 떠올릴 수 있습니다.

📌 추천하는 영상 촬영 주제 3가지

영상을 기획하는 데 앞서 어떤 영상을 촬영해야 할지, 분량은 어느 정도이면 좋은지 고민하는 분들도 많을 텐데요. 제가 추천하는 영상 콘텐츠를 먼저 설명해 볼게요.

브이로그

브이로그(V-log)는 영상으로 남기는 일기인 만큼 나의 자연스러운 모습과 일상을 담을 수 있습니다. 하지만 촬영에만 집중하게 되면 자연스러운 모습을 담기 어렵습니다. 저는 촬영하고 싶은 주제가 생겼을 때 빠르게 모든 촬영을 마치는 편인데요. 예를 들어 카페에 방문했다면 음식이 나오는 동안 카페의 전반적인 분위기를 촬영하고, 음식이 나왔을 때 플레이팅을 촬영한 후, 처음 자르거나 드는 장면을 촬영합니다. 그 후로는 삼각대를 세워둔 채 카메라를 의식하지 않고 자연스럽게 음식을 먹으면서 대화를 하는 장면을 각도의 변화만 두세 번 줘서 촬영한답니다.

카페에서 컵을 들고 있는 장면

음식 플레이팅을 담은 장면

아이템 소개 및 언박싱

좋아하는 아이템을 소개하거나 구매한 옷의 후기 등을 촬영할 때는 두 번에 걸쳐 촬영하는데요. 먼저 아이템을 하나씩 보여 주며 외관, 사용 방법 등을 자세히 담고, 다음으로 직접 아이템을 사용하는 모습을 원테이크로 끊지 않고 이어서 촬영합니다. 두 개의 촬영본은 같은 순서로 아이템을 소개해서 편집할 때도 헤매지 않을 수 있어요. 또 저는 대부분의 콘텐츠를 촬영할 때 편집 시간을 줄이고, 더 다양한 정보도 전달하기 위해 간단한 대본을 작성한 후 촬영을 하는데요. 대본을 작성하려면 자료를 찾아볼 수밖에 없어서 자연스럽게 이해도가 높아져 좋습니다.

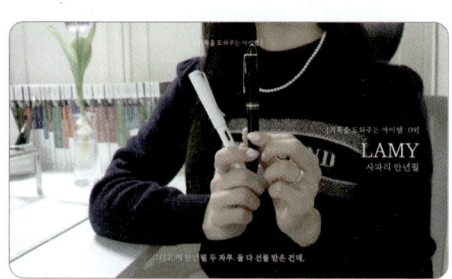
책 읽을 때 사용하는 도구들을 소개하는 영상

정보 콘텐츠

저의 주 콘텐츠인 아이패드 활용 방법, 다이어리 꾸미기를 촬영할 때는 두 개의 카메라를 이용합니다. 먼저 정면에서는 화면이 잘 보이는 카메라 한 대와 함께 아이폰을 거치대에 거치해서 촬영합니다. 아이폰으로 촬영할 때는 피사체를 길게 탭해 초점을 고정해 주면 손으로 초점이 옮겨가지 않는답니다. 또한 아이패드 제어 센터에서 [화면 기록 ◉]을 탭해 과정을 녹화해 두면 영상 중간에 자료 화면으로 사용할 수 있어 추천합니다.

다이어리 소개 영상

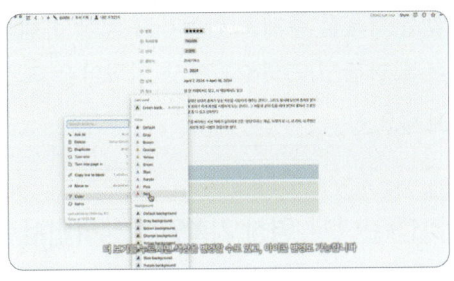
아이패드로 과정을 녹화해 보여 주는 영상

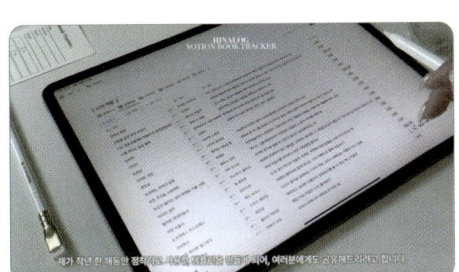
직접 쓰는 모습을 보여 주는 영상

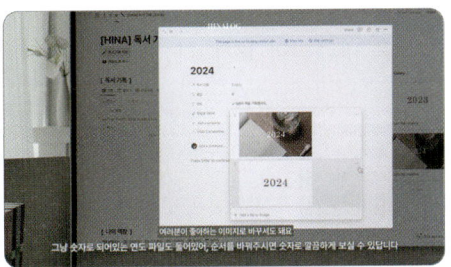
화면을 카메라로 촬영해 보여 주는 영상

🖊 희나의 꿀팁 | 제어 센터 맞춤 설정하기

아이패드 화면의 오른쪽 상단 모서리를 아래로 쓸어내리면 '제어 센터'가 나타납니다. 제어 센터는 어디서나 쉽게 접근할 수 있어서 자주 쓰거나 편리한 기능을 추가해 두면 좋습니다. 저는 ❶ [화면 기록 ⏺], ❷ [음악 인식 🎵], ❸ [소리 인식 📊] 기능을 즐겨 사용해요. 제어 센터의 빈 공간을 길게 탭하고, 하단의 [제어 항목 추가]를 선택해 기능을 추가해 보세요.

 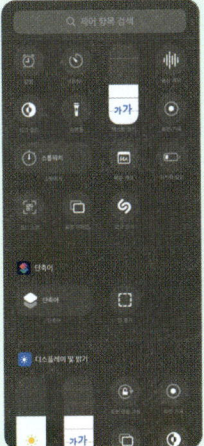

제어 센터와 제어 항목 모음

앞서 기록을 주제로 한 3가지 영상 콘텐츠를 알아봤습니다. 여러분은 어떤 영상 콘텐츠를 만들고 싶나요? 영상 기획안을 작성하면서 만들고 싶은 영상 콘텐츠를 기획해 보세요.

하면 된다!} 영상 기획안 작성하면서 기획하기

다음 양식을 참고하여 실제로 영상 한 편을 기획해 보세요.
아이패드에서 기획안을 작성하고 싶다면 오른쪽 QR코드를 찍어 양식을 내려받아 보세요!

영상 기획안 PDF 내려받기

영상 제목	
영상 주제	
업로드 예정일	업로드 방식

진행 사항

기획	☐ 주제 설정
	☐ 스크립트 작성
촬영	☐
	☐
	☐
	☐
	☐
편집	☐ 컷 편집
	☐ 자막
	☐ 음성 편집
업로드	☐ 썸네일 제작
	☐ 영상 세부 정보 작성
	☐ 번역
	☐ 업로드 완료

촬영 체크리스트

		Y / N
촬영 장소		
내레이션	☐	☐
	☐	☐
필요 소품	☐	☐
	☐	☐
	☐	☐

아이디어 노트

스크립트

📌 초보 브이로거를 위한 스마트폰 촬영 방법

앞서 소개한 여러 영상 촬영 주제 중에서, 가장 시도하기 쉬운 '브이로그'를 중심으로 설명해 볼게요. 많은 분이 영상을 촬영할 때 어떤 카메라를 사용하는 것이 좋을지 묻습니다. 하지만 저는 대부분의 촬영을 아이폰 한 대로 하고 있고, 보조 촬영용 카메라도 한 장면을 동시에 촬영할 때를 제외하고는 거의 사용하지 않아요.

카메라를 잘 모르는 상태에서 덜컥 구입하면 무거워서 가지고 다니지 않거나, 조작 방법이 어려워 결과물이 생각과 다르게 나올 수도 있어요. 이러다 촬영 자체에 흥미를 잃게 되기도 하고요. 브이로그 촬영에 익숙해져서 카메라를 작동할 수 있는 여유가 생겼을 때 장만하는 것을 추천합니다.

제가 평소 **아이폰 카메라**로 영상 촬영하는 방법을 알려 드릴게요. 저는 아이폰 16 플러스 기종을 사용하는데, 기종에 따라 기능이 없거나 화면이 다를 수 있으니 먼저 자신이 사용하는 아이폰의 기종을 확인해 주세요.

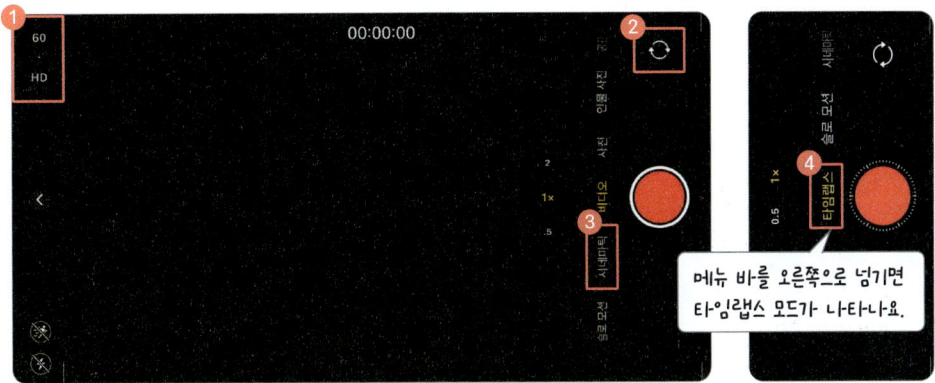

❶ [HD · 60]: 영상의 해상도와 화질을 조정하는 버튼입니다. 먼저 HD는 해상도를 뜻해요. 아이폰은 4K 해상도와 1080p(HD) 해상도에서 촬영할 수 있으며, 4K는 고화질 영상을 제공하지만 파일 크기가 커지고, 편집과 저장 공간에 부담을 줄 수 있습니다. 60은 초당 60프레임을 뜻하며, 숫자가 커질수록 영상이 더 부드럽게 촬영됩니다. 하지만 그만큼 파일 용량도 커지죠. 동적인 장면을 촬영할 때는 60프레임이 적합하고, 일반적인 브이로그라면 30프레임으로도 충분히 좋은 결과를 얻을 수 있습니다. 그래서 저는 대부분 **HD 30**을 선택해 촬영하는 편입니다.

❷ **[카메라 전환 ◎]**: 전면 카메라, 후면 카메라로 전환할 수 있습니다. 전면 카메라는 나의 모습을 확인해야 촬영할 수 있는 장점이 있지만, 화질이 떨어지므로 후면 카메라로 촬영하면 더 선명한 영상을 얻을 수 있습니다. 물론 일상 브이로그에서는 전면 카메라로도 충분히 좋은 영상을 찍을 수 있기 때문에 상황에 맞게 선택하면 됩니다.

❸ **[시네마틱]**: 전문 카메라처럼 초점을 조정할 수 있는 모드입니다. 초점을 맞추고 싶은 인물이나 물체를 탭하면, 그 대상을 선명하게 잡아 주고 주변을 흐리게 만들어 분위기 있는 영상을 촬영할 수 있습니다.

❹ **[타임랩스]**: 타임랩스 모드를 이용하면 길고 지루한 영상도 짧고 임팩트 있게 만들 수 있습니다. 예를 들어 일출과 일몰, 혹은 긴 시간을 들여 공부하는 모습 등을 빠르게 보여줄 수 있어 매우 유용합니다. 이 모드는 한 시간짜리 영상을 단 10초로 압축해 보여 줄 수 있습니다.

하면 된다!} 아이폰 카메라로 영상 촬영하기

`01` 아이폰에서 [카메라 📷] 앱을 열고 하단의 [비디오]를 탭해 모드를 바꿉니다.

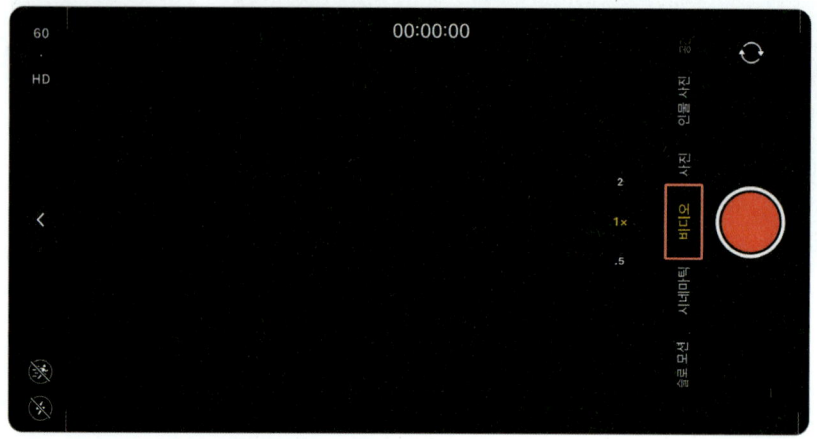

`02` 화면의 가운데 부분을 당겨 영상을 클로즈업합니다. 아이폰 카메라는 광각 렌즈를 사용하므로, 실제 눈으로 보는 것과 촬영할 때 시야에 차이가 있습니다. 이때 줌을 당겨 촬영하면 시야가 좁아져 피사체에 더 집중하거나 배경을 흐릿하게 만들어 강조할 수 있습니다. 넓은 시야를 담을 수 있는 1배 줌으로는 배경이나 풍경을 촬영하면

좋고, 2배 줌부터는 인물이나 피사체를 강조하는 등, 클로즈업이나 디테일을 담는 장면에 사용하면 좋습니다.

배경이나 풍경을 보여주는 1배 줌

인물이나 피사체를 강조한 2배 줌

03 초점을 맞추고 싶은 대상을 탭하면 초점을 바꿀 수 있습니다. 돋보여야 하는 대상에 초점을 맞춰 보세요.

가운데 물체에 초점을 맞춘 모습

가까이 있는 물체에 초점을 맞춘 모습

04 한 장면을 여러 각도에서 촬영해 보세요. 컷을 나누는 방법은 영상을 더욱 풍성하고 흥미롭게 만듭니다. 예를 들어, 같은 물체라도 정면, 위, 혹은 측면에서 촬영하면 보는 이에게 새로운 시각을 제공할 수 있어 시청자로 하여금 지루하지 않게 만들어 줍니다.

하이 앵글(탑 뷰)

아이레벨

측면 앵글(사이드 뷰)

📌 이런 장비는 미리 사도 좋아요!

더 완벽한 촬영을 위해 장비를 장만하고 싶다면, 스마트폰과 함께 쓸 수 있는 삼각대를 추천합니다. 삼각대를 구입할 때 주의할 점은 가벼워야 한다는 것입니다. 언제 특별한 일이 생길지 모르므로 가방 속에 늘 가지고 다니면서 빠르게 꺼내 촬영해야 하기 때문이죠. 두 번째로 내구성이 좋은지 확인해야 합니다. 내구성이 좋지 않은 삼각대는 조절에 시간이 걸릴 뿐만 아니라 고정이 풀리거나 스마트폰이 넘어질 수도 있어요. 마지막으로 높이나 각도 조절이 쉬운 삼각대를 구입해야 합니다. 원하는 순간을 빠르게 담아야 하는 브이로그에서 삼각대를 꺼내 스마트폰을 설치하고, 높이와 각도를 맞추고, 화면이 잘 나오는지 확인하다 보면 촬영하고 싶은 장면을 놓칠 수도 있기 때문이에요.

버튼을 눌러 각도를 조절할 수 있는 형태의 삼각대를 가장 추천합니다. 저는 카드만한 크기에 각도 조절이 잘 되고 간편하게 스마트폰에 붙여 쓸 수 있는 삼각대를 주로 사용하고 있습니다.

그 외 장비로는 마이크를 추천합니다. 외부 소음으로 목소리가 제대로 잡히지 않을 때가 있기 때문이에요. 아이폰 기본 마이크도 충분히 좋은 성능을 가지고 있어 녹음 앱을 이용해도 충분하지만, 따로 마이크를 사용하면 별도로 녹음을 하지 않아도 좋은 음향을 담을 수 있답니다. 저는 사각거리는 아이패드 필기 소리를 담을 때 ASMR용 마이크와 목소리를 녹음하기 위한 보이스 레코더를 사용하지만, 여러분의 콘텐츠 목적에 맞게 옷에 꽂을 수 있는 핀마이크를 사용해도 좋겠죠?

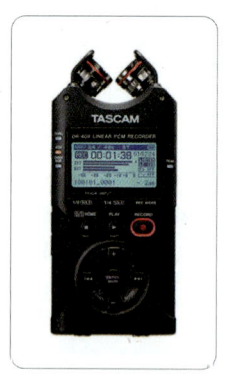

저자가 사용하는 삼각대와 마이크

07-2

가장 쉬운 영상 편집 앱, 블로

📌 다재다능한 무료 영상 편집 앱, 블로

블로(VLLO)는 사용법이 간단한데 비해 다양한 기능을 제공합니다. 또 저작권이 자유로운 요소들을 쓸 수 있고, 새로운 요소도 수시로 업데이트돼서 높은 수준의 영상을 제작할 수 있습니다. 전문 영상 편집 프로그램을 다루기 힘든 이유가 모든 요소를 직접 만들어야 하기 때

블로

문인데, 블로에는 고품질의 자막 및 텍스트, 프레임이나 스티커가 있어요. 효과음 및 배경음악도 종류별로 골라쓸 수 있고요. 또한 블로의 키프레임 등 여러 효과를 이용하면 프리미어 프로 등 고급 영상 편집 프로그램 못지 않은 수준의 영상을 제작할 수 있답니다. 무엇보다 평소에는 아이패드로 편집을 하고, 외출할 때는 프로젝트를 스마트폰과 연동해 밖에서도 편집할 수 있어서 시간 부담도 덜하답니다.

📌 블로 앱 살펴보기

이제 블로를 직접 열어 메인 화면과 편집 화면을 살펴보도록 할게요. 먼저 앱스토어 A에 접속하고 [블로 🐟] 앱을 내려받아 주세요.

초기 화면

블로를 실행하면 [모든 프로젝트]에서 진행 중인 프로젝트를 한 눈에 확인할 수 있습니다. 각 프로젝트의 제목 옆 ■ 아이콘을 탭하면 프로젝트별로 색을 설정해 영상의 종류에 따라 구분할 수 있습니다. 저는 편집이 완료된 파일은 빨간색, 편집 중인 영상은 노란색, 소스로 사용하는 영상은 보라색으로 설정해 두고 사용 중이랍니다.

이 아이콘을 클릭하면 제목 옆에 나타나는 색을 바꿀 수 있어요!

만약 블로 프리미엄을 사용한다면 [프로젝트 공유하기]를 탭해 편집 중인 파일을 'VLLO Project Archiving'(.VLPROJ) 확장자로 저장할 수도 있는데요. 이 파일을 에어드롭, 파일에 저장, 메신저 등으로 아이폰에 보내면 작업하던 파일을 그대로 이동할 수 있습니다.

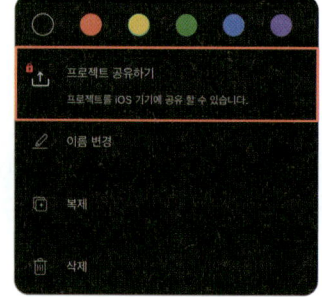

새 프로젝트 불러오기

[새 프로젝트]를 탭하면 [미디어 선택하기] 창에서 비디오, 사진, GIF 파일을 선택할 수 있습니다.

[VLLO 스톡]에서는 다양한 프레임과 효과를 골라볼 수 있고, [프로젝트]에서는 제작했던 프로젝트를 불러올 수 있습니다. 미디어를 골랐다면 왼쪽 하단의 [다음으로 ➡]를 눌러 줍니다.

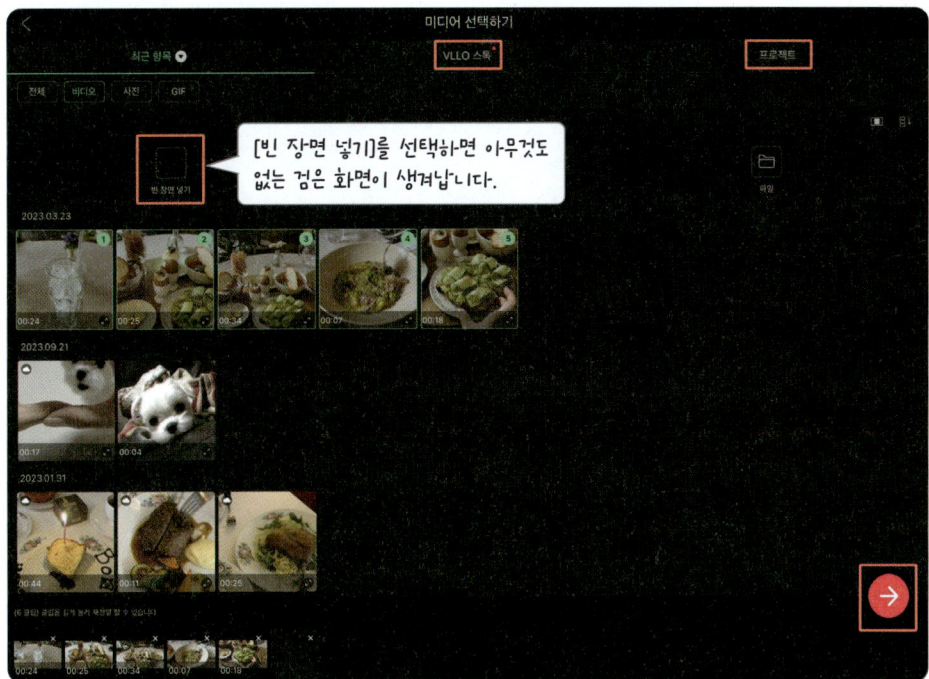

작업 전 설정하기

[설정]에서는 프로젝트 제목, 화면 비율, 영상 배치 등의 작업 전 항목을 설정할 수 있습니다. 먼저 프로젝트 제목을 입력하고 화면 비율을 선택합니다. 아이콘에서 볼 수 있듯이 인스타그램 피드에 올릴 영상은 [4:5]나 [1:1]로 설정하면 됩니다. [16:9]는 일반적인 유튜브 비율이며, [9:16]은 유튜브 쇼츠나 인스타그램 스토리로 사용할 수 있는 아이폰 세로 비율입니다.

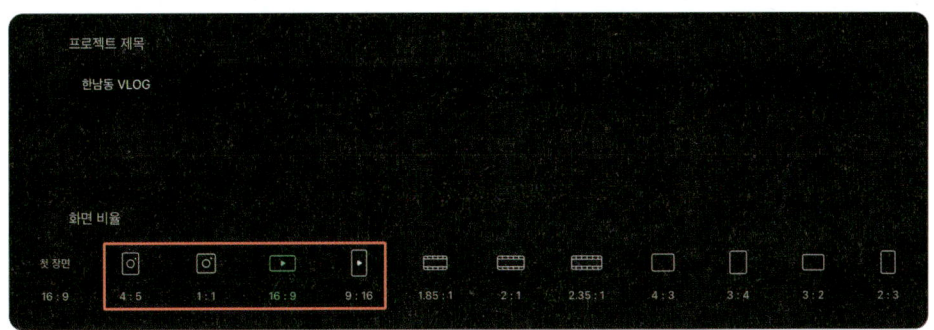

[영상 배치]에서는 영상의 가로 길이가 화면에 맞춰지는 [끼움], 영상이 전체 화면으로 채워지는 [채움], 영상의 크기를 그대로 반영하는 [가운데] 중 선택할 수 있습니다. [프로젝트 생성하기]를 탭하면 본격적인 영상 편집이 시작됩니다.

편집 창 인터페이스 살펴보기

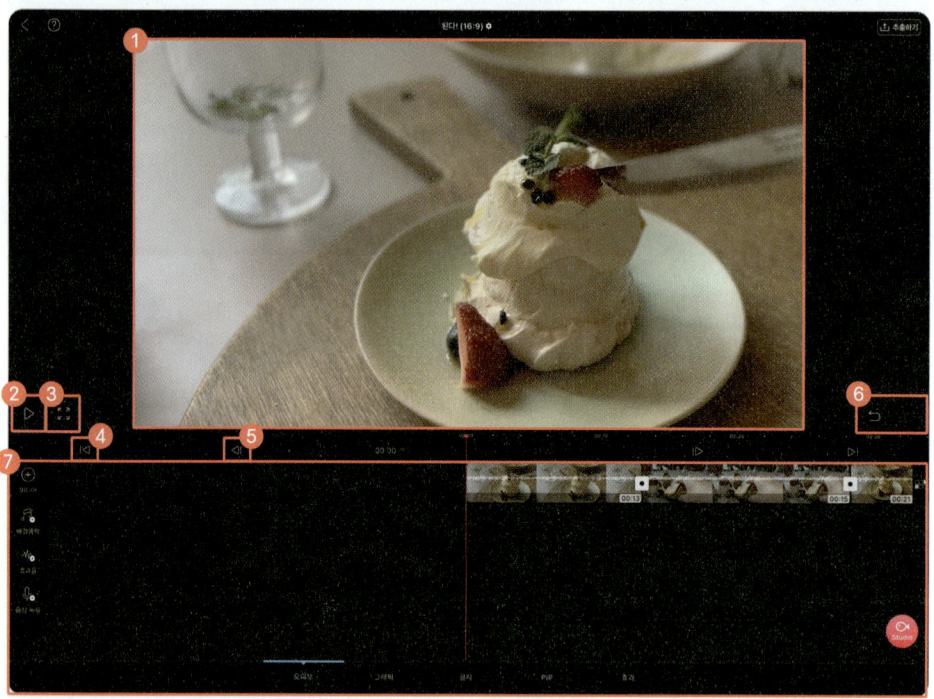

❶ [미리보기 창]: 영상의 결과물을 보며 작업할 수 있습니다. 영상이나 요소를 직접 탭하면 이동이나 회전, 크기도 바꿀 수 있습니다.

❷ [재생 ▷]: 저장하기 전 영상을 재생해 볼 수 있습니다.

❸ [전체 화면 ⋮⋮]: 영상을 전체 화면으로 미리 볼 수 있습니다.

❹ **[클립 이동 ◀ ▶]**: 이전 클립, 다음 클립으로 빠르게 이동할 수 있습니다. 길게 탭하면 영상의 맨 앞/마지막 부분으로 이동합니다.
❺ **[프레임 이동 ◁ ▷]**: 한 프레임씩 섬세하게 영상을 이동할 수 있습니다.
❻ **[실행 취소 ↶]와 [재실행 ↷]**: 작업을 취소하거나, 취소한 작업으로 되돌릴 수 있습니다.
❼ **[타임라인]**: 손을 떼지 않은 채 좌우로 움직이면 미리보기 창으로 영상을 보며 편집할 수 있습니다. 가운데의 세로줄(기준선)에 맞춰진 부분이 미리보기 창에 나타납니다.

📝 희나의 꿀팁 | 영상 편집 용어 알아보기

영상을 편집할 때 쓰이는 '타임라인', '클립', '프레임' 같은 용어가 헷갈린다고요? 생각보다 어렵지 않답니다. 여기서 간단히 짚고 넘어가세요!

- **타임라인(timeline)**: 사용한 비디오/오디오 클립을 시간 순서대로 보여주는 영상 편집 공간으로, 영상의 구조와 흐름을 볼 수 있는 곳입니다.
- **클립(clip)**: 길고 짧게 잘린 영상 조각을 뜻합니다. 영상을 편집할 때 사용하는 영상도 클립이라고 합니다.
- **프레임(frame)**: 하나의 동영상을 구성하는 정지된 화면을 말합니다. 프레임이 여러 개 모이면 움직이는 클립이 됩니다.

🖌 영상 만들기의 기초, 컷 편집

컷 편집은 영상 편집의 전부라고 할 수 있을 정도로 영상 편집에 있어서 가장 중요한 부분이에요. 필요 없는 장면은 잘라내고, 영상의 순서를 자연스럽게 정렬하거나, 오히려 순서를 뒤죽박죽 만들어서 궁금증을 유발하는 등 컷 편집만으로도 영상을 완성할 수 있습니다.

컷 편집을 할 때 주의할 점은, 과연 이 장면이 다른 사람이 봤을 때도 재미있는 장면인지 고민해 봐야 한다는 것입니다. 촬영한 게 아까워서 전부 사용하게 된다면 영상이 지루해질 수 있기 때문이죠. 저는 그래서 '필요 없어 보이는 장면을 지우기'보다, '꼭 필요한 장면만 살리기'를 목표로 편집을 하고 있답니다. 꼭 필요한 부분들만 모아 보는 사람이 몰입할 수 있는 영상을 만들어 보세요.

하면 된다!} 컷 편집으로 알찬 영상 만들기

먼저 영상 파일(실습 파일 1~3)을 내려받아 주세요. 타임라인 아래의 컷 편집 창을 이용해 컷 편집을 진행해 볼게요.

▶ 블로에서 파일을 여는 방법이 기억나지 않는다면 앞장의 '새 프로젝트 불러오기'를 참고하세요.

실습 영상 내려받기

`01` 실습 파일 1을 **16:9, 채움** 비율로 열어 줍니다. 먼저 하나의 클립을 A와 B로 나눠 보겠습니다. 클립을 한 번 탭해 클립 편집 모드로 만듭니다.

클립을 탭하면 테두리에 선이 생기면서 클립 편집 모드로 바뀌어요!

`02` 기준선을 좌우로 이동해 클립을 나누고 싶은 위치로 이동해 주세요. 클립 아래에 나타나는 초를 보며 **00:07**초까지 이동해 보겠습니다.

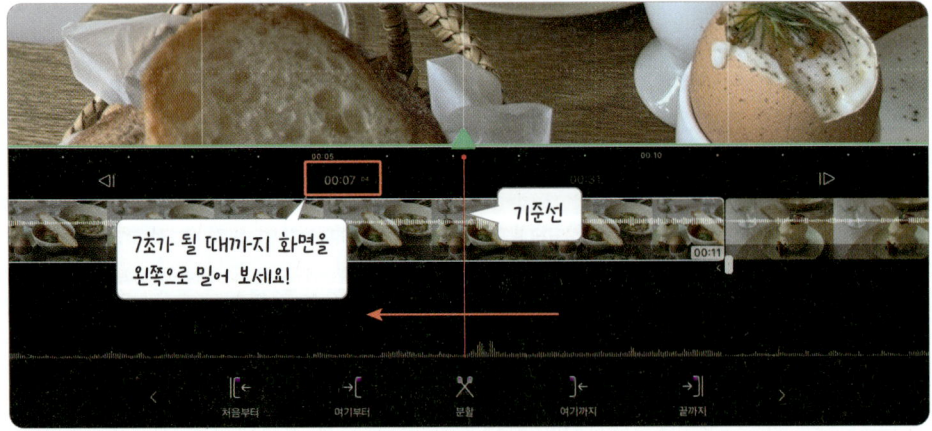

7초가 될 때까지 화면을 왼쪽으로 밀어 보세요!

기준선

03 [분할]을 탭하면 기준선을 중심으로 영상이 두 개로 나뉩니다. 이제부터 앞의 영상을 A클립, 뒤의 영상을 B클립이라고 불러 볼게요.

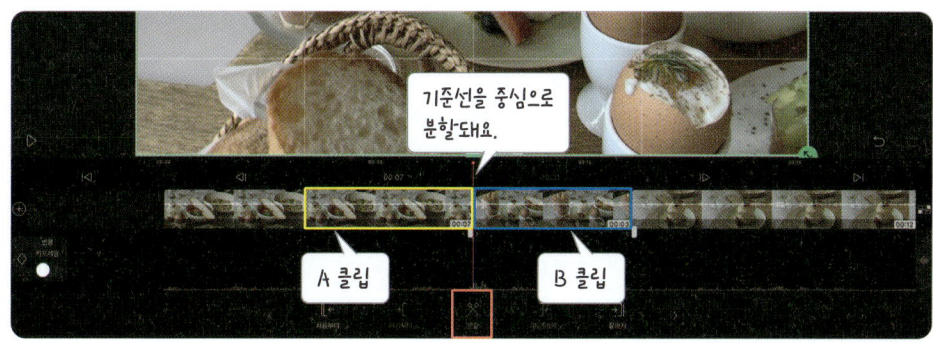

04 A 클립의 뒷부분에 필요 없는 영상이 포함되어 있네요. ① A 클립을 탭하고 다시 ② 타임라인을 넘겨 00:03초까지 이동해 보겠습니다. ③ [여기까지]를 탭하면 기준선 뒤의 영상이 삭제됩니다.

05 B 클립 앞부분의 영상도 마저 잘라 볼까요? ❶ B 클립을 탭하고 ❷ 00:05초로 이동해 보겠습니다. ❸ [여기부터]를 탭하면 기준선 앞의 영상이 사라져요.

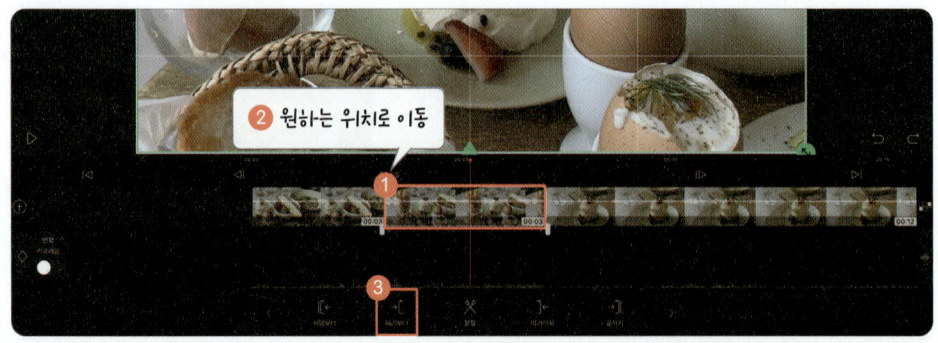

06 이번엔 오프닝으로 사용할 영상을 맨 앞으로 가져와 볼 건데요. 클립을 탭해서 편집 모드가 되었을 때, 클립을 원하는 위치로 드래그하면 순서가 바뀝니다. 아래에 나타나는 탭을 쓸어 넘겨 나오는 [맨 앞으로], [왼쪽으로 이동], [오른쪽으로 이동], [맨 뒤로]를 선택해서 위치를 바꿀 수도 있습니다.

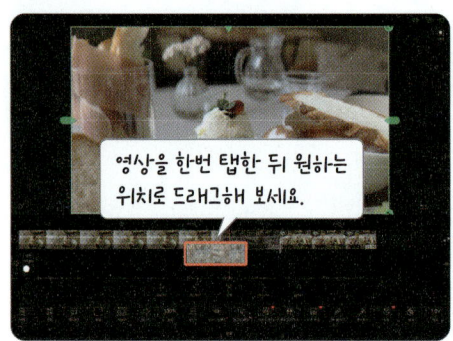 

07 이제 컷 편집이 끝났습니다. [스토리보드 ▦]를 탭하면 클립들을 한눈에 모아볼 수 있습니다. 클립의 순서를 변경하거나 영상을 반복해 상황을 강조하는 등, 영상의 순서를 정돈하거나 재배치해 재미있는 영상을 만들어 보세요.

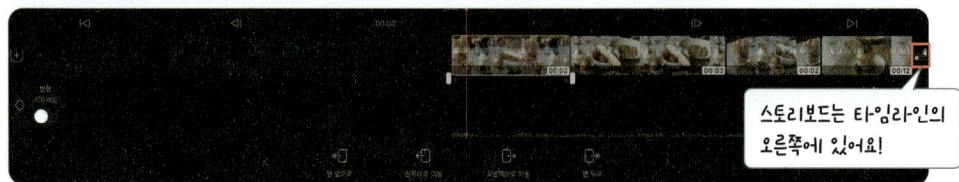

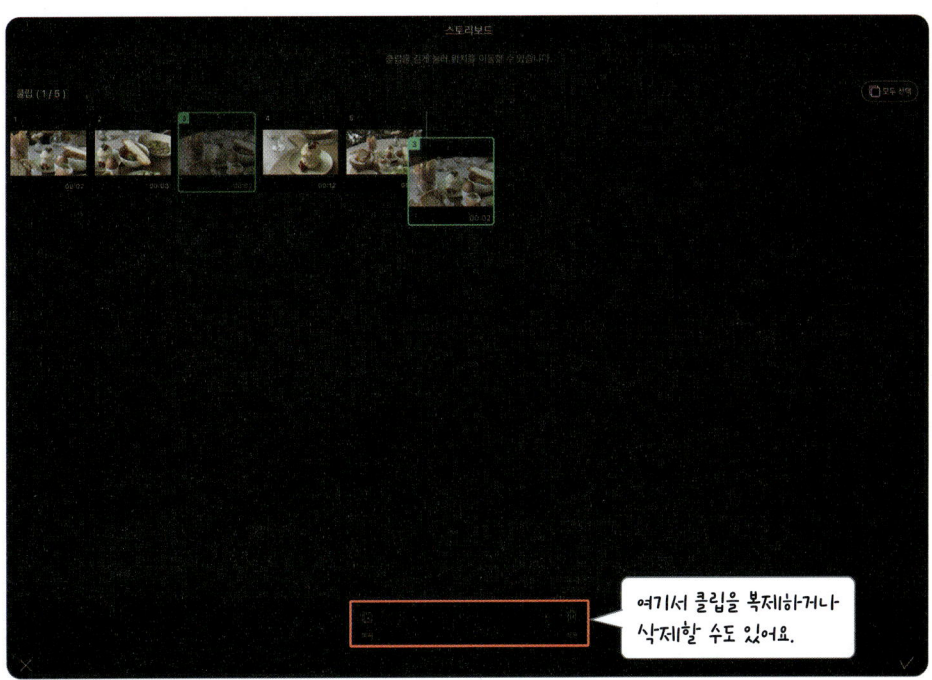

여기서 클립을 복제하거나 삭제할 수도 있어요.

희나의 꿀팁 | 영상 편집에 쓰기 좋은 깔끔한 스타일의 글꼴

제가 주로 사용하는 글꼴을 소개해 볼게요. 다음의 5가지는 상업적으로 사용할 수 있는 무료 글꼴입니다. 눈누(noonnu.cc)에 접속해 마음에 드는 것을 설치해 보세요.

▶ 설치 방법이 기억나지 않으면 06-2절을 다시 읽어보세요.

- 에스코어드림(9가지 두께 지원)
- 나눔스퀘어(8가지 두께 지원)
- 본고딕(9가지 두께 지원)
- 프리텐다드(9가지 두께 지원)
- 나눔바른고딕(4가지 두께 지원)

에스코어 드림

07 ★ 영상으로 기록하는 일상, 브이로그 265

07-3
영상에 디테일 더하기

📌 영상의 포인트, 자막

적절한 크기의 자막과 깔끔한 글꼴을 사용하면 영상이 한층 세련되게 바뀝니다. 저는 주로 두 가지 자막 스타일을 활용하는데, 첫 번째는 단순한 글꼴에 은은한 그림자 효과를 더해 깔끔함을 강조한 '그림자 자막'이고, 두 번째는 글자 뒤에 색깔 막대를 넣어 어떤 장면에서도 글씨가 선명하게 보이는 '막대바 자막'입니다. 이 두 가지 스타일을 적재적소에 활용하면 영상의 완성도를 높일 수 있습니다.

그림자 자막

막대바 자막

하면 된다!} 감성 브이로그에 어울리는 자막 설정하기

그럼 감성 브이로그에 어울리는 자막을 설정하는 저만의 노하우를 알려 드릴게요.

01 다시 실습 파일 1을 **16:9, 채움** 비율로 엽니다. ❶ 하단의 [글자]를 탭합니다. ❷ 왼쪽 메뉴에서 [글자]를 탭해 원하는 모양의 자막을 선택합니다. ❸ 여기선 [기본] 을 탭하고 세 번째에 있는 자막을 선택해 보겠습니다. ❹ [완료]를 눌러 주세요.

02 자막 부분을 빠르게 두 번 탭한 뒤 ❶ 하단의 입력 창에 자막으로 쓸 내용을 입력해 보세요. ❷ [적용]을 눌러 저장합니다. 입력한 자막을 확인한 후, ❸ 아이콘을 잡고 보기 좋은 크기로 사이즈를 조절합니다.

03 ① 하단의 탭에서 [폰트 Aa]를 선택하고 ② [검색 🔍]을 탭합니다.

04 ① 검색 창에 고딕을 입력한 후 ② [나눔 바른 고딕]을 선택합니다. 한 번 탭하면 자동으로 설치되고, 다시 탭하면 글꼴이 적용됩니다.

내려받은 글꼴은 왼쪽에 즐겨찾기 표시가 생겨요.

05 ❶ 빈 공간을 탭해 나간 뒤 자막을 다시 한번 선택합니다. ❷ 하단의 [서식]을 탭합니다. ❸ [간격]을 탭해 ❹ 글자 간격을 -1.0으로 설정해 줍니다.

06 같은 글꼴도 글자 간격을 어떻게 설정하는지에 따라 느낌이 달라진답니다. 가독성이 나빠지지 않는 선에서 간격을 자유롭게 바꿔 보세요.

📌 영상에 효과를 넣을 수 있는 키프레임 익히기

키프레임이란 클립 및 효과들에 위치 및 크기, 회전 등의 변화를 줘서 매끄러운 동영상을 만드는 기능입니다. 키프레임을 이용하면 각각의 프레임에 직접 움직임을 지정하여 다양한 효과를 넣을 수 있는데요. 글씨가 나타나게 하거나, 스티커에 위치를 지정하는 효과를 넣어볼 수 있습니다.

블로에서 애니메이션 효과를 지원하기는 하지만, 키프레임으로 하나씩 설정하면 더욱 섬세한 움직임을 연출할 수 있어요. 원하는 위치와 타이밍에 효과가 나타나도록 적용하려면 키프레임을 이용해야 합니다.

그럼 어떻게 하는지 알아볼까요? 먼저 키프레임을 적용하고 싶은 클립을 탭하고, 클립 편집 모드가 실행되면 타임라인 왼쪽에 [변형 키프레임]이 생깁니다. 한번 탭해 활성화하면 타임라인에 다이아몬드 모양 키(◆)가 생성되며 미리보기 화면의 효과 및 설정이 고정됩니다.

첫 번째 키를 고정하고 타임라인을 왼쪽 또는 오른쪽으로 밀거나 [프레임 이동 ◁ ▷]을 이용해 프레임을 옮겨 보세요. 다음으로 클립 속 요소의 크기나 위치를 바꾸는 등의 변화를 주면 두 번째 다이아몬드 키가 자동으로 생겨나 고정됩니다. 영상을 재생해 보면 첫 번째 화면의 원부터 두 번째 화면의 원까지 자연스럽게 원이 확대되는 것을 볼 수 있습니다.

타임라인 아래의 [키 추가 ◆], [키 삭제 ◆]를 탭하면 고정했던 키를 제거하거나, 키를 하나 더 추가해 효과를 지속시키거나, 멈춤 효과를 줄 수 있습니다.

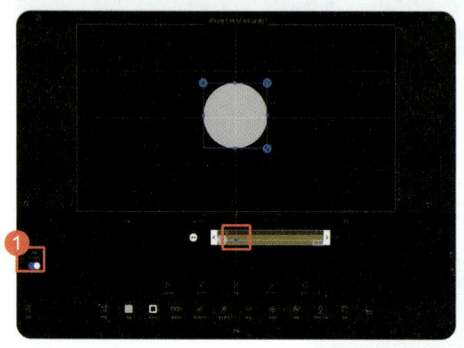

키프레임을 활용하는 모습

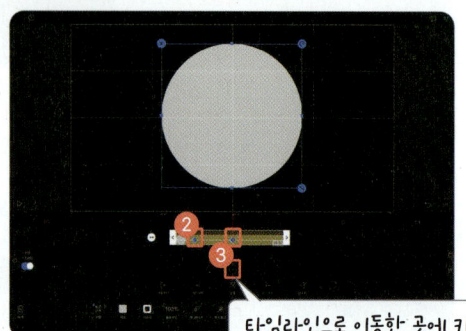

키를 하나 더 추가한 모습

> 타임라인으로 이동한 곳에 키가 이미 있다면 [키 삭제] 버튼이, 키가 없다면 [키 추가] 버튼이 나타나요.

그럼 이제 실습을 하며 직접 기능을 활용해 볼까요?

하면 된다! } 키프레임으로 오프닝 영상 만들기

01 실습 파일 2를 16:9, 채움 비율로 엽니다. 영상 편집 모드에서 ❶ 하단의 [그래픽]을 탭하고 ❷ [프레임]을 선택합니다.

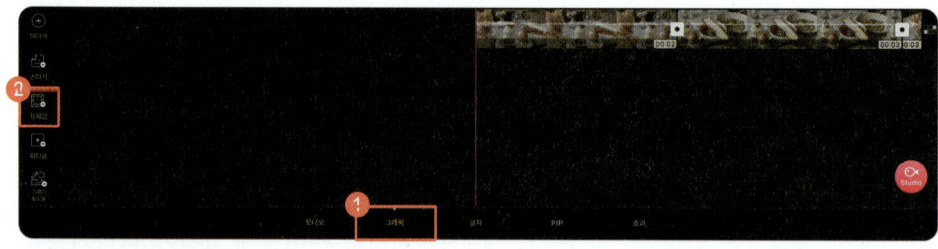

02 스크롤을 내려 ① 가운데가 뚫려 있는 프레임을 선택합니다. ② [완료]를 누르면 프레임이 저장됩니다.

03 ① [색상]을 탭한 다음 ② [스포이드]를 선택해 ③ 영상 속에서 색감을 추출하면 영상과 잘 어울리는 프레임을 만들 수 있습니다.

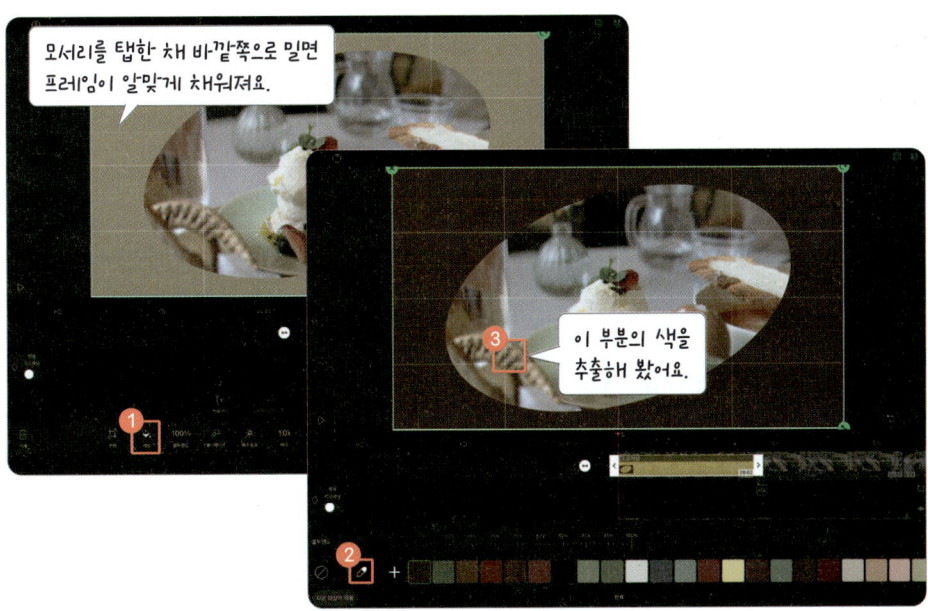

03 ❶ 타임라인 아래의 여백을 왼쪽으로 살짝 밀어 타임라인의 00:01초 부근에 기준선을 맞춰 주세요. ❷ 프레임 안에 강조하고 싶은 장면을 잡아준 후 ❸ [변형 키프레임]을 활성화합니다. 타임라인에 다이아몬드 모양의 키가 고정됩니다.

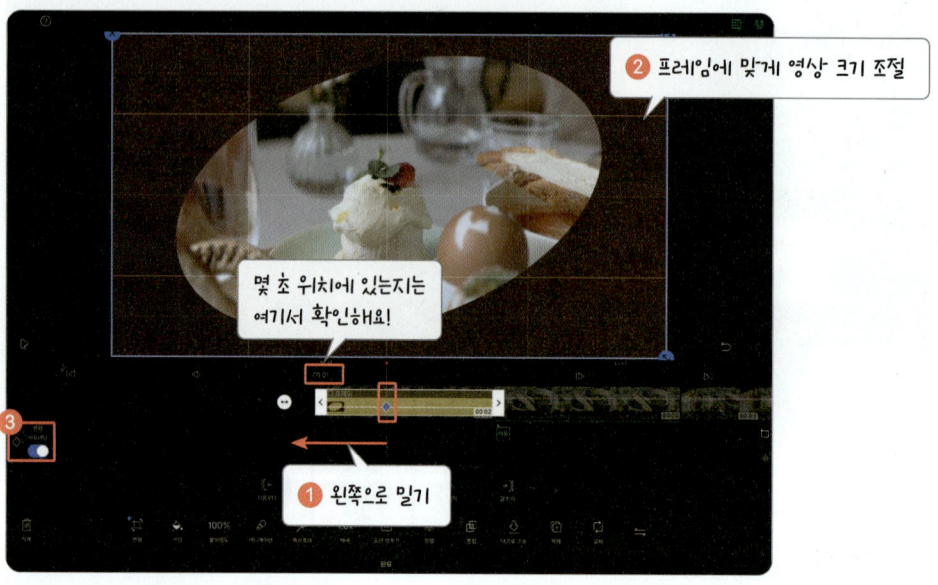

04 ❶ 키프레임을 활성화한 상태에서 영상의 가장 앞부분으로 기준선을 옮기고 ❷ 확대하듯 손가락을 벌려 프레임을 확대합니다. ❸ 타임라인에 다이아몬드 키가 하나 더 활성화됩니다. 재생하면 자연스럽게 프레임이 대상을 강조합니다.

05 이제 자막을 추가해 봅시다. ① 클립 바깥의 빈 부분을 한번 탭해 영상 편집 모드로 돌아간 다음 ② 기준선을 글자가 등장하길 원하는 곳으로 이동합니다. 여기서는 00:01 초에 글자가 나타나게 설정해 봤어요.

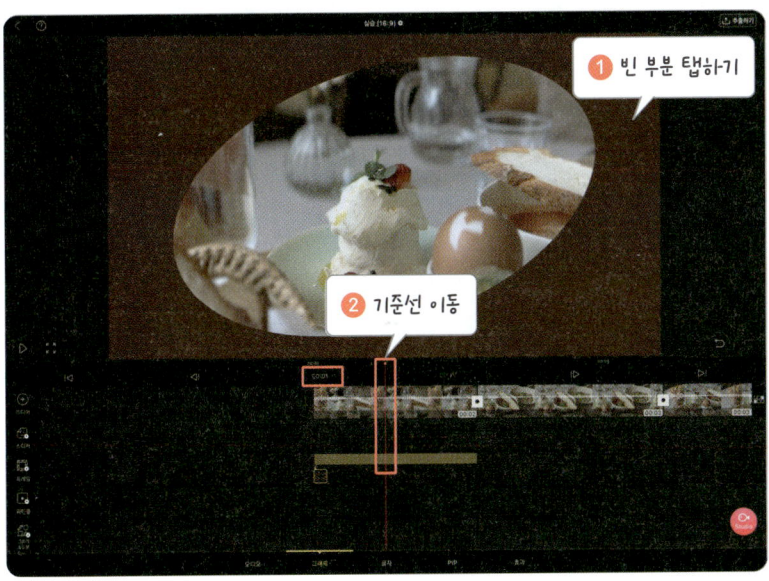

06 ① [글자 → 글자]를 탭하고 사진 분위기에 어울리는 자막을 골라 보세요. 저는 ② [Vlog → It's time to go]를 선택해 봤습니다. 글자를 선택했다면 ③ [완료]를 탭해 저장하세요.

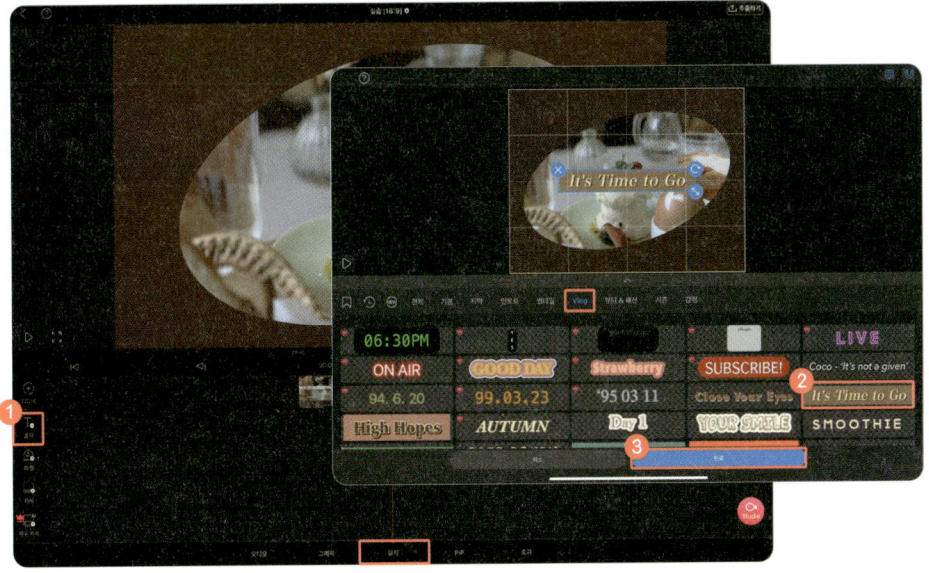

07 입력 창이 나타나면 Brunch Time을 입력해 보세요.

08 ① 글자를 한 번 탭한 뒤 ② [서식]을 선택합니다.

09 ① [글자 색상]을 탭하고 ② [스포이드 ✎]를 선택해 표시된 부분의 색을 추출합니다. ③ [배경]을 탭하고 ④ 7번째에 있는 네이비 색으로 변경합니다. ⑤ [완료]를 탭해 저장합니다.

10 ① [애니메이션 → 페이드]를 탭해, 글씨가 자연스럽게 나타나도록 효과를 적용해볼게요. 효과가 잘 적용되면 ② [완료]를 탭해 저장합니다.

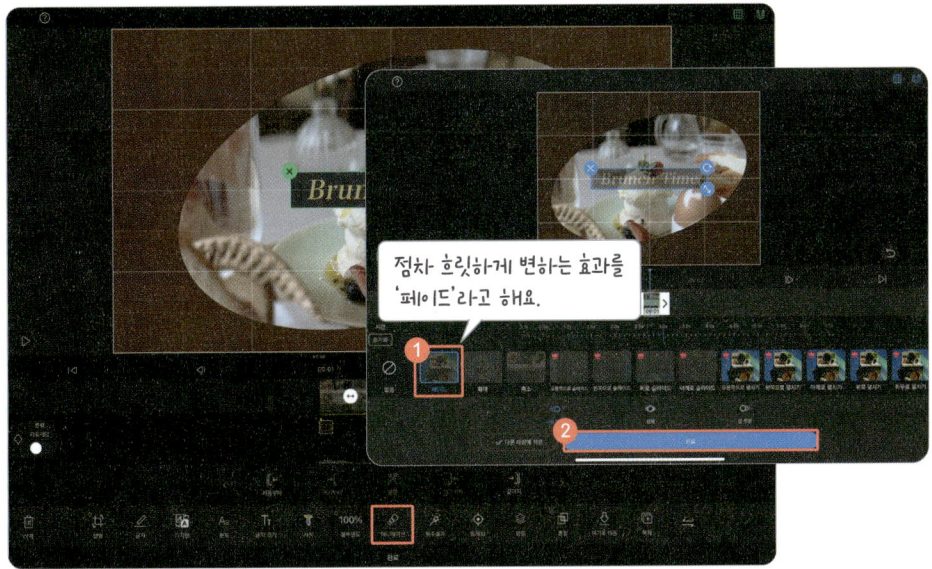

11 우측에서 나타나는 텍스트 상자도 만들어 봅시다. ① [글자 → 글자]를 탭하고 ② [Vlog → STUDY WITH ME : CAFE]를 선택해 5번 단계에서 했던 것과 같은 텍스트 상자를 만들어 줍니다. 글자를 선택했다면 ③ [완료]를 탭합니다.

12 ① 입력 창이 나타나면 BRUNCH & CHILL IN HANNAM을 입력합니다. ② [서식 → 배경]을 탭하고 ③ [스포이드]를 선택합니다. 배경 색상은 프레임에서 추출합니다. 마지막으로 자막의 크기와 위치를 조절해 다음과 같이 배치해 주세요.

13 타임라인 아래의 여백을 왼쪽으로 밀어 글자가 등장했으면 하는 부분으로 이동하고 왼쪽의 [변형 키프레임]을 한번 탭해 활성화합니다. 여기서는 00:02초에 글자가 나타나도록 설정했어요.

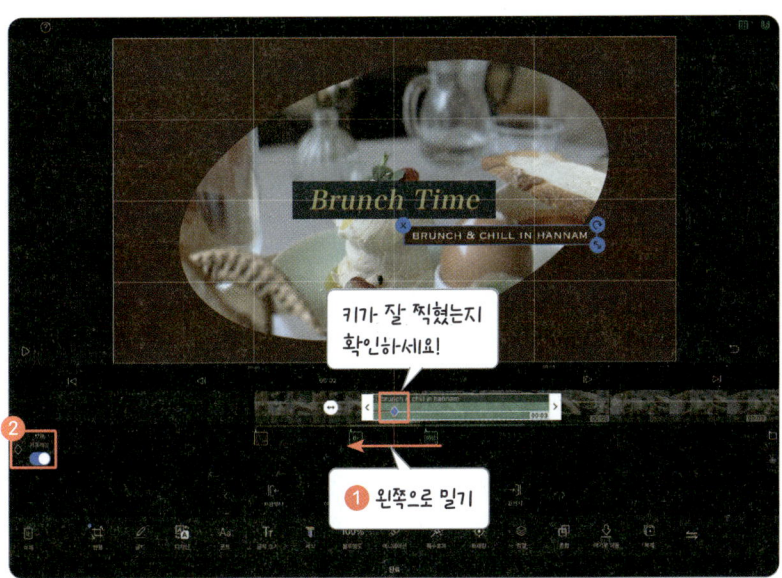

14 ① 키프레임을 활성화한 상태로 타임라인 아래의 여백을 오른쪽으로 밀어 초록색 박스의 맨 앞으로 이동합니다. ② 텍스트 상자를 작업 영역 밖으로 빼면 타임라인에 다이아몬드 키가 하나 더 활성화됩니다.

15 영상을 재생해 보세요. 작업 영역 밖으로 보냈던 텍스트 상자가 천천히 왼쪽으로 나타납니다.

📌 조회 수의 숨은 키, 섬네일

본 영상과 오프닝 영상까지 만들어 봤다면 이제 섬네일도 만들어 봅시다. 섬네일은 영상을 재생하기 전 보이는 이미지를 말해요. 본 영상도 아닌데 섬네일까지 신경 써야 하냐고요? 물건을 살 때 포장이 제대로 되어있지 않아 구입을 망설인 경험이 있을 거예요. 섬네일도 영상의 포장이라고 할 수 있어요. 제목과 함께 영상을 클릭하게 만드는 가장 중요한 요소죠. 블로에서는 영상과 통일감이 있는 섬네일도 간단하게 제작할 수 있습니다.

블로에서 만들어 사용했던 섬네일

하면 된다!} 감성적인 섬네일 만들기

01 실습 파일 3을 **16:9**, **채움** 비율로 엽니다. 타임라인에서 ❶ 섬네일로 만들고 싶은 장면으로 이동한 후, ❷ [글자 → 글자]를 탭합니다. ❸ [썸네일] 탭의 글자들 중 [Our wedding day.]를 이용해 보겠습니다. ❹ 다음과 같이 글자를 입력해 보세요.

02 바깥의 빈 부분을 탭해 편집 모드를 해제한 뒤 아이패드의 전원 버튼과 볼륨(+) 버튼을 동시에 눌러 화면을 캡처하고 왼쪽 하단에 나타난 캡처 이미지를 탭합니다.

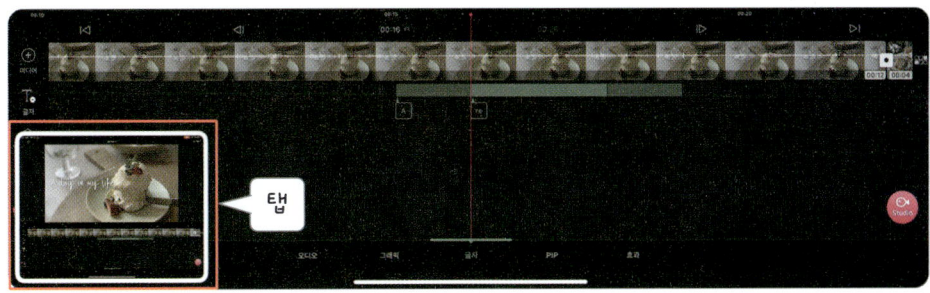

07 ★ 영상으로 기록하는 일상, 브이로그

03 자동으로 선택되어 있는 자르기 도구를 이용해 섬네일 부분만 잘라냅니다.

04 캡처 편집 도구에서 ❶ [펜 도구]를 탭한 다음 ❷ [연필]을 선택합니다. 연필 아이콘을 빠르게 두 번 탭하면 연필의 두께를 고를 수 있습니다. ❸ 4단계로 설정해 줍니다.

05 ❶ 색은 흰색으로 설정한 뒤 ❷ 물체의 테두리를 따라 그려줍니다. ❸ 왼쪽 상단의 [완료 → 사진 앱에 저장]을 탭해 저장합니다.

06 섬네일 이미지가 완성됐습니다. 영상을 업로드할 때 활용해 보세요!

희나의 꿀팁 | 화면 오른쪽의 버튼은 무엇인가요?

작업을 하다 보면 화면 오른쪽에 물고기 모양의 작은 버튼이 보이는데요. 바로 **블로 스튜디오**라는 기능입니다. 블로 스튜디오에서는 영상 꾸미기가 어려운 분들을 위해 클릭 한 번으로 자막, 스티커, 필터가 한 번에 적용되는 템플릿을 제공합니다. 마음에 드는 템플릿을 선택하면 인트로부터 자막, 아웃트로까지 일관된 분위기로 영상을 제작할 수 있습니다.

▶ 블로 스튜디오 살펴보기

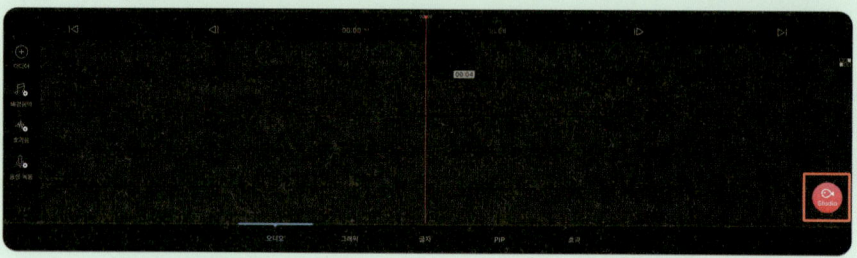
블로 스튜디오

블로 스튜디오에는 제가 직접 제작한 아기자기하고 귀여운 'HINA_VINTAGE' 필터와 저의 브이로그 스타일이 담긴 'HINA_MODERN' 필터도 업데이트되어 있습니다. 그밖에도 1000여 종의 다양한 템플릿들을 제공하니 원하는 템플릿을 클릭해 간편하게 적용해 보세요!

'HINA_VINTAGE' 필터

'HINA_MODERN' 필터

07-4
유튜브 채널 만들고 브이로그 업로드하기

앞서 만들어둔 영상을 저장만 해 두긴 조금 아쉽죠? 그렇게 생각할 여러분을 위해 이번에는 영상을 유튜브에 업로드하는 방법을 알려 드릴게요.

📌 **나만의 유튜브 채널 개설하기**

앱스토어 에서 유튜브 앱을 설치하고 열어 보세요. 앱 하단의 [내 페이지]를 선택한 뒤 왼쪽 상단의 [채널 만들기]를 탭하면 채널을 개설할 수 있습니다.

유튜브 앱

간단히 내용을 입력할 수 있는 창이 보이나요? [사진]과 [이름]은 구독자들이 볼 수 있는 나의 첫 인상이자 상징이랍니다. [사진]에는 나를 가장 잘 표현해주는 이미지 혹은 일러스트를 선택하고, [이름]에는 나를 가장 잘 나타낼 수 있는 이름, 즉 닉네임을 작성해 보세요. [핸들]은 @로 시작되는 짧은 채널 식별자로, 채널 주소에서 보이는 아이디라고 생각하면 편합니다. 핸들에는 영문 혹은 숫자, 마침표(.), 대시(-), 밑줄(_)만 포함할 수 있습니다. 작성이 끝났다면 하단의 [채널 만들기]를 탭해 보세요.

이제 채널이 생겨났어요. 이곳은 여러분 채널의 메인 화면입니다. 채널의 이름과 사진이 첫 인상이었다면 여기서는 채널의 분위기를 보여줄 수 있는데요. 내가 올린 동영상을 확인하고 간단한 수정을 하거나 내 영상의 조회 수, 시청시간, 구독자 수 등을 분석할 수 있습니다. 이제 채널을 꾸며 볼까요?

📌 채널 자유롭게 꾸미기

저는 이렇게 채널을 간단히 꾸며 뒀는데요. 배너 이미지로 나의 채널에 처음 들어온 사람에게 내가 어떤 주제의 영상을 올리고 어떤 취향을 가진 사람인지 이미지로 보여줄 수 있습니다.

채널 메인 화면에서 [수정 ✏️]을 탭해 보세요. 가운데의 카메라 모양을 탭하면 프로필 이미지를, 오른쪽 상단의 카메라 모양을 탭하면 채널 배너를 바꿀 수 있습니다. 저는 주로 제가 촬영한 사진을 설정해 두는 편인데요. 여러분도 앨범에서 프로필 이미지와 채널 배너로 설정할 만한 이미지를 찾아보세요.

채널 배너와 프로필 이미지를 바꾼 다음에는 내 채널이 궁금한 사람들에게 내가 어떤 영상을 올리고 있는지, 어떤 유튜브 채널을 만들어가고 싶은지 소개할 수 있는 [설명]도 간단히 채워 보세요.

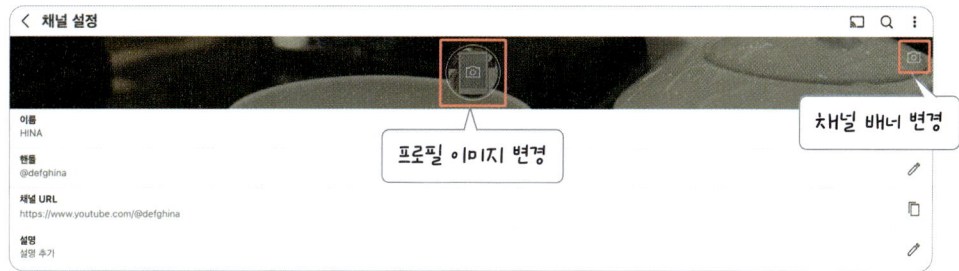

🖊 희나의 꿀팁 | 프로필이나 배너 이미지로 설정할 만한 사진이 없어요!

유튜브 채널 로고는 첫인상을 결정짓는 중요한 요소예요. 그래서 채널의 주제와 정체성을 잘 나타낼 수 있는 이미지를 선택하는 게 좋습니다. 브이로그, 패션, 뷰티 채널이라면 본인의 얼굴이나 스타일을 보여주는 이미지를 사용하고, 요리 채널이라면 요리 도구나 신선한 재료를 활용해서 채널의 분위기를 시각적으로 표현할 수 있겠죠. 기록과 관련된 컨텐츠라면 문구류나 자주 이용하는 기록 도구의 이미지를 넣어주는 것도 좋겠죠?

만약 넣고 싶은 이미지가 딱히 없다면 텍스트만으로도 충분히 멋진 로고를 만들 수 있어요. 채널 이름을 손글씨로 표현하거나, 요즘 유행하는 폰트를 활용하면 개성 있는 느낌을 낼 수 있답니다. 로고 제작이 어렵다면 어도비 익스프레스(Adobe Express)와 같은 디자인 도구를 사용하거나, 이미지 생성 AI를 이용할 수도 있습니다. 다만, 상업적 이용을 할 수 있는지 확인하는 걸 잊지 말아야 해요.

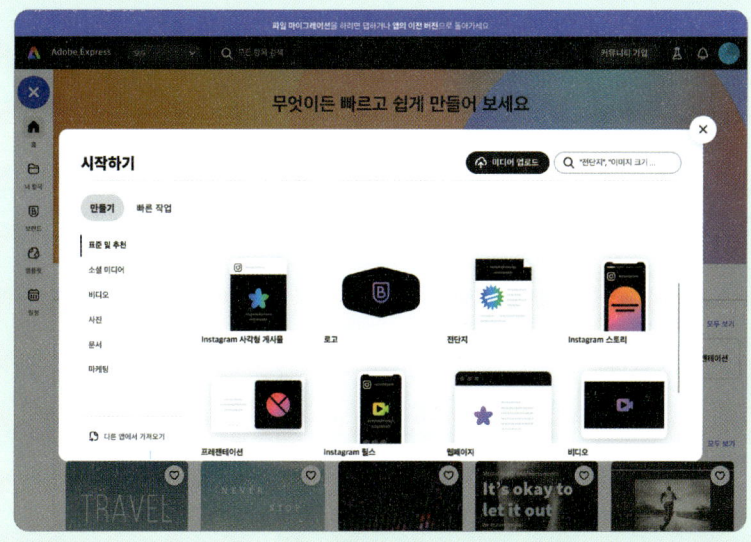

Adobe Express(www.adobe.com/kr/express)에서 [로고]를 선택한 모습

📌 첫 동영상 업로드하기

유튜브에 내가 만든 첫 동영상을 업로드해 볼 시간입니다. 아리스토텔레스의 명언인 '시작이 반이다'라는 말처럼 시작을 하면 절반은 해낸 것이지만, 그만큼 시작을 한다는 것은 정말 어려운 일이기도 해요. 유튜브에 영상을 올리고 싶지 않다면 앞에서 만든 비공개 카페에 올리는 것도 좋아요!

하면 된다!} 유튜브에 동영상 업로드하기

01 내 채널에서 [+ → 동영상]을 탭한 후 업로드할 영상을 선택해 주세요.

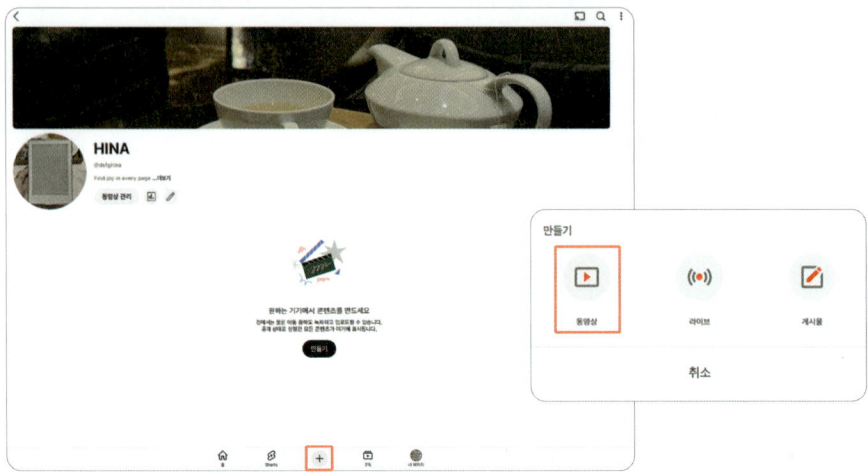

02 영상을 자르거나 필터를 입힐 수 있는 창이 나타납니다. 하지만 여기서는 영상이 제대로 재생되는지 정도만 확인할 거예요. 최종 확인을 마쳤다면 [다음]을 탭하세요.

03 [세부정보 추가] 창이 나타납니다. 영상 미리보기 상단의 [섬네일 변경 🖼]을 눌러 섬네일을 변경할 수 있습니다.

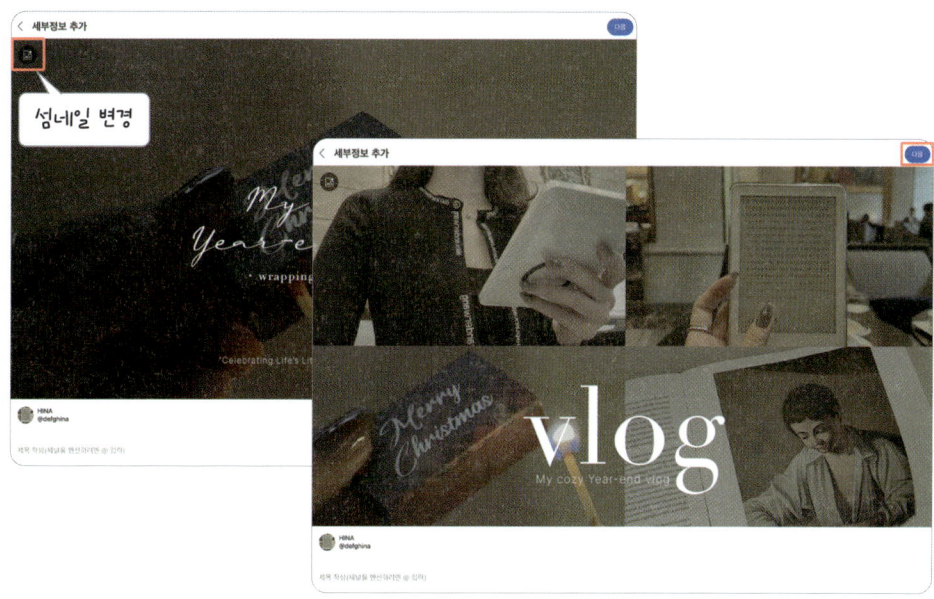

04 페이지를 아래로 내리고 [제목 작성]을 탭해 내 영상이 어떤 영상인지 직관적으로 설명할 수 있는 제목을 만듭니다. 구독자들이 어떤 키워드를 검색창에 입력할지 생각해 보고, 키워드를 연결해 문장으로 만드는 형식으로 제목을 지어 보세요. [설명 추가]도 탭해 같은 방식으로 작성하면 됩니다.

 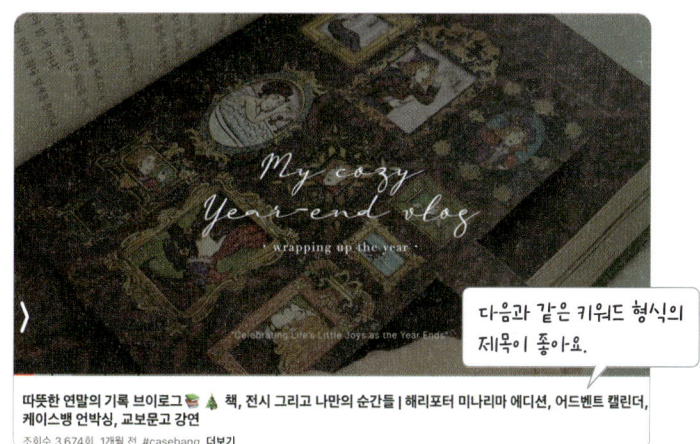

다음과 같은 키워드 형식의 제목이 좋아요.

07 ★ 영상으로 기록하는 일상, 브이로그

05 [공개]를 탭하면 공개, 일부 공개, 비공개를 선택할 수 있습니다. 또 [예약] 기능으로 원하는 날짜와 시간에 업로드되도록 예약을 걸 수도 있습니다. 영상을 공개하기 전에는 [일부 공개]를 선택한 후, 유튜브 앱으로 내 영상을 다시 한번 확인하고 업로드하는 게 좋습니다.

희나의 꿀팁 | 'Premieres 동영상'이란 무엇인가요?

동영상을 업로드할 때, [공개 상태]를 선택하면 [공개] 항목 아래에 'Premieres 동영상으로 설정'이라는 옵션이 나타납니다. 이 옵션을 탭하여 체크 표시를 한 후 업로드를 진행하면, 해당 동영상은 최초 공개 형식으로 업로드됩니다. 최초 공개로 설정된 동영상은 업로드와 동시에 시청자들에게 실시간으로 공개되며, 화면에 '최초 공개'라는 문구가 표시됩니다. 시청자들은 동영상이 처음 재생되는 순간을 함께 경험하고 소통할 수 있습니다.

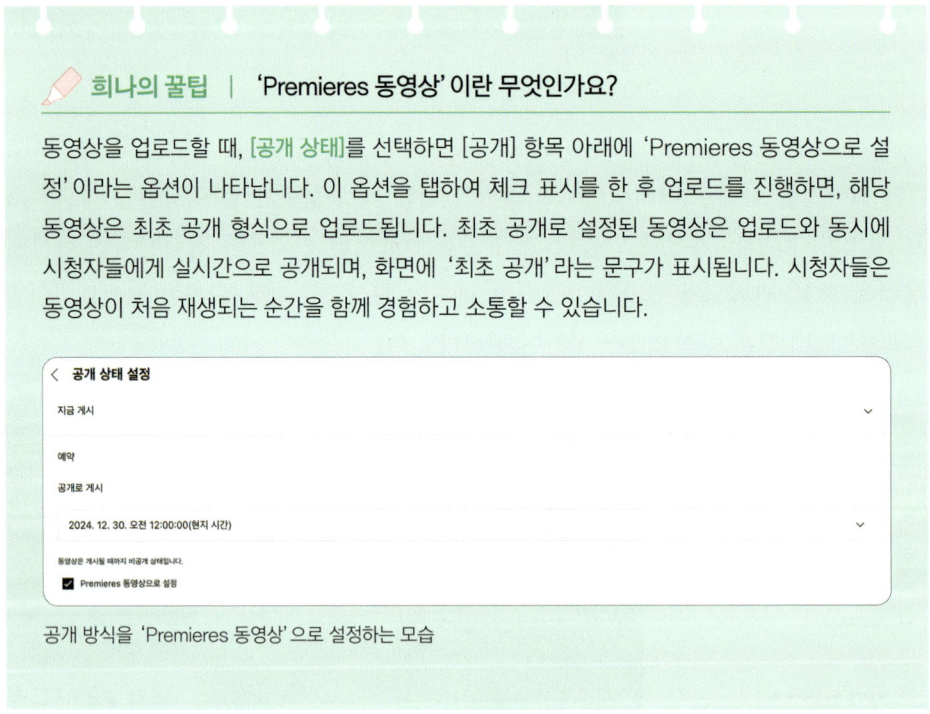

공개 방식을 'Premieres 동영상'으로 설정하는 모습

07장에선 기록의 또 다른 방법인 영상에 대해 알아봤습니다. 영상을 촬영하고 편집하다 보면 글이나 사진으로는 담을 수 없는 생생한 일상을 기록해둘 수 있다는 걸 깨닫게 될 거예요. 나만의 유튜브 채널을 만들고, 만들어 둔 영상도 올려 보세요. 혼자 간직했던 재미있는 추억에 공감해 주는 사람들을 만날 수 있을 거예요.

마치며

오늘의 나를 기록하는 이유

스마트폰 앨범을 넘기다 문득 5년 전의 제 모습이 눈에 들어왔습니다. 당시에는 분명 힘들었는데 사진 속의 저는 생기가 넘치고 왠지 행복해 보이기도 하네요. 혹시 여러분도 그런 경험이 있나요? 참 버거웠던 순간이었는데 지나고 나니 어쩐지 예쁘게 기억되는 경험이요. 지금의 제가 과거의 저를 보며 이렇게 생각하듯이, 미래의 저는 아마 지금의 저를 그렇게 바라보게 될 거예요. 그래서 저는 오늘도 기록합니다. ==언젠가 그리워질지도 모를 지금의 나를, 지금 이 모습 그대로 미래의 나에게 선물하고 싶어서요.==

가끔 저에게 "기록한 걸 다시 꺼내 보기도 하세요?"라고 묻는 분들이 있어요. 모든 기록을 다시 펼쳐 보진 않지만, 가장 힘들었던 순간과 행복했던 순간은 종종 꺼내 보곤 해요. 행복했던 기억은 기록한 내용을 읽는 것만으로도 미소 짓게 만들고, 힘들었던 순간의 기록을 보고 있으면 '이런 일도 이겨 냈는데 내가 못할 게 뭐가 있어'라는 마음이 피어나며 과거의 나에게서 용기를 얻어요. 지나간 나를 과소평가하게 될 때, 혹은 미래의 나에게는 더 이상 큰 발전이 없을 거라는 생각이 들고 마음이 주저앉을 때, 그럴 때마다 저는 기록을 꺼내 봅니다. 대부분의 날들을 충실히 살아 왔고, 애썼고, 소중한 시간을 보냈다는 걸 기록을 펼쳐 보며 다시 확인하는 거죠. ==기록은 그렇게 제 안의 나를 다시 만나게 해주고, 말없이 곁을 지켜 주는 친구처럼 느껴지기도 해요.== 여러분도 언젠가 도움이 필요할 때, 조용히 말을 걸어 주는 그런 친구를 곁에 두고 싶지 않나요?

==기록하는 것에 부담을 느끼지 않아도 돼요.== 완벽할 필요도 없답니다. 저도 콘텐츠를 만들 때에는 기록을 예쁘게 꾸미지만, ==평소의 일기장에는 자연스러운 제 모습을 표현해요.== 남들이 보기엔 특별할 것 없는 하루, 비슷비슷한 일상, 정돈되지 않은 문장과 구구절절한 이야기들이 그대로 담겨

있어요. 그래서 저는 비밀 일기를 씁니다. 누군가에게 보여 줄 기록에는 아무래도 조금 멋진 모습을 소개하고 싶지만, 저와 미래의 저 사이에는 감출 게 없잖아요. 솔직한 감정과 하루를 있는 그대로 남기는 것이야말로 나를 위한 진짜 기록이라고 생각해요. 그리고 시간이 지나 돌이켜 보면, 멋지게 꾸민 기록보다 오히려 그런 솔직한 기록이 더 마음에 와닿아요. 그 순간의 감정과 분위기, 고민들이 고스란히 담겨 있어서 오랜 시간이 흘러도 기억에 더 깊이 남더라고요.

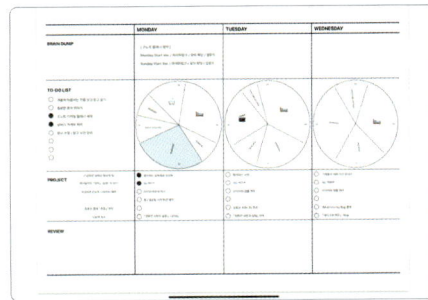 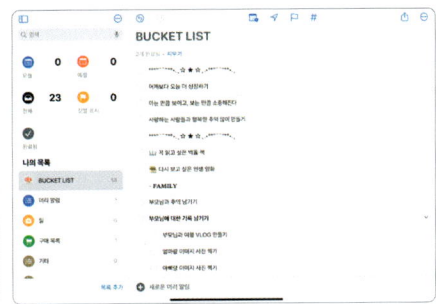

기록은 결국 나를 이해하는 과정이라고 생각해요. 무엇을 좋아하고, 어떤 것에 감동하고, 어떤 순간에 웃거나 울었는지를 차곡차곡 남기다 보면 점점 더 나 자신을 알아가게 돼요. 10년 전의 저와 지금의 저는 취향도, 말투도, 생각하는 방식도 참 많이 달라졌어요. 막연한 기억이 아닌, 진심으로 어떤 것을 좋아하고 행복해하던 그 시절의 저를 기록 속에서 다시 만나면 괜히 흐뭇한 마음이 들어요. 이 책에서 소개한 기록 방법 가운데 하나라도 여러분의 일상 속에 스며들 수 있으면 좋겠어요. 그 기록들이 언젠가 여러분에게도 소중한 위로이자 선물이 될 거예요. 기록을 통해 오늘의 나를 더 잘 이해하고 아끼며 살아갈 수 있기를 진심으로 바랍니다.

기록은 거창한 목표가 아니라 나를 놓치지 않을 수 있는 작은 습관이에요. 기록을 시작하는 데 가장 필요한 건 의지나 꾸준함보다 단 한 번의 시작이에요. 그 한 번의 시작이 여러분의 삶을 조금씩 바꿔 가기 시작할 거예요.

찾아보기

ㄱ

가계부	23, 161
감사 일기	27
감정 일기	95
강의 노트	232
개요	194
계정 추가	116
계획	16
공부 계획	98
공부 기록	103, 232
공부 통계	103
구글 캘린더	107
굿노트	21, 180
그래픽	189, 270
그룹접기	124
그리기 가이드	243
글꼴 삭제	209
글상자	132
기본정보	124
기초세팅	163
꾸미기	103, 164

ㄴ

날짜 바꾸기	92
내 컴퓨터 저장	161, 212
넘버스	23, 160
노션	26, 139
녹음 모드	182
눈누	198

ㄷ

다음 카페	20, 120
다음으로 보기	71
다폰트	198
단축어	74
도구 막대 사용자화	192
독	40
독서 기록	148
독서 노트	140
동기화	115, 196
동영상 업로드	286
뒷면 탭	74
들여쓰기	81

ㄹ

레이어	244
루틴 등록하기	88
링크 스크랩	69
링크 임베드	146

ㅁ

마이크	256
만다라트	216
머리말	72
메뉴 그룹	124
메모 검색	77
메모 고정	77
모노 스타일	73
모양 도구	187
문서 스캔	193
미리 알림	78
미리 알림 위젯	42, 83
미리보기 창	260

ㅂ

배경화면	32

버킷리스트	16, 78	스터디 그룹	104
변형 키프레임	270	스터디 세트	234
보관함	91	스토리	131, 259
복구	195	스토리보드	264
복제	141, 225	스티커 팩	236
북마크	194	스포이드	135, 276
분할	263	스플릿 뷰	147, 232
브레인 덤프	65, 72	슬라이드 오버	147
브이로그	249	시간 매트릭스	210
블로	257	시간 일기	19, 107
블로 스튜디오	282	시계 위젯	49
블루투스 마우스	29	시네마틱	254
블루투스 키보드	28	신규	234
비디오	254	실행 취소	264
빈 장면 넣기	259		
빠른 메모	67		

ㅅ

사용자 지정 캔버스	243	아이템 소개	250
사파리 앱	70, 212	아이폰	200
삼각대	256	암호 입력	130, 206
새 프로젝트	258	애니메이션	275
새로운 메모	69, 72	애플 펜슬	28, 66
색상 변경	49, 187	애플 펜슬 모드	182
서식	72, 274	애플 펜슬 펜촉	29
설정 및 활동	131	액세서리	28
섬네일	278	액정 필름	29
세부사항	80, 82	앨범	43
셀 자동 채우기	169	앨범 커버 위젯	51
스마트 러닝	234	앱 고정	40
스마트폰 촬영	253	앱 배치	38
스크랩북	154	앱 보관함	36, 109
스크린샷	188	앱 삭제	39
		어도비 익스프레스	285
		여기까지	263

여기부터	264	제스처	67, 184
연간 계획	223	제어 센터	251
열품타	98	종료일	150
영상 기획안	252	주간 기록	229
오늘 보기	56	주식 시세	177
오답 노트	232	지우개	184
오프닝 영상	270	지출 내역	97, 175
올가미	187	집중 모드	60
왓챠피디아	153		
우선순위	17	**ㅊ**	
월간 계획	174, 223	채움	260
위젯	31, 115	책 표지	144
위젯 스택	53	책장	143
위젯 추가	42, 118	체크리스트	24, 84
위젯스미스	47	추가	33
유튜브	283	축소판	194
이모티콘	96, 235		
이미지 저장	155, 236	**ㅋ**	
인스타그램	131, 241	카메라 전환	254
인터뷰 북	27	카카오톡	207
일간 기록	229	카테고리	69, 86
일반 게시판	125	카페 만들기	122
일시정지	101	캘린더 계정	116
일정 블록	224	캘린더 동기화	115
		캘린더 위젯	115
ㅈ		캘린더 추가	108
자	191	캡처	279
자르기	155	커버 이미지	158
자막	266	컬러 팔레트	228
잠금 설정	130	컷 편집	261
잠금 화면	32, 66	클립 이동	261
장비	256	키프레임	269
재실행	261		
전체 화면	260	**ㅌ**	
정렬	128, 190	타이핑 모드	182
정보 콘텐츠	250	타임 키퍼	192

타임라인	261
타임랩스	254
타임블록스	119
태그	76
테이프	233
텍스트	191
텍스트 상자	132, 276
템플릿	140, 222
통화 녹음	27
투두메이트	24, 84

ㅍ

파일 다운로드	212
파일 앱	199
팝업 메뉴	163
페이지 공유	195
페이지 복구	195
페이지 순서	194
페이지 지우기	185
페이퍼	154
펜	183
펜 도구	280
포맷	163
표준 연필	183
프레임 이동	261
프로젝트 공유하기	258
프로크리에이트	242
프로필 제거	209
플래너	21, 103
픽셀 아트	242
핀터레스트	237

ㅎ

하이라이터	186
하이라이터만 지우기	185
하이라이트	137

허용앱 설정	102
홈 화면	31
홈 화면 페이지	34
홈 화면 편집 모드	34, 54
휴지통	195

A-Z

Adobe Express	285
DIY 선반	230
Freehand	190
Goodnotes	195
Google	116
iOS 서비스로 로그인	116
OS서체	208
Premieres 동영상	288
Procreate	242
Rectangle	190
Slide Over	147
SMART	217
Split View	147
VPN 및 기기 관리	205
Widgetsmith	47

된다! 시리즈 구체적으로 도와주는 책

된다! 톡써니의 아이패드 24시간 활용법

아이패드, 좀 더 똑똑하게 쓸 수 없을까? 수동적으로 '보기만' 했던 아이패드를 능동적으로 '활용'하는 방법 대공개!

홍정희(톡써니) 지음 | 16,800원

된다! 사각사각 아이패드 드로잉

프로크리에이트 몰라도 OK, 그림 초보도 OK!
세 명의 프로 작가와
드로잉&캘리그라피&디자인을 한번에!

레이나, 임예진, 캘리스마인드 지음 | 24,000원

된다! 네이버 블로그 상위 노출

인공지능 시대에도 살아남는 블로그 운영법
블로그 만들기부터 인플루언서 되기까지

황윤정 지음 | 18,000원

된다! 김메주의 유튜브 채널&영상 만들기

7년 연속 베스트셀러! 구독자 10만을
모으기 위한 경험을 책으로!

김혜주 지음 | 19,000원

된다! 하루 5분 노션 활용법

4,000명 방문 포트폴리오의 비밀 공개!
하루 5분 기록으로 인생이 바뀐다!

이다슬 지음 | 16,800원

된다! 하루 만에 끝내는 챗GPT 활용법

초보자도 1시간이면 바로 사용 가능!
업무부터 자기 계발까지 챗GPT에게 일 시키고
시간 버는 법!

프롬프트 크리에이터 지음 | 17,200원